汉代长沙王陵墓群价值研究

马代忠 著
长沙国王陵考古遗址公园管理处 编

岳麓書社·长沙

图书在版编目（CIP）数据

汉代长沙王陵墓群价值研究 / 马代忠著，长沙国王陵考古遗址公园管理处编 . -- 长沙 : 岳麓书社，2024.7

ISBN 978-7-5538-1870-2

Ⅰ . ①汉… Ⅱ . ①马… ②长… Ⅲ . ①汉墓—研究—长沙 Ⅳ . ① K878.84

中国版本图书馆 CIP 数据核字（2023）第 101346 号

HANDAI CHANGSHA WANG LINGMU QUN JIAZHI YANJIU

汉代长沙王陵墓群价值研究

著　　者：马代忠
编　　者：长沙国王陵考古遗址公园管理处
出 版 人：崔　灿
出版统筹：王文西
责任编辑：邱建明　鲁云云　包文放
助理编辑：庞若溪
责任校对：舒　舍
出版发行：岳麓书社
地　　址：湖南省长沙市爱民路 47 号
邮政编码：410006
印　　刷：雅昌文化（集团）有限公司
地　　址：深圳市南山区深云路 19 号
版　　次：2024 年 7 月第 1 版
印　　次：2024 年 7 月第 1 次印刷
开　　本：787 毫米 ×1092 毫米　1/16
印　　张：14
字　　数：240 千字
书　　号：ISBN 978-7-5538-1870-2
定　　价：180.00 元

如有印装质量问题，请与本社印务部联系
电　　话：0731-88884129

序

我和代忠相识于23年前的1999年，其时，湖南澧县城头山遗址的发掘正处于会战攻关阶段，从1999年到2001年，刚从四川大学考古专业毕业的他在城头山一待就是三个年头。2002年，应何介钧先生的邀请，他又在石门考古工作站协助我完成了《澧县城头山——新石器时代遗址发掘报告》书稿中屈家岭文化遗存的整理工作。后来，他因工作原因先后在多家文博单位工作，其间虽联系未断，了解其实已不算太多。今年6月25日上午，我们一起参加湖南省博物馆（今湖南博物院）原馆长熊传薪先生的告别追思会，他邀请我为其近作《汉代长沙王陵墓群价值研究》一书作序，回首过往，甚是感慨，欣然应允！

长沙作为全国首批历史文化名城，“楚汉名城”是长沙叫得最响的文化标签。20世纪50年代初期，夏鼐先生带队开启长沙发掘之旅，至今已整整70年了。在此期间的重大考古发现多集中于楚汉时期，尤其是数以万计的楚汉时期墓葬的考古发掘，为我们认识长沙这座城市的历史面貌提供了弥足珍贵的实物资料。

不得不说，长沙乃至湖南的历史，西汉长沙国是绕不开的话题。从长沙坡子街和长郡中学走出来的中国著名考古学家张忠培先生曾指出："湖南的历史，西汉长沙国是一个重要节点，是承前启后的关键阶段。"

自20世纪70年代，尤其是2008年第三次全国文物普查以来，考古工作者在长沙湘江西岸陆续发现了26座西汉诸侯王级别的大型陵墓，从多年的考古调勘及发掘研究的情况分析，它们均为西汉长沙国王（后）陵。这些陵墓集中分布在岳麓山和谷山两大山系靠近湘江的二级台地上，分布面积达30平方千米。目前，已发掘了其中的5座，包括陡壁山、象鼻嘴、望城坡、风篷岭、风盘岭西汉墓。

2013年，汉代长沙王陵墓群被国务院公布为第七批全国重点文物保护单位。"十二五""十三五"期间，汉代长沙王陵墓群被国家发改委和国家文物局公布为代表中华文明的150处重要大遗址之一。近年来，长沙市委、市政府高度重视遗址的保护工作：2011年，将王陵分布最为密集的谷山区2.12平方千米范围规划建设考古遗址公园，并成立了专门的管理机构。通过持续不断的工作，目前已完成对整个遗址地面监控和地下拾音系统建设全覆盖；完成了公园总规和周边区域控规的编制并公布实施；实质性启动了公园建设；马坡山、庙坡山、郭家山、栗树嘴等陵园区域的考古工作按计划进行，并不断取得新成果。应该说，对于汉代长沙王陵墓群遗址的认识逐步清晰，对于遗址的保护和利用更加科学规范。

面对如此重要的大遗址，对于其价值体系的研究可谓适当其时。马代忠先生作为汉代长沙王陵墓群发现发掘和公园建设的直接参与和管理者，主动承担起对该遗址价值体系的梳理研究虽说是本份，然于今日之纷繁诱惑下能始终坚守并终有所成，实在是可喜可贺且弥足珍贵。

全书共九章。第一章全面介绍了国际国内对于文化遗产价值的研究现状及研究方法，明确本书从历史、艺术、科学、社会、文化、经济、生态七个维度梳理阐释汉代长沙王陵遗址的价值。第二章重点介绍汉代长沙王陵遗址概况。第三至第九章分别从七个方面全面梳理和阐释了遗址的价值。通览全书，思路清晰，布局合理，价值阐释既尊重了客观历史，又照顾了今日关切。

汉代是以汉族为主体的中华民族形成的时期，汉代诸侯王墓的考古对于研究、理解汉族及以汉族为主体的中华民族形成与早期发展有着重要意义。汉代长沙王陵墓群是目前发现数量最多、规模最大、保存最完整的汉代王陵墓群。汉长沙国考古遗址公园的建设，是考古学积极参与文化遗产保护的一次成功尝试。

考古学研究的对象是表现考古学文化的实物遗存，这些实物遗存严格说来就是人类的文化遗产。文化遗产是人类社会历史和文明的见证，无论是对中国还是对全人类而言，都是不可估价且无法替代的财产。考古学就是要通过对这些遗存的揭示、分析与研究，达到以物论史、透物见人的目的；要通过这些物质遗存来探索历史的发展规律，这是考古学最终需要解决的问题。

汉代长沙王陵墓群承载了长沙国200余年的历史，我们应该对之有准确的认识。通过全面梳理汉代长沙王陵墓群已有的考古调勘、发掘和研究成果等资料，结合传世文献和价值理论，运用最新的文化遗产保护理念，从历史、艺术、科学、社会、文化、经济、生态等七个方面对遗址价值进行探讨分析，我们可以见证汉代长沙国所反映的湖南华夏化进程的途径与方式，也可以见证古代中国作为统一多民族国家对南方多民族地区独特的“齐政修教、因俗而治”的管理智慧，以及力求中央政权与地方族群在民族文化传承和国家认同方面的价值统一。这是汉代长沙王陵墓群独特的，更应该是普遍的价值。要将之放到世界范围来审视，要从世界各地与之类似的其他国家和地方的政治治理、民族认同等更广阔的角度来观照其价值。越是民族的，就越是世界的，理论是如此，民族性也应该具有普遍性的价值，并能为人类社会的发展提供范例。

汉代长沙国遗址公园的建设所带来的文化、社会经济效应相当可观，文化与旅游的融合对助推地方社会经济发展所产生的作用也日趋明显。在这个过程中，我们明显感受到考古成果能为新时代的国家文化建设展现自己独特的魅力，文物工作者能在考古遗产的价值研究、本体保护、展示利用及价值呈现等工作中发挥主导作用。

中国作为世界四大文明古国之一，五千年中华文明的历史见证者，不仅有浩如烟海的文献史料，更有散落在辽阔大地上的无数文物古迹，这些都是我们珍贵的文化遗产。确认、保护、保存、展示这些文化遗产，并将其代代相传，是全人类的历史责任。

相信代忠这部书稿的付梓，会将汉代长沙国的研究推向一个新的高度，为长沙地区文化遗产保护与利用带来新的启示。

是为序。

2022 年 7 月 12 日

前言

汉代长沙国始建于公元前 202 年，辖今湖南全境及鄂、赣、粤、桂等省各一部分，是西汉帝国开国七大异姓诸侯国之一。汉代长沙国分为吴氏和刘氏两个时期，几经封废，最终于公元 37 年除国，前后存续共约 220 年，对后世有重要影响。吴氏长沙国始封王吴芮参加了秦末农民起义和楚汉战争，因功而受封，马王堆汉墓墓主为吴氏长沙国丞相利仓及其家族，贾谊为第五代长沙王吴著的太傅；刘氏长沙国始封王刘发为汉景帝庶子，东汉开国皇帝刘秀乃长沙定王刘发的五世孙。这些与汉代长沙国有关的历史人物在中国历史上留下了鲜明的印记。汉代长沙国地处中南要冲，在政治上始终坚持维护国家统一，为汉中央政权起到了控制南越、联结东南、沟通西南的重要作用。长沙国的存在见证了汉代郡国并行制度在湖湘地区实施的重要历史，是中华文明多元一体发展格局的重要组成部分。

汉代长沙国定都临湘，即今湖南省会长沙。长沙，地处洞庭之南，衡岳之北，以岳麓为屏，湘江为带，势控荆湘，绾毂南北。春秋战国之时，长沙为楚南重镇，然文献不足，沿革不详。秦朝统一，长沙为郡县，但时间短暂，诸多问题至今众说纷纭。延至西汉，长沙王之封、王国之置、王位世系和王国存亡均见于正史，历史脉络十分清晰。长沙地区也第一次从一般的地方行政区域一跃而上升为列土封疆的王国中心，正是从西汉时期开始，长沙作为湖湘地区政治、经济、军事、文化中心的地位得以稳固，并以全新的面貌踏上中华文明的历史舞台。

自 20 世纪 70 年代以来，汉代长沙国的王陵遗迹相继在湘江西岸山丘上被发现，形成了分布于南起岳麓区天马山，北至望城区风篷岭的汉代长沙王陵墓群大遗址，目前共发现 26 座大型陵墓，区域总面积达 30 平方公里。根据大型陵墓的分布区域，可将遗址分为一区三片，即谷山区、戴公庙片、咸嘉湖片和天马山片。其中，经过考古发掘的 5 座王（后）陵有陡壁山曹嫘墓、象鼻嘴一号墓、望城坡渔阳墓、风篷岭一号墓和风盘岭一号墓，共出土文物计 5000 余件。汉代长沙王陵墓群作为我国现存数量最多、规模最大、保存较为完整的汉代诸侯国陵园，承载着湖湘文化孕育、形成时期的灿烂文明，具有历史、科学、艺术、社会、文化、经济以及生态等多个方面的重大价值，被誉为“汉代诸侯王陵寝的百科全书”。

汉代长沙王陵墓群的集中发现得到了国家、省、市有关部门的高度重视。2013 年，国家文物局将其从一般不可移动文物直接晋升为第七批全国重点文物保护单位。国家发改委、财政部、文物局将其列入代表中华文明的全国 150 处重要大遗址名录。湖南省人民政府与国家文物局将保护利用好汉代长沙王陵墓群，依托该遗址谷山片区建设汉长沙国考古遗址公园这项工作列入“省部共建计划”的重要内容。自 2011 年起，长沙市就汉代长沙王陵墓群大遗址保护与考古遗址公园建设共召开 4 次市长办公会议和多次由相关市领导组织召开的专题会议，形成了关于领导小组、公园范围、相关规划、建设主体、项目清退、征地拆迁等方面的一系列决策，实施了遗址安防监控工程，相继推动了考古调查勘探、保护规划编制、占地项目清退、遗址环境整治等工作。随着长沙市湘江西岸区域经济社会的快速发展，汉代长沙王陵墓群的大遗址保护和利用工作也进入了快车道。

保护利用好汉代长沙王陵墓群，功在当代，利在千秋。全面正确认识文物的价值，是加强文物保护，让文物“活起来”，进而构建中华文明标识体系的重要前提。随着大遗址保护利用工作的不断推进，如何有效保护、合理利用，成为我们必须回答的问题。而在保护利用之前，我们必须首先对这一文化遗产的价值予以清晰阐释。一方面，汉代长沙王陵墓群存世已两千年，年代久远，历史积淀厚重，文化内涵丰富，为人们了解和研究汉代的政治、经济、文化、社会提供了大量的信息，开展各项保护利用工作时亟须对其“解码”，通过价值传播，更好地发挥文化遗产的重要作用；另一方面，相比于其他大遗址，汉代长沙王陵墓群部分陵墓的考古发掘工作虽起步较早，但大规模的科学勘探开展较晚，大量遗迹和遗物深埋地下，尚待发现，相关基础研究工作也相对薄弱，因此在现阶段深入发掘其价值还存在一定困难。因此，开展汉代长沙王陵墓群价值研究，既有其必要性、紧迫性，也有其阶段性、持续性。遗址的价值研究既不可能一蹴而就，在短时间内就获得最完美的阐释，也不允许束之高阁，等待考古资料足够丰富后再开展工作。正是立足于此认识，本书希望通过这次尝试，打破空白，在梳理现有材料的基础上，尽可能用新理念和新方法向读者呈现关于汉代长沙王陵墓群价值研究的阶段性成果。我们相信，随着汉代长沙王陵墓群考古调勘、发掘和科研工作的不断推进，我们必将会对其蕴含的价值有更加深刻的认识。

目录

第一章 绪论

我国是文化遗产大国，丰厚的文化遗产承载着源远流长的中华文明，蕴含着中国人民特有的哲学思想、人文精神、价值理念和道德规范，体现着中国人民的生命力和创造力，是中国人民智慧的结晶。当前，我国经济社会快速发展，文化遗产保护利用在新的时代背景下面临新的机遇和挑战。进一步加强文化遗产价值的研究和阐释，不仅是我国社会主义文化建设的题中应有之义，而且对加强文化自信、实现中华文明可持续发展具有重要战略意义。

第一节

概念与研究现状

一、概念

文化是一个非常广泛的概念，不少哲学家、社会学家、人类学家、历史学家和语言学家一直在努力，试图从各自学科的角度来界定文化的概念。然而，迄今为止仍没有获得一个公认的、令人满意的定义。据统计，有关“文化”的各种不同的定义至少有两百多种。笼统地说，文化是一种社会现象，是人们长期创造形成的产物，同时又是一种历史现象，是社会历史的积淀物；确切地说，文化是指一个国家或民族的历史、地理、风土人情、传统习俗、生活方式、文学艺术、行为规范、思维方式、价值观念等。文化实际上主要包含器物（物质文化）、制度（制度文化）和观念（精神文化）三个方面，具体包括语言、文字、习俗、思想、国力等。客观地说，文化就是社会价值系统的总和。文化具有社会性、多样性、系统性和阶段性等属性。

《辞海》“文化”条：从广义来说，文化指人类社会历史实践过程中所创造的物质财富和精神财富的总和；从狭义来说，文化指社会的形态，以及与之相适应的制度和组织机构。文化是一种历史现象，每一个社会都有与其相适应的文化，并随着社会物质生产的发展而发展。作为意识形态的文化，是一定社会的政治和经济的反映，又给予巨大影响和作用于一定社会的政治和经济。在有阶级的社会中，它具有阶级性。随着民族的产生和发展，文化具有民族性，通过民族形式的发展，形成民族的传统。文化的发展具有历史的延续性，社会物质生产发展的历史连续性是文化发展历史连续性的基础。

文化遗产分为物质文化遗产和非物质文化遗产，都是见证人类社会活动变化的有力证据。本书的研究对象汉代长沙王陵墓群属于物质文化遗产中的大遗址，是人类社会在特定时期进行文化活动所凝结并遗留下来的物质载体。对于今天和未来的人们来说，保护、展示和利用这样的文化遗产都必须以阐释清楚其价值为前提。这样，文化遗产和价值的概念就建立了联系，我们有必要对价值的概念予以探讨。

何谓价值？“价值”是一个多视角的概念，随着人们的政治观、世界观、人生观、价值观的不同，不同国家、不同群体、不同个体，看法差别很大。即使是同一国家、同一群体甚至同一个体，在不同的时期、不同的背景条件及不同利益驱动下，看法差别也可能很大。[①]人类对价值的探讨至今从未间断，历史上最初的价值观念来源于自然与人类物质生活需要之间的关系，原始人对图腾、神、英雄等的崇拜，实质是其价值观念的初步反映。当然，文化遗产学内部亦有价值概念形成的过程，其起点是从保护建筑遗产的行动中，从保护实体物延伸到保存相关的事物，但时至今日，文化遗产的价值概念在保存物质或物质载体之余，可以说糅合了哲学、社会学与经济学的价值概念而充分反映了其作为应用学科的性质。[②]关于文化遗产价值的主客观性，学术界一直存在多种观点，如认为文物的价值是客观的[③]，或者认为文物的价值是在行动中产生的[④]，等等。笔者认为所有文化遗产的价值概念兼有主客观性。首先，价值本身不是客观物体，是由价值评估主体对物体的阐释，是一个思想的过程，文物的价值也不例外，所以在很多情况下，文化遗产的价值是主观的、视情况而定的、可变的，并且是有延展性的。其次，这并不意味着文化遗产的价值失去客观性，年代、规模等价值评估指标构成是客观的。从发展的观点看，文化多样性的存在，决定了价值判断的多元化。[⑤]因此，不能简单地将某种特殊价值标准，去衡量其他特殊价值和或一切价值类型的价值。[⑥]综上，我们认为文化遗产的价值判断应坚持全面客观，同时要承认其阶段性和局限性，那么价值评估的框架就极为重要。

---

① 吴美萍：《文化遗产的价值评估研究》，东南大学硕士学位论文，2006 年。

② 黄明玉：《文化遗产的价值评估及记录建档》，复旦大学博士学位论文，2009 年，第 31 页。

③ 李晓东：《文物保护法概论》，学苑出版社，2002 年，第 18~19 页。

④ 周孟圆、杜晓帆：《文物的价值在行动中产生——文物价值认定的前沿理念与经验》，《故宫博物院院刊》2019 年第 1 期。

⑤ 刘瑛楠：《靖江王陵大遗址价值评估研究》，哈尔滨工业大学硕士学位论文，2012 年，第 20 页。

⑥ 王健民、王如松主编：《中国生态资产概论》，江苏科学技术出版社，2001 年，第 39 页。

二、研究现状

（一）国外研究现状

在国外，对于文化遗产的研究相对中国来说起步较早，所关注的类型广泛，其理论以及在实践当中的应用也趋于成熟。到 19 世纪，欧洲几乎所有国家都建立了自己的文物保护法，并逐步完善成为一整套保护体系，普通国民的文物保护意识也得到了很大提高。文化遗产的价值评估是伴随着 19 世纪末 20 世纪初的购并行为才产生的[①]。

文化遗产价值的问题得到各国著名经济学家、社会学家、人类学家、考古学家、建筑学家、历史学家等的关注。David Throsby 和 Arjo Klamer 提出了文化遗产经济学的构建[②]，其中，Arjo Klamer 研究了文化遗产的价值构成[③]，并研究了社会价值和文化价值的计算方法[④]；Susana Mouratoe 和 Massimilano Mazzanti 对文化遗产的经济价值、文化遗产的价值评估在文化政策中的作用这几个方面进行了研究；Randall Mason 和 Marta de la Torre 提出了以价值观念为基础的遗产保护模式[⑤]；Alois Riegl 指出文物的价值构成和诠释方式是随着文物保护关系到不同群体，关系到各种现实的需要以及时代背景而不断变化的，文物保护的途径又因其价值不同而各不相同；[⑥] Mason 指出文物价值是指一个遗址所能带给我们的所有总价值，它既包括历史学家、考古学家、建筑学家眼中的价值，又包括一些新的相关利益方和文物管理部门所提出的社会效益和经济效益。[⑦]另外还有遗产保护的相关文件，直接反映了国际语境下对遗产价值认识的探索，如《保护世界文化和自然遗产公约》（1972 年）和《巴拉宪章》（1999 年）等。

---

① 徐岩：《价值导向的管理》，北京化工大学硕士学位论文，2003 年，第 4 页。

② 阿尔若·克拉梅尔（Arjo Klamer）、戴维·思罗斯比（David Throsby）：《为过去付费：文化遗产经济学》，联合国教科文组织主编，关世杰等译《世界文化报告（2000）》，北京大学出版社，2002 年，第 125~138 页。

③ Arjo Klamer. *The Value of Culture: On the Relationship between Economics and Arts*. Amsterdam：Amsterdam University Press，1997.

④ Arjo Klamer. *Accounting for Social and Cultural Values*. De Economist 150，2002（4）.

⑤ 兰德尔·梅森（Randall Mason）、玛尔塔·德·拉·托尔（Marta de la Torre）：《在全球化社会中遗产的保存和价值》，联合国教科文组织主编，关世杰等译《世界文化报告（2000）》，北京大学出版社，2002 年，第 161 页。

⑥ 陈平：《李格尔与艺术科学》，中国美术学院出版社，2002 年，第 324~325、328、332 页。

⑦ Mason. *Assessing values in conservation planning: methodological issues andchoices.* in Torre(ed.).Assessing the Values of Cultural Heritage. L.A.：The Getty Conservation Institute，2002：5~30.

综上所述，专家学者从强调历史、艺术价值到关注经济价值，还有专家建议综合看待各种价值。这些观点虽略有不同，但实际上都是从历史、艺术价值层面逐步延伸。

（二）国内研究现状

国家文物局 2004 年颁布实施的《全国重点文物保护单位保护规划编制要求》与《中国文物古迹保护准则》中将大遗址价值评估分为评估文物本身所具有的价值包括历史价值、艺术价值和科学价值以及社会文化价值（对社会、文化、经济的影响作用）。文物本身所具有的历史、艺术和科学价值是文物具有社会文化价值的基础，而社会文化价值则是重新认识大遗址资源、发掘大遗址现实应用价值潜力的基础。2015 年，《中国文物古迹保护准则》修订版增加了“社会价值”和“文化价值”的内容表述。

近年来，我国专家学者对文化遗产价值的研究也由历史、艺术、科学价值不断深入扩展到社会、文化、经济、情感、环境、使用等价值。吕舟认为文物建筑除了历史、艺术、科学价值外，还具有文化价值、情感价值，其中历史价值是文物建筑的核心或灵魂，也是其他有关价值的基础。①他还认为文化遗产的价值不仅体现为对历史景观的影响，也体现为对传统文化的传承。②段清波认为考古发现的物质文化遗产是不同文明时期核心价值观约束下的产物，它的物质形态、大小、彼此间的空间位置等，体现的不仅是那个时期的历史、艺术和科学价值，更体现出那个时代的核心价值。③蔡达峰认为文物有双重价值：物质价值与信息载录传播价值，且其价值并不是恒定的，反映着时代精神和人们观念的变化。④谢庚龙认为文物古迹内在价值包含有历史价值和艺术价值的综合因素。历史价值由文物古迹所处的朝代、性质、历史背景三部分确定等级；艺术价值由文物古迹的艺术造型、结构状况、与环境（历史的环境）的适应性、损坏情况以及在建筑史上的地位确定其综合的艺术价值等级，最终根据历史、艺术综合的文物古迹内在价值确定保护措施。⑤谢辰生

① 吕舟：《文物建筑的价值及其保护》，《科学决策》1997 年第 4 期。

② 吕舟：《面对挑战的中国文化遗产保护》，《世界建筑》2014 年第 12 期。

③ 段清波：《论文化遗产的核心价值》，《中原文化研究》2018 年第 1 期。

④ 蔡达峰：《文物学基础》，复旦大学文物与博物馆学系编《文化遗产研究集刊》第一辑，上海古籍出版社，2000 年。

⑤ 谢庚龙：《定性定量估计文物古迹的内在价值》，《城市规划》1990 年第 6 期。

指出文物具有多重价值，要运用多学科的研究手段对文物综合价值做出全面评价，不能仅从古建和考古学角度进行发掘，并指出文物的教育价值（精神价值）。[①]蔡靖泉提出文化遗产具有历史价值、艺术（审美）价值、科学价值外，还具有思想价值和经济价值，要全面深刻地认识到文化遗产价值的多元性和具体性。[②]刘卫红认为大遗址价值主要可从本体价值和延伸价值两个方面进行界定。本体价值主要指的是历史、艺术、科学价值，延伸价值包括社会、文化、经济、环境价值。[③]黄光宇、李和平对黄山陪都建筑遗址的评价从历史、科学、艺术三大价值延伸到了生态价值。[④]陈蔚、胡斌、何昕从历史与现代、西方与东方多维度探讨了文化遗产价值体系的构成。[⑤]王巍、吴葱从更宏观的角度，结合本土语境重新阐释，从而形成一个以文化价值为统领、由核心价值和外化衍生价值组成的具有包容性的价值体系。核心价值为历史、美学和科学技术价值，外化衍生价值为经济、实用和教育价值等，可称为社会价值。[⑥]刘艳、段清波认为文化遗产价值是由一系列类型多样、彼此关联的子系统构成的价值体系。[⑦]另外，也有多位研究生的硕士学位论文关注了文化遗产的价值研究，如吴美萍的文化遗产价值评估研究[⑧]、刘翔的遗产价值评估体系研究[⑨]、刘瑛楠的靖江王陵大遗址价值评估研究[⑩]等等。

总之，上述对文化遗产价值的研究，基本上都是在历史、艺术、科学三大价值基础上延伸开的，它不仅体现了人们对文化遗产的核心价值已形成共识，而且认为随其所处的环境与自然界的相互关系和历史条件的变化，认定文化遗产具有历史传

---

① 谢辰生：《关于认识文物价值的一点看法》，《中国文物科学研究》2006年第3期。

② 蔡靖泉：《文化遗产价值论析》，《三峡大学学报（人文社会科学版）》2010年第32卷第1期。

③ 刘卫红：《大遗址保护规划中价值定性评价体系的构建》，《西北大学学报（自然科学版）》2011年第41卷第5期。

④ 黄光宇、李和平：《山地历史文化遗产的保护观念——论重庆黄山陪都遗址的保护与开发》，《城市规划》1998年第3期。

⑤ 陈蔚、胡斌、何昕：《当代我国历史文化遗产价值体系的构成》，《重庆建筑大学学报》2006年第2期。

⑥ 王巍、吴葱：《浅析中国文化遗产的价值体系——基于价值的特点、关系和本土语境》，《中国文化遗产》2019年第1期。

⑦ 刘艳、段清波：《文化遗产价值体系研究》，《西北大学学报（哲学社会科学版）》2016年第46卷第1期。

⑧ 吴美萍：《文化遗产的价值评估研究》，东南大学硕士学位论文，2006年。

⑨ 刘翔：《文化遗产的价值及其评估体系——以工业遗产为例》，吉林大学硕士学位论文，2009年。

⑩ 刘瑛楠：《靖江王陵大遗址价值评估研究》，哈尔滨工业大学硕士学位论文，2012年。

承、审美艺术、科学研究、旅游经济等多方面的价值，遗产价值认知是一个随着时代发展不断深化拓展的动态过程。因此，根据已有的国际公约及宪章、条例，以及我国《中华人民共和国文物保护法》《中华人民共和国文物保护法实施条例》《中国文物古迹保护准则》《关于〈 中国文物古迹保护准则〉若干重要问题的阐述》等相关法律法规及准则和专家的研究成果，目前文化遗产价值研究的构成要素有：历史价值、艺术价值、科学价值、社会价值、文化价值、情感价值、经济价值、使用价值、生态价值及环境价值等。

第二节 研究思路与方法

一、研究思路

综合《中华人民共和国文物保护法》《中华人民共和国文物保护法实施条例》《中国文物古迹保护准则》《关于〈中国文物古迹保护准则〉若干重要问题的阐述》等相关法律法规和学界的研究，本书拟从历史价值、艺术价值、科学价值、社会价值、文化价值、经济价值、生态价值七个方面对汉代长沙王陵墓群的价值进行梳理与阐释。

历史价值是指文物古迹作为历史见证的价值。本书通过研究分析大量相关文献，从遗址所展示的遗产真实性、遗产完整性、遗产稀缺性和历史影响力四个方面进行论述：遗址的真实性主要指的是遗址在发展过程中所蕴含的以及所表现出来的信息真实度和可信度；遗址的完整性指的是遗址本身保存状况的完整度；遗址的稀缺性指的是遗址在数量多少或类型区别上所具有的价值；历史影响力主要指的是与遗址相关的人和事曾在区域政治、经济发展、军事战争、文化交流、社会生活等方面所产生的影响。

艺术价值是指文物古迹作为人类艺术创作、审美趣味、特定时代典型风格的实物见证价值。本书根据现有的考古调查、勘探和发掘资料，从遗址出土物所体现的材料质感、色彩搭配、造型艺术三个方面来进行分析：材料质感主要指遗址的可移动文物和不可移动文物在取材上所体现出的软硬、粗细、光泽性等方面带给人截然不同的感受；色彩搭配主要指遗址的遗物在色彩明度、色相、彩度等方面的综合运用能力；造型艺术指遗物在形体塑造以及结构分布上的评价。

科学价值是指文物古迹作为人类的创造性和科学技术成果本身或创造过程的实物见证价值。本书根据现有的考古调查、勘探和发掘资料，主要从陵园规划、墓葬营造、器物制作三方面进行论述：陵园规划主要指陵区的选址和营建所体现出的合理性和科学性；墓葬营造主要指墓葬建造技术、方法技巧的创新性、有效性、科学性；器物制作主要指在制作结构、用材和工艺等方面的科学成就。

社会价值是文物古迹在知识的记录和传播、文化精神的传承、社会凝聚力的产生等方面所具有的社会效益和价值。本书根据考古成果和传世文献两方面的资料，从社会教育、精神激励、社会凝聚力三个方面的作用进行分析阐述：社会教育主要指遗址所承载的信息在不同历史时期对观众所产生的影响；精神激励主要指遗址所承载的信息在弘扬民族精神、传承中华优秀传统文化方面产生的作用；社会凝聚力指遗址所承载的文化能够增强遗址所在城市的向心力和凝聚力，激发人们对区域文化和中华文明的认同感和归属感。

文化价值主要指三个方面的价值：文物古迹因其体现民族文化、地区文化、宗教文化的多样性特征所具有的价值；文物古迹因自然、景观、环境等要素被赋予了文化内涵所具有的价值；与文物古迹相关的非物质文化遗产所具有的价值。汉代长沙王陵墓群作为汉代长沙国文化的物质载体，一方面承载着长沙国文化的演化传承，另一方面也赋予了其所处自然环境新的文化内涵。

经济价值主要指通过遗产的使用而直接产生的经济收益，如商业、旅游、展览等。经济价值引导着遗产的现实出路，但对遗产的过度消耗也应该注意，保护其核心价值始终是首位的。[①]文化遗产作为一种特殊的社会资源，在探讨其经济价值时

① 王巍、吴葱：《浅析中国文化遗产的价值体系——基于价值的特点、关系和本土语境》，《中国文化遗产》2019 年第 1 期。

不应等同于一般的经济性资源，而是应在保护文物本体的前提下，从资源量和资源利用的角度对其进行经济价值分析。

生态价值是指大遗址所处的周边环境以及对周边环境有目的改造后所体现出来的满足社会及公众景观美化、自然环境改善、人文环境改善的需求或意义。[①]不仅包括了自然资源、自然环境对人类社会提供的物质、服务等方面的价值，而且还包括了自然资源、自然环境自身存在的系统价值。

二、研究方法

本书主要运用以下研究方法：

（一）文献分析

通过查阅《史记》《汉书》《后汉书》《三国志》《资治通鉴》等古籍以及文化遗产价值研究方面的研究论文，重点对汉代长沙国的历史沿革以及文化遗产价值方面进行分析与研究。

（二）考古成果分析

本书选题为汉代长沙王陵墓群价值研究，因此，作者在本书写作过程中深入考古工地考察，通过与考古工作人员深入交流以及根据已发表的考古报告和研究成果，得到一手的资料和数据，为本书的创作奠定了坚实的基础。

（三）二重证据法

1925 年，国学大师王国维首倡二重证据法："吾辈生于今日，幸于纸上之材料外，更得地下之新材料。……此二重证据法惟在今日始得为之。"二重证据法成为一种公认的科学的学术正流，被认为是 20 世纪中国考古学和考据学的重大革新。本书运用考古成果与文献记载相互印证，对汉代长沙王陵墓群的价值予以分析。

（四）多学科综合分析法

由于汉代长沙王陵墓群价值构成的多元性，涉及面比较广，因此在研究分析的过程中需要多学科综合分析，主要有文物、历史、民俗、美术、建筑、规划、结构、材料、施工、环保、生态、动植物等学科的共同研究。

---

① 刘卫红：《大遗址保护规划中价值定性评价体系的构建》，《西北大学学报（自然科学版）》2011 年第 41 卷第 5 期。

第二章

遗址概况

在长沙城西，岳麓山与谷山濒临湘江一线，纵横分布着一道道山梁。它们或潜身蛰伏，或昂首奔腾，如同横亘在湘江河谷的一条条龙脉，久远凝视着古老的长沙城，这些山梁便是汉代长沙国的王陵所在地。

按照长沙国王陵遗址历史信息的构成情况，我们将围绕遗址本体、遗址周边环境与出土器物对汉代长沙王陵墓群概况进行介绍。

第一节

遗存本体、遗址周边环境概况

1974 年 12 月至 1975 年 1 月，因原长沙市第二木工厂的建设，由长沙市文化局文物组发掘了陡壁山一号墓（即“曹嫫”墓），此后便开始了对汉代长沙王陵墓群的调查与发掘。在陡壁山一号墓发掘期间及以后，考古工作者对古咸嘉湖周边开展了考古调查，发现了扇形山汉墓、狮子山汉墓这 2 座大型陵墓。1978 年 9—11 月，亦因原长沙市第二木工厂的建设，由湖南省博物馆（今湖南博物院）发掘了象鼻嘴一号墓。1993 年，因湖南省财经专科学校的建设，由长沙市文物工作队发掘了望城坡古坟垸一号墓（即西汉长沙王后“渔阳”墓），随后对古咸嘉湖周边再次开展了考古调查。2006 年，因长沙玫瑰园房地产开发公司的建设，由长沙市文物考古研究所发掘了风篷岭一号墓。2008 年，因望城县星城镇戴公庙村当地水泥搅拌场的建设，由长沙市文物考古研究所发掘了风盘岭一号墓。2008—2010 年，在第三次全国文物普查期间开展了“汉代长沙王陵墓”考古专题调查，新发现了 18 处陵墓遗迹点。经过多次考古调查、勘探工作，目前可确定地上 23 座王陵的封土，另有 3 座墓葬在历年城市建设中受损无存。考古工作还发现了部分夯土遗迹，疑似陵园墙体的遗迹，如风篷岭 – 桃花岭汉墓区域发现夯土墙 2 处。

经过多年的考古调查及发掘，“改变了长久以来吴氏长沙王分布于湘江西岸咸嘉湖周边地区、刘氏长沙王分布于浏阳河西岸杨家山一带的学术认识”①，目前来看，“长沙王主要陵区当位于与‘临湘’城相对的湘江西岸沿江丘陵区域。陵区整体略呈南北向狭长条状，其主要分布范围：东南至天马山，东北至桃花岭、风篷岭，西北至蜈蚣蒂山一带”②。根据现有资料分析，可以得出“吴氏长沙国王（后）陵

① 何旭红：《汉代长沙国考古发现与研究》，岳麓书社，2013 年，前言第 2 页。

② 何旭红：《汉代长沙国考古发现与研究》，岳麓书社，2013 年，第 273 页。

汉代长沙王陵墓群分布图

主要围绕岳麓山周围分布，而刘氏长沙国王（后）陵主要围绕谷山周围分布”[①]的初步结论。

现将汉代长沙王陵墓群分为以下四个片区进行介绍。

一、戴公庙片区

戴公庙片区位于谷山主峰北侧支脉，地处望城区（2011 年 5 月撤县设区）星城镇戴公庙村。有两座大型王陵，分别为蜈蚣蒂汉墓和风盘岭汉墓。蜈蚣蒂汉墓于2008—2010 年第三次全国文物普查期间开展的“汉代长沙王陵墓”考古专题调查中被发现，位于望城区星城镇戴公庙村十六组毛塘冲蜈蚣蒂山上，该墓有盗洞。蜈蚣蒂汉墓西、北、东三侧均有村落建筑分布，建筑密集程度不高，多为 2~3 层。

风盘岭汉墓位于长沙市望城区星城镇戴公庙村风盘岭，于 2008 年 5—7 月由长沙市文物考古研究所、长沙市望城区文物管理局联合发掘，是一座带斜坡墓道的“甲”字形大型竖穴岩坑木椁墓，方向 169°。墓坑坑口被破坏，墓葬封土由于建设破坏已不存，墓坑、墓道也遭到破坏。墓内填土可分为墓道填土和墓坑填土。两处填土之间存在较明显的分界线，说明两处的覆土回填是分开进行的。二者的分界线

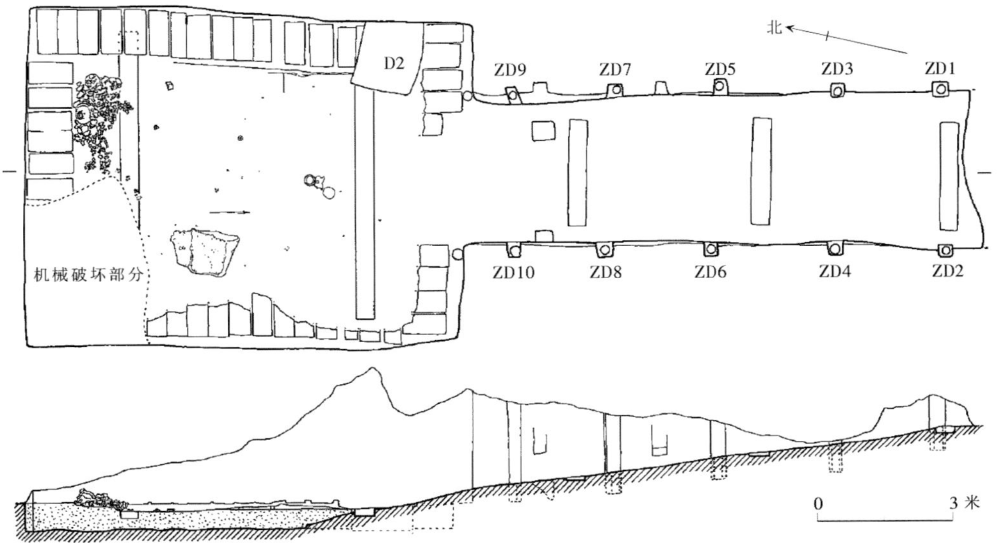

风盘岭汉墓平、剖面图

① 赵晓华：《长沙风盘岭汉墓墓主及相关问题探讨》，《中国国家博物馆馆刊》2016 年第 8 期。

蜈蚣蒂汉墓远景照

位于墓道与墓坑交接处。墓道填土夯筑，夯层厚约 0.05~0.1 米。墓坑内填土可分为 2 层。

墓道为斜坡式，位于墓坑南侧偏东。墓道残长 11.5 米，宽约 3 米，最深处 2.25 米，坡度为 7°。在墓道两壁上凿有方形竖槽及柱洞，分布于墓道两侧，南北间距 1.8~2.5 米不等。竖槽为方形或近方形，上端均在现地表露头，下端与墓道底部略处于同一平面；竖槽之下为柱洞，呈方形竖井状，柱洞中部均有圆形木柱朽痕。墓道底部存有 3 条东西向长方条形浅槽，根据浅槽内残存的朽木，推测槽内可能放置有方形木枋。方槽内填土与墓道填土相同，无其他包含物。在墓道靠近墓坑入口处，底部有一层混杂木屑、树皮的踩踏面。

该墓墓坑口残长 9.7 米，宽 7.6 米，残深 3.65 米，墓坑四壁垂直，为褐色风化岩层。墓壁上残留有部分工具痕迹，可见在开凿过程中经过打磨。墓坑底部加铺一层由风化岩土石碎块构成的垫土，最厚处约 0.6 米，在垫土上还挖掘了两条东西向的枕木沟。该墓采用题凑葬制，题凑木质和棺椁层数不详。该墓曾被盗掘。墓中出土陶器、泥钱、铜器、漆器、玉器、铁器等器物共数十件（泥钱按 1 件计）。标识性器物为“中府”铜琴轸。该墓墓葬年代为西汉早中期，墓主应为某长沙王或

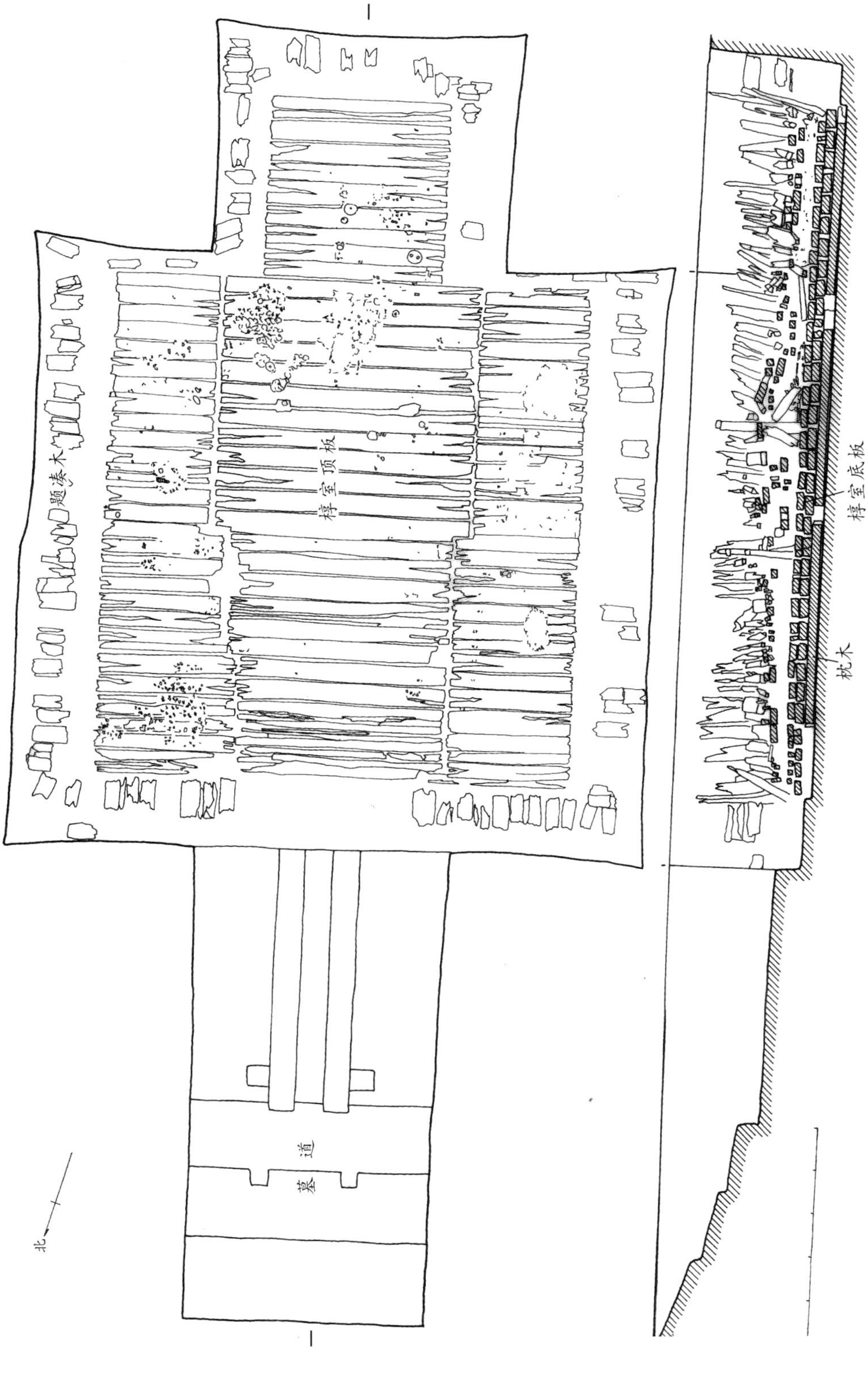

风篷岭汉墓平、剖面图

王后[①]。风盘岭汉墓旧址上已建设成为水泥搅拌厂，现已无存。

该片区自然风貌相对较好，植被丰富。

二、谷山片区

谷山片区位于谷山主峰东侧支脉，西枕谷山，东临湘江，地理位置优越，自然环境良好。长沙国王陵遗址分布范围北至萝卜塘，南到贺家垄，西抵望藕公路，东达银杉路，是遗址区内已发现遗址点最为丰富的区域，原有王陵 14 座，现存王陵 13 座。

各王陵分别以其所在山包命名，由南向北依次为：风篷岭汉墓、桃花岭汉墓、栗树嘴汉墓、狮子拱一号汉墓、狮子拱二号汉墓、狮子拱三号汉墓、狮子拱四号汉墓、陶家山汉墓、杉树拱汉墓、半边围子山汉墓、郭家山汉墓、庙坡山汉墓、马坡山汉墓、东山汉墓。

除风篷岭汉墓外，其余王陵于 2008—2010 年第三次全国文物普查期间开展的“汉代长沙王陵墓”考古专题调查中被发现。部分王陵存在盗洞，经过公安机关的调查追捕，追回了部分被盗文物。[②]

风篷岭汉墓位于长沙市望城区星城镇银星村风篷岭，是一座带斜坡台阶式墓道的“中”字形大型竖穴岩坑木椁墓，方向 347°。2006 年 3—10 月由长沙市文物考古研究所、望城县文物管理局联合发掘。

墓葬填土是从他处运来的黄褐色黏土，经夯筑，填土中掺杂有大量卵石和少量炭屑。墓道位于墓坑北壁正中，为斜坡台阶式。墓道口已遭破坏，残长 11 米，残宽 5.6~5.9 米，墓道下端口残深 2.72 米，高出墓坑底部约 0.54 米。在墓道北端残余 3 级台阶。

该墓墓坑口残长 19.3 米，残宽 14.6 米，残深 3.26 米，采用题凑（楠木）葬制，二棺，椁层不详。该墓曾被盗掘。墓中出土陶器、铜器与铜钱、漆木器、玉器、水晶器、金器、鎏金器、银器、铁器、丝织品等器物共数百件。标志性器物为

---

① 长沙市文物考古研究所、长沙市望城区文物管理局：《湖南长沙风盘岭汉墓发掘简报》，《文物》2013 年第 6 期。

② 长沙市文物考古研究所：《长沙“12·29”古墓葬被盗案移交文物报告》，《湖南省博物馆馆刊》第六辑，岳麓书社，2010 年，第 329 页。

桃花岭汉墓远景照

“长沙王后家杯”漆耳杯、“张姃（或姫）盘”漆盘、“长沙元年”铜器和金缕玉衣（残件）等。该墓墓葬年代为西汉后期，墓主应为某刘氏长沙王之王后。[①]

桃花岭汉墓，为“甲”字形带墓道的竖穴岩坑木椁墓，由封土、墓道、墓坑、椁室等部分组成。封土呈覆斗形，夯筑。开口于表层耕土之下，距地表深约 0.4 米，从墓坑口下 1.4 米开始向上起封，底部长 47 米，宽 46 米，顶部长 36.6 米，宽 31.5 米，高 5.7 米。墓道平面呈长方形，长 30.42 米，宽 5.29 米，方向 315°。墓道内填土夯筑，可分三层。墓坑位于封土中部，竖穴岩坑，平面呈长方形，长 23.3 米，宽 16 米，深 11.3 米。室内填土花杂，夯筑，可分四层。椁室，仅勘探至其顶部，为木质结构，中部有明显的凸起，平面呈长方形，长 21.3 米，宽 12.7 米。

桃花岭汉墓附近还发现中小型墓 11 座、丛葬坑 1 座、夯土墙 2 处。例如中小型墓葬中的 M1，整体平面呈不规则形，开口于现代耕土层下，距地表约 1.4 米。由墓室和墓道组成，直壁，平底。其中，墓室呈东西向长方形，东西长 6.5 米，南北宽 5.5 米，深 5.6 米；墓道呈南北向长方形，斜坡状，南北长 5.7 米，东西宽 2 米，深 4.3~5.6 米。墓葬填土花杂，含少量泥质灰陶罐残片。方向 162°。

① 长沙市文物考古研究所、望城县文物管理局：《湖南望城风篷岭汉墓发掘简报》，《文物》2007 年第 12 期。

从葬坑 K1，地表与周边区域平缓相接，未出现明显的凸起，坑表覆盖着一层人工堆积，长 19.3 米，宽 16.8 米，厚约 0.8 米，未发现包含物，疑似封土。坑平面呈“甲”字形，四壁较直，底部不平，方向 132°。坑内填土花杂，无分层，含有少量泥质灰陶片，前部凸起长 4.72 米，宽 2.40 米，后部长 4.53 米，宽 3.42 米，深 3.5~6.4 米，可能为车马陪葬坑。

夯土墙遗迹 2 处，分别位于风篷岭汉墓东南侧、桃花岭汉墓东侧。墙Ⅰ，桃花岭汉墓东侧，西北—东南走向，仅残存墙基部分，长约 22 米，宽 6.8~7 米，方向 340°。墙基为槽状，深 0.5~0.9 米，堆积可分为 2 层，夯筑，含有较多泥质绳纹灰陶筒瓦、板瓦、瓦当残片，其中发现有“□□未央”残瓦当一件。墙Ⅱ，西北与风篷岭汉墓相邻，略呈东西走向，残长约 28.2 米，残宽 5.1~6.2 米，方向 88°。开口于现代耕土层之下，打破生土，仅残存部分墙身和墙基，墙身呈上窄下宽的梯形，墙体外侧堆砌较多碎石块，可能作为散水，上宽 4.5 米，下宽 6.2 米；墙基为槽状，底部整体较平，部分地方将原并不平整的地面填平，深 0.2~1.7 米。堆积可分为 7 层，夯筑，含有较多泥质绳纹灰陶筒瓦、板瓦、瓦当残片，其中在西部发现有云纹残瓦当一件。①

栗树嘴汉墓，位于湘江西岸望城区星城镇银星村中区三组栗树嘴山上，北距 2006 年发掘的风篷岭汉墓 200 米。海拔 60 米。从封土断面观察，可见封土堆积 6 层，厚薄不一。②

狮子拱一号墓，位于湘江西岸望城区星城镇银星村中区二组狮子拱山上，狮子拱山呈西北—东南走向，该小山上共有 4 座墓，其为南侧最东边一座，海拔 66.1 米。从墓顶发现盗洞处可见封土堆积 3 层。从山体断面看，有分层夯筑的墓葬封土。根据公安机关提供的资料，在“12·29”盗墓案中，螭纹玉剑饰、谷纹圆柱状柄形器、兽形琥珀饰件、“长沙王玺”金印等文物即出土于该墓中。

狮子拱二号墓，位于湘江西岸望城区星城镇银星村中区二组狮子拱山上，在狮子拱一号汉墓的西侧，海拔 76.4 米。封土平面略呈方形，中部塌陷，从其上盗洞壁上可观察到 5 层封土堆积。根据公安机关提供的资料，在“12·29”盗墓案中，龟

① 长沙市文物考古研究所：《汉代长沙王陵墓群风篷岭－桃花岭墓地考古调查简报》，《湖南省博物馆馆刊》第十五辑，岳麓书社，2019 年，第 140 页。

② 陕西省文物考古研究院：《〈长沙国王陵遗址保护总体规划（2013—2030）〉说明书》，2013 年 8 月，第 2 页。

栗树嘴汉墓远景照

狮子拱一、二、三、四号汉墓远景照

陶家山汉墓远景照

纽玉印、镂空三兽圆形铜镇、双面龙纹玉璧、弦纹双铺首铜药罐、镂空羽人蟠龙纹金釦饰等文物即出土于该墓中。

狮子拱三号墓，位于湘江西岸望城区星城镇银星村中区二组狮子拱山上，在狮子拱二号汉墓的西侧，海拔 74.9 米。从封土洞壁上可观察到 3 层封土堆积。

狮子拱四号墓，位于湘江西岸望城区星城镇银星村中区二组狮子拱山上，该小山上共有 4 座墓，其为北边一座，北距 2006 年发掘的风篷岭汉墓约 1200 米，海拔 64.3 米。该墓所处区域未见高大封土堆，为狮子拱三号汉墓北侧的一处台地。经初步勘探，在台地一侧发现有整齐的岩石坑边壁，南北向，西侧为风化岩，东侧为墓葬填土。填土分为 3 层。①

陶家山汉墓，位于湘江西岸望城区星城镇银星村南区二组陶家山上，西距杉树拱汉墓 120 米，两墓墓主应存在紧密关系，海拔约 70 米。该墓封土略呈方形，明显高于周边地面。经勘探，可见封土堆积四层。②

① 陕西省考古研究院：《〈长沙国王陵遗址保护总体规划（2013—2030）〉说明书》，2013 年 8 月，第 2 页。可能为一座外藏坑或为三号墓墓道，见何旭红：《汉代长沙国考古发现与研究》，岳麓书社，2013 年，第 118 页。

②陕西省考古研究院：《〈长沙国王陵遗址保护总体规划（2013—2030）〉说明书》，2013 年 8 月，第 2~3 页。

杉树拱汉墓远景照

杉树拱汉墓，位于湘江西岸望城区银星村中区二组杉树拱山上，海拔 73.4 米。从山包顶部盗洞四周壁上的土质分析，从封土顶部往下 3.3 米处为夯筑土，分两层，该两层明显为人工夯筑封土层。从 3.3 米处往下至底部，明显为人工填土，在接近洞底部填土中还夹杂有白膏泥土。另经考古人员清理，于洞底发现 4 块鎏金青铜器物残片。[①]

半边围子山汉墓，位于湘江西岸望城区星城镇银星村中区一组半边围子山上，东北距杉树拱汉墓 220 米，海拔 93.8 米。该墓封土略呈方形，封土顶部中央有明显下沉。经调勘，可见封土堆积四层。[②]

郭家山汉墓，位于湘江西岸望城区星城镇银星村南区四组郭家山上，东南距庙坡山汉墓 260 米，西南距马坡山汉墓 380 米，海拔 79.5 米。该墓封土略呈方形，经钻探，可见封土堆积六层。[③]

---

① 陕西省考古研究院：《〈长沙国王陵遗址保护总体规划（2013—2030）〉说明书》，2013 年 8 月，第 3 页。

② 陕西省考古研究院：《〈长沙国王陵遗址保护总体规划（2013—2030）〉说明书》，2013 年 8 月，第 3 页。

③ 陕西省考古研究院：《〈长沙国王陵遗址保护总体规划（2013—2030）〉说明书》，2013 年 8 月，第 3 页。

半边围子山汉墓远景照

郭家山汉墓远景照

庙坡山汉墓远景照

庙坡山汉墓，位于湘江西岸望城区星城镇南区五组与岳麓区谷山村交界处庙坡山上，海拔 100.3 米。根据公安机关提供的资料，该墓盗掘出土有滑石器、陶器、漆器等 100 余件文物。[①]

马坡山汉墓，位于湘江西岸望城区星城镇银星村南区五组与岳麓区谷山村交界处的马坡山上，海拔 136.1 米。从山顶盗洞内可见封土堆积 3 层。[②]

东山汉墓，位于湘江西岸岳麓区观沙岭街道办事处岳华村傅家坪组南侧东山山包上，海拔 87.5 米。从封土上盗洞内可见封土层有 4 层。封土顶西侧现有墙垣遗迹 100~120 米依山而建。山体外围发现汉代瓦片堆积，可能是与东山汉墓有关的礼制建筑。[③]

① 陕西省考古研究院：《〈长沙国王陵遗址保护总体规划（2013—2030）〉说明书》，2013 年 8 月，第 3 页。

② 陕西省考古研究院：《〈长沙国王陵遗址保护总体规划（2013—2030）〉说明书》，2013 年 8 月，第 3 页。

③ 陕西省考古研究院：《〈长沙国王陵遗址保护总体规划（2013—2030）〉说明书》，2013 年 8 月，第 3 页。

马坡山汉墓远景照

东山汉墓远景照

三、咸嘉湖片区

咸嘉湖片区内的王陵主要分布于咸嘉湖东北侧和西侧，共有5座。其中陡壁山一号汉墓、象鼻嘴一号汉墓、扇形山汉墓、狮子山汉墓位于咸嘉湖东北侧，除陡壁山一号汉墓因被高层住宅楼占压外，象鼻嘴一号汉墓、扇形山汉墓、狮子山汉墓3座现存于今望月公园内。咸嘉湖西侧现存王陵墓1座，即渔阳墓，位于湖南财政经济学院校内，在渔阳墓墓坑上方建有保护展示棚。由于该地区开发强度大，周边多为高层建筑环绕。

陡壁山一号汉墓、象鼻嘴一号汉墓、渔阳墓以及扇形山汉墓附近一畜俑坑已被发掘清理，扇形山汉墓、狮子山汉墓未经发掘。扇形山汉墓、狮子山汉墓于1974年陡壁山一号墓发掘期间及以后对古咸嘉湖周边开展的考古调查中被发现。

陡壁山一号汉墓于1974年12月至1975年1月由长沙市文化局文物组发掘，位于长沙市湘江西岸陡壁山，以山为陵，未见高大封土堆。是一座带斜坡墓道的大型竖穴岩坑木椁墓，方向280°。墓道斜坡式，在墓坑西壁偏北，上宽4.14米，底宽3.95米，残长4米，坡度19°。在墓道内距下口约1.6米的填土中，发现南北相对的空洞，可能原来放着两个“偶人”，现已朽腐。

该墓墓口长12.8米，墓口宽10米，底长11.6米，底宽9.5米，残深2.8米，采用黄肠题凑葬制，三棺二椁。该墓曾被盗掘。墓中出土金属器、玉石器、漆木器、陶（泥）器及其他器物共300余件。标识性器物为“曹嫘”玉印、“曹嫘”及“妾嫘”玛瑙印和“长沙后丞”封泥等。该墓墓葬年代不晚于武帝初年，墓主应为某吴氏长沙王之王后。①

象鼻嘴一号汉墓于1978年9—11月由湖南省博物馆发掘，位于长沙市湘江西岸象鼻嘴山，是一座带斜坡墓道的大型长方形竖穴岩坑木椁墓，方向267°。封土在1974年基建施工时，已被挖去。墓道在墓坑西壁中部偏南，全长18.75米，呈斜坡式，坡度12°。墓道的上口宽6.8米，从口部往下2米，距墓道底3.9米处，有一层台阶，台面宽0.95米，略内斜。台阶与墓坑的第一层台阶在同一平面上。墓道上宽4.6米，底宽4.2米，墓道下口高出墓室底部58厘米。在墓道壁两边，各发现一个“偶人”遗迹，“偶人”已朽塌，估计为木制。墓道填土系原坑土捣碎回填后

① 长沙市文化局文物组：《长沙咸家湖西汉曹嫘墓》，《文物》1979年第3期。

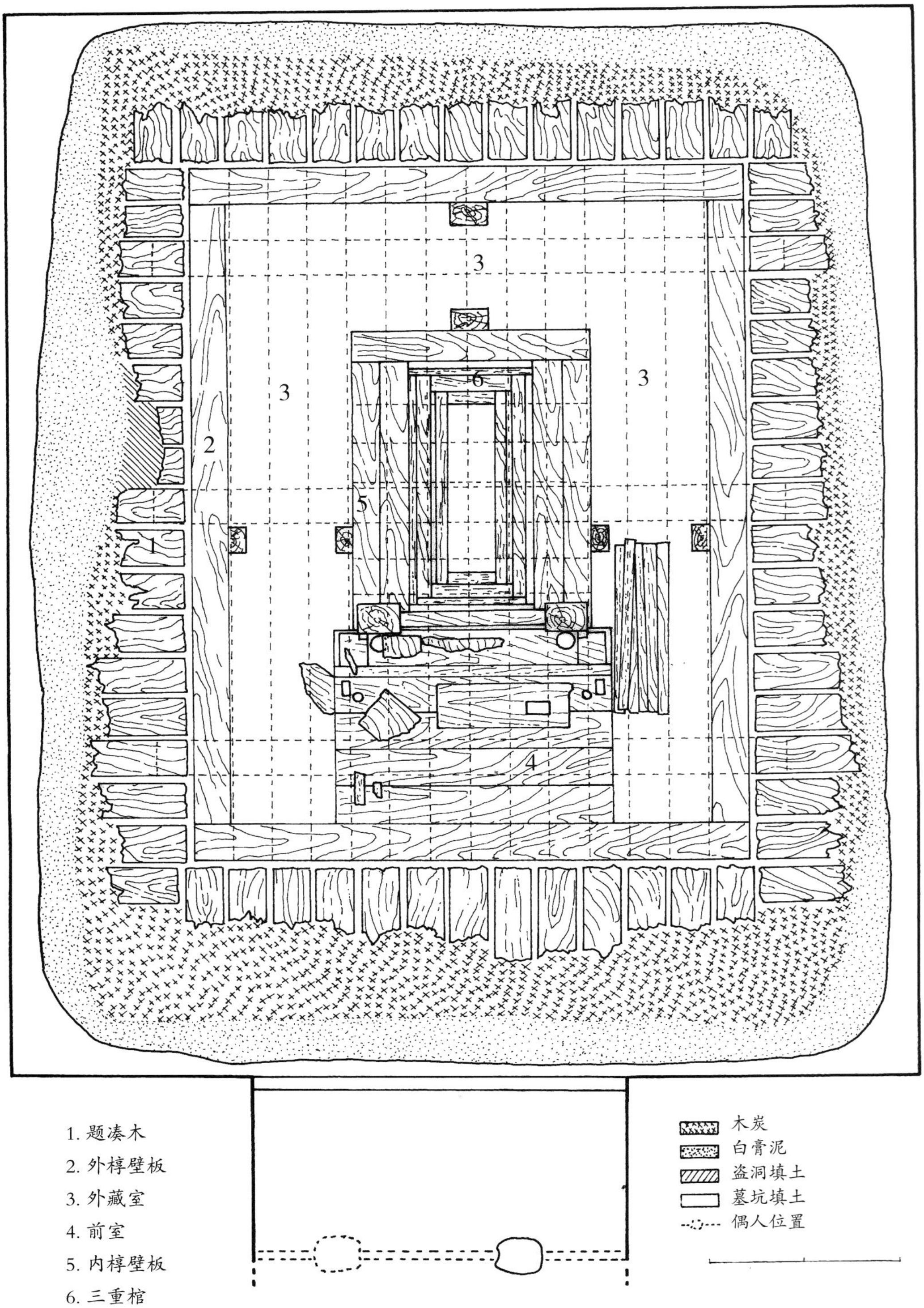
3
3
3
6
2
5
1
4
1. 题凑木
2. 外椁壁板
3. 外藏室
4. 前室
5. 内椁壁板
6. 三重棺
木炭
白膏泥
盗洞填土
墓坑填土
偶人位置

曹嫔墓底层结构平面图

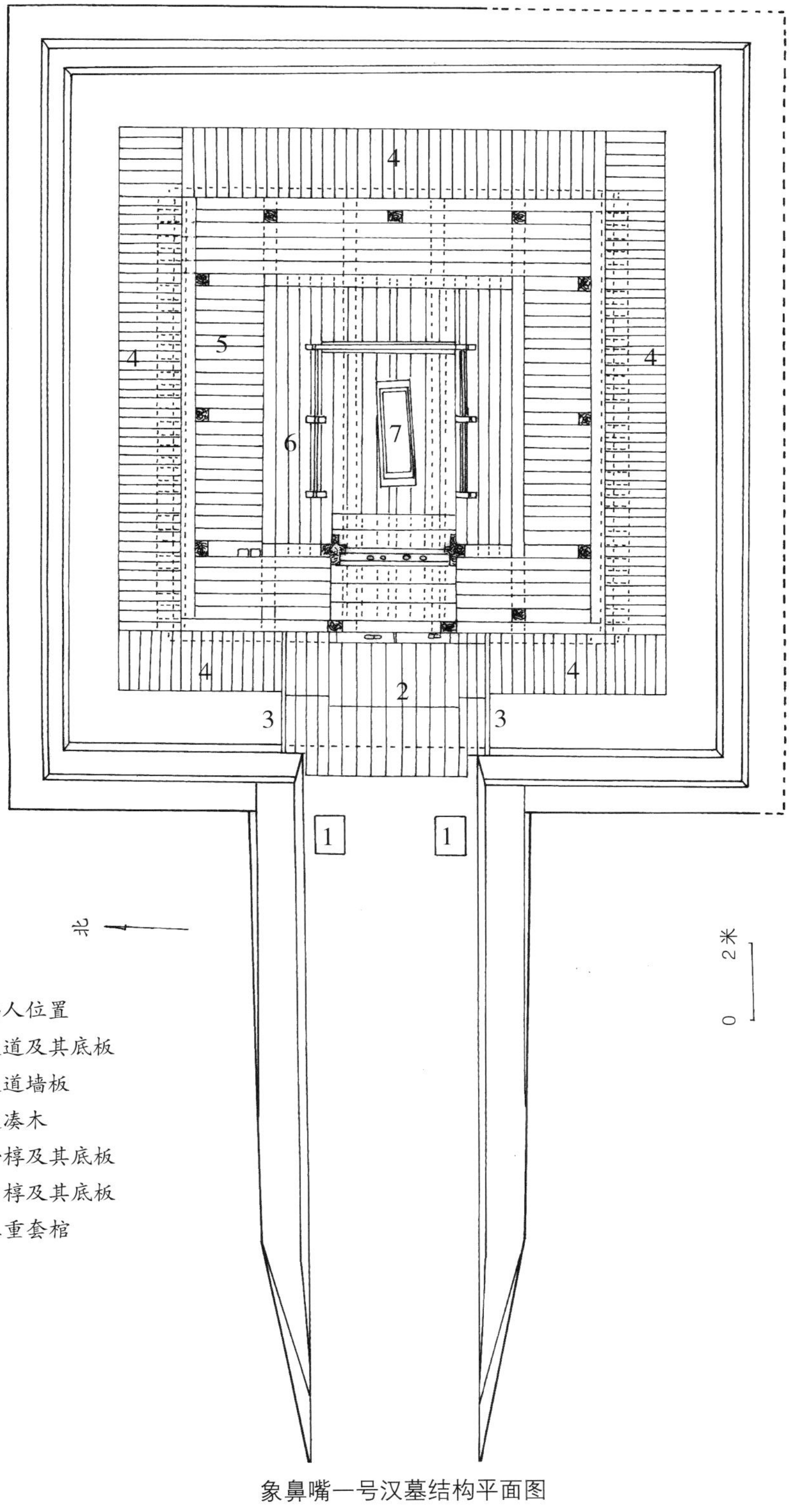

1. 偶人位置
2. 通道及其底板
3. 通道墙板
4. 题凑木
5. 外椁及其底板
6. 内椁及其底板
7. 三重套棺

象鼻嘴一号汉墓结构平面图

夯筑，大体分为上下两部，下部夯层每层厚约 10~15 厘米，上部夯层厚约 20~25 厘米。夯窝圆形，直径 5.5~6 厘米。

该墓墓坑填土亦为原坑土经捣碎后分层夯筑，每层厚 20~30 厘米。每层填土的表面，铺 10 厘米厚的夹砾石的黄砂土，然后夯筑。墓口长 20.55 米，墓口宽 18.5 米，底长 17.1 米，底宽 15.65 米，深 7.9 米，采用黄肠题凑葬制，三棺二椁。该墓曾被盗掘。墓中出土陶器、漆器、丝织物、玉器等器物共数百件，绝大多数为陶器。该墓墓葬年代为文景时期，墓主应为某吴氏长沙王，靖王吴著的可能性相对较大。①

望城坡渔阳墓位于长沙市湘江西岸、咸嘉湖西侧望城坡古坟垸，位于湖南财政经济学院校园内，被发现于 1986 年全国文物普查期间。1993 年 2—7 月由长沙市文物工作队、长沙市文物管理委员会办公室发掘。是一座带斜坡墓道的"甲"字形大型竖穴岩坑木椁墓，方向 287°。封土圆形，高约 5 米，大部分已被建设单位的施工机械推掉。填土系用原坑土捣碎后回填夯筑。夯层每层厚 30~40 厘米。墓道位于墓坑西壁正中，全长 21.02 米，坡度 18°。墓道上口宽 6 米，残深 1.5 米。墓道左右两边各有一层台阶，台面宽 1.3~1.4 米，此台阶与墓坑内的台阶处于同一平面上。墓道两边台阶各有 4 个等距分布的方形柱洞，长 0.4~0.5 米，宽 0.3~0.4 米，深 0.3~0.6 米不等。

该墓墓口长 15.98 米，墓口宽 13.3 米，底长 11.6 米，底宽 9.76 米。墓中出土金器、玉器、石器、铁器、漆木器、骨角器、陶器和纺织品等大量文物，总数超过 3000 件。标志性器物为"长沙后府"封泥和"渔阳"漆耳杯等。该墓墓葬年代为文景时期，墓主应为某吴氏长沙王之王后。在其东、西、南三面各有一个外藏坑。一号坑位于主墓东南约 260 米，长条形，长 9.35 米，宽 2.45 米，现存深度 0.6 米，方向 336°。出土器物皆为泥质灰陶器与印纹硬陶器，器型有鼎、盒、瓮、大口罐等，为庖厨坑。二号坑位于主墓墓道西北侧约 200 米，东西长 11.6 米、南北宽 4.5 米、深 2 米，方向 40°。坑壁规整，平面为"凸"字形，陪葬品已腐朽不见，仅存少量朱绘漆皮和锈铁环，推测为车马坑。三号坑位于主墓南侧约 240 米，方向 300°。长 14.6 米，宽 1.2 米，深 0.45 米。随葬物品为陶质牲、禽动物俑，共 100 余件，种类有牛、猪、羊、狗、鸡、龟、蛇等，为陶牲俑坑。三座外藏坑其上已为城市建成区。②

① 单先进、熊传薪：《长沙象鼻嘴一号西汉墓》，《考古学报》1981 年第 1 期。

② 长沙市文物考古研究所、长沙简牍博物馆：《湖南长沙望城坡西汉渔阳墓发掘简报》，《文物》2010 年第 4 期。

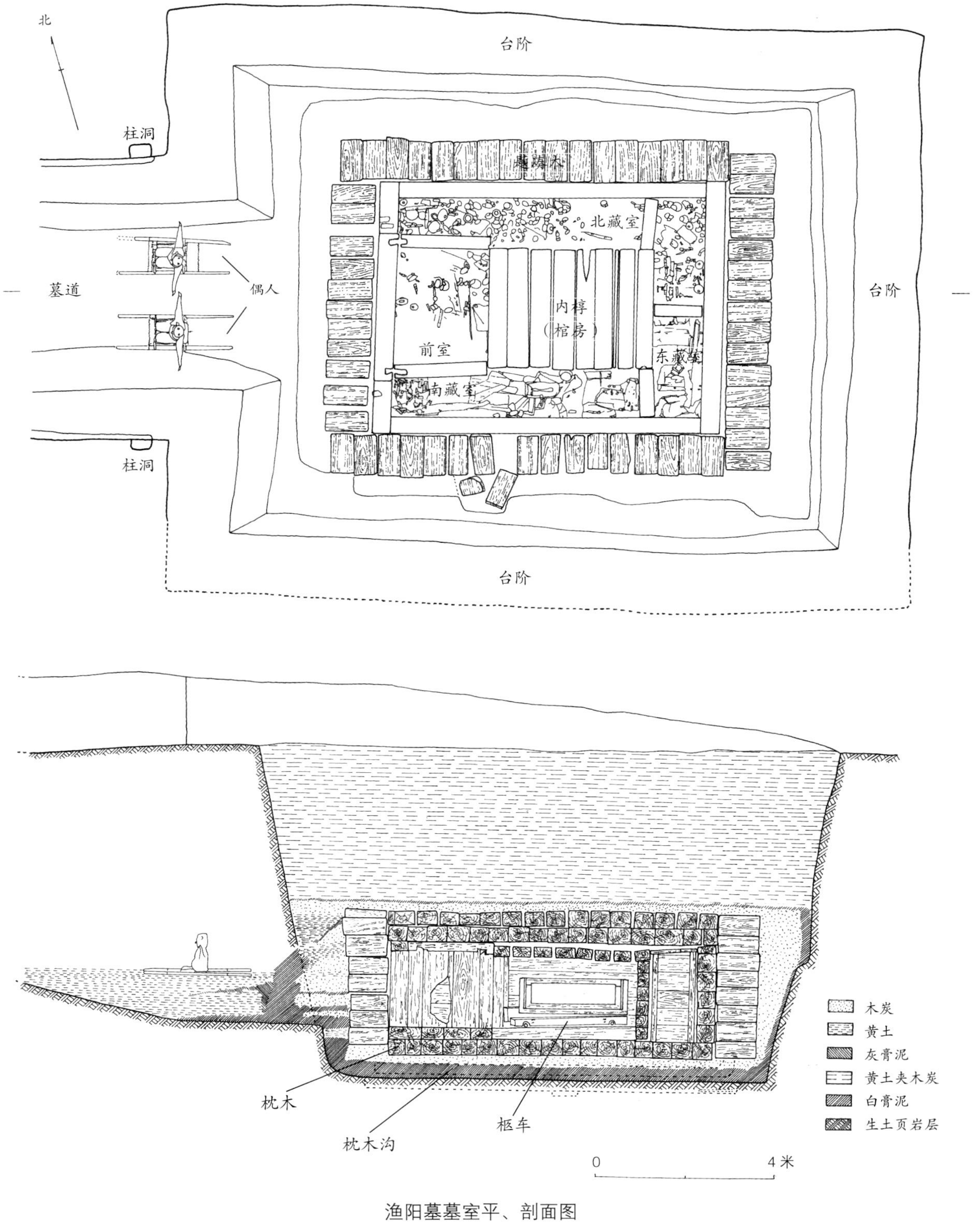
北
台阶
柱洞
北藏室
墓道
偶人
台阶
内椁
（棺房）
前室
东藏室
南藏室
柱洞
台阶
木炭
黄土
灰膏泥
黄土夹木炭
白膏泥
生土页岩层
枕木
枕木沟
柩车
0
4米

渔阳墓墓室平、剖面图

扇形山汉墓、狮子山汉墓、象鼻嘴一号汉墓远景照

扇形山汉墓，位于现望月公园内，象鼻嘴一号汉墓西侧。湖南省博物馆（今湖南博物院）于1975年还发掘了扇形山汉墓的陪葬坑一座。扇形山位于湘江西岸，是咸家湖龙王港北岸一大群小山丘中的一座独立的丘陵。其东靠象鼻嘴山，北邻狮子山，西望陡壁山，龙王港由西向东流经扇形山南脚下，河坡甚陡。该山海拔高程74米，距湘江水面约45米，略呈圆形，底径约240米。

扇形山陶家畜俑坑位于该山西部斜坡的南边，方向正西。俑坑呈长方形，宽1米，大部因修路被破坏，仅剩余大部北壁和东头一部分，残长4.10米，深0.95米。俑坑为岩坑，壁直底平。

在畜俑坑中清理出陶牛6件，集中在坑的中部。侧卧，互不叠压，呈圆形排列。另外收集修路中散失的陶畜俑残片中，可识别的有牛、羊、猪、狗等四类，共40余件。据当时在场的群众反映，不同种类的陶畜俑分别被比较集中地堆放。[①]

狮子山汉墓，位于现望月公园内，象鼻嘴一号汉墓西北侧。

① 单先进：《湖南长沙咸嘉湖扇子山畜俑坑》，《农业考古》2001年第1期。

凤凰山汉墓远景照

四、天马山片区

天马山片区内的王陵位于岳麓山系东南侧，西靠岳麓山，东临湘江，现存王陵5座，包括位于北面的凤凰山汉墓，往南有位于天马山上的天马山一号汉墓、天马山二号汉墓、天马山三号汉墓，还有西边的牛头岭汉墓。该区的王陵于2008—2010年在第三次全国文物普查期间开展的“汉代长沙王陵墓”考古专题调查中被发现。

凤凰山东侧面对桃子湖，景区改造已将东侧杂乱建筑拆除。其北、西、南三侧多为湖南师范大学和湖南大学校园占据。山周建有上山观景道路，并设护栏，道路连通并贯通山顶，为公共开放景点。天马山属于岳麓山景区内景点，现为免费开放状态。其北侧、东侧为滨江景观带，已实施环境整治改造，现有停车场设施。其南侧、西侧多为湖南大学教学设施和场所，也有围墙圈挡工地，为楼盘开发之用。在凤凰山汉墓所在丘陵东侧一断面暴露呈坡状分布的灰陶筒瓦、板瓦堆积，应系与陵墓相关的遗存。①

① 何旭红：《汉代长沙国考古发现与研究》，岳麓书社，2013年，第113页。

天马山一、二、三号汉墓远景照

天马山一号、二号汉墓位于天马山的两个山峰上，有石砌路面通达，山上多墓葬，时代从民国到现代，且有大体量现代墓葬。一号墓顶有盗洞，二号墓顶已为多座现代墓葬占压。在天马山一号汉墓和二号汉墓周边还发现了一些建筑遗存。2011年，我们对天马山一号汉墓所在山包的南坡、西坡中部调查后，发现了数处呈坡状分布的夹杂灰陶筒瓦、板瓦、云纹瓦当的堆积，初步判断为与陵墓相关的遗存。在天马山二号汉墓北侧西坡山麓平缓坡地处发现一处残断的夯筑与石砌结合的墙体，略呈弧形，残长约 230 米，残高 1 米余，夯土内夹杂灰陶筒瓦、板瓦残片，初步判断为陵寝类建筑墙垣。天马山三号墓位于天马山东坡中部，有封土堆，凸出地表高约 1 米，西部已遭破坏，有盗洞。①

牛头岭汉墓位于天马山西南侧靠近岳麓山的一座山包上，周边建筑密集，为居民楼间穿插建设低层民房造成。其北侧现为湖南大学软件学院宿舍楼建设工地，山包顶端有现代墓葬，周遭紧挨民房，有家禽养殖棚，生活垃圾散落，墓葬环境较差。

① 何旭红：《汉代长沙国考古发现与研究》，岳麓书社，2013 年，第 112~113 页。何旭红先生认为天马山三号墓可能是天马山一、二号墓的陪葬墓。

牛头岭汉墓远景照

第二节

出土器物概况

汉代长沙王（后）陵墓葬共发掘 5 座，虽在发掘过程中发现墓葬有盗掘现象，但仍出土了大量具有重要历史和艺术价值的珍贵文物。各墓出土文物情况如下。

一、陡壁山曹嫫墓

出土金属器、玉石器、漆木器、陶（泥）器及其他器物共 300 余件。金属器有铜镜、铁剑、铁环首刀、错金矛骹、铜柄等。玉石器有印章、玉佩、玉璧、玉环、玉瑗、玉璜、玉珩、玉贝、玛瑙水晶珠[①]、石璧[②]、石质蛋形器、石托[③]、小玉条[④]、小玉棍[⑤]等。漆木器（150余件）有漆盘、耳杯、奁盒、漆枕、漆扁壶、金银箔贴花漆案、漆匜、漆几、漆杖、器座、琴瑟零件等。陶（泥）器有陶编钟、陶磬、陶罐、封泥等。此外，还有角笄[⑥]、种子、花椒、药材、丝织品残迹、果核等。[⑦]

二、象鼻嘴一号汉墓

出土陶器、漆器、丝织物、玉器、皮革制品等器物共数百件，绝大多数为陶器。陶器有鼎、盒、壶、钫、筒形器、瓮、罐、灯、薰炉、盂、杯、勺、匕、编钟和泥"半两"、"郢"版等。漆器有盘、耳杯、奁、卮和案等。丝织物有褐色绢和方目纱。玉器有玉璧和玉饰件。皮革制品有残漆皮甲一件。[⑧]

三、望城坡渔阳墓

出土金器、玉器、石器、铁器、漆木器、骨角器、陶器和纺织品等大量文物，总数超过3000件。金器有金扣饰。[⑨]玉器有环、璧等。漆木器有耳杯（2500余件，木胎）、盘、盆、盒、盂、壶、匜、卮、案、几、匕、磬、排箫、琴、瑟、筑、陆博、砚盒、奁盒、具杯盒、伞、杖、方器座、俑及木质象牙、犀角等。骨角器有梳、篦、镊、笄、削等。陶器有鼎、盒、瓮、硬陶大口罐和牛、猪、羊、狗、鸡、鳖、蛇头等动物模型。此外还有偶人、木楬、签牌、封泥匣等。[⑩]

---

① 或为串饰，见何旭红：《汉代长沙国考古发现与研究》，岳麓书社，2013年，第73页。
② 疑为滑石璧，见何旭红：《汉代长沙国考古发现与研究》，岳麓书社，2013年，第73页。
③ 或为石质磨粉器具，见何旭红：《汉代长沙国考古发现与研究》，岳麓书社，2013年，第74页。
④ 或为玉瑱，见何旭红：《汉代长沙国考古发现与研究》，岳麓书社，2013年，第73页。
⑤ 疑为玉握或肛塞，见何旭红：《汉代长沙国考古发现与研究》，岳麓书社，2013年，第73页。
⑥ 或为角质梳或篦，见何旭红：《汉代长沙国考古发现与研究》，岳麓书社，2013年，第74页。
⑦ 长沙市文化局文物组：《长沙咸家湖西汉曹𡟰墓》，《文物》1979年第3期。
⑧ 单先进、熊传薪：《长沙象鼻嘴一号西汉墓》，《考古学报》1981年第1期。
⑨ 原报告疑为舶来品，或系纺织物上缀饰，见何旭红：《汉代长沙国考古发现与研究》，岳麓书社，2013年，第84页。
⑩ 长沙市文物考古研究所、长沙简牍博物馆：《湖南长沙望城坡西汉渔阳墓发掘简报》，《文物》2010年第4期。

四、风篷岭汉墓

出土陶器、铜器与铜钱、漆木器、玉器、水晶器、金器、鎏金器、银器、铁器、丝织品等器物共数百件。陶器均为罐。铜器有鼎、锺、壶、盉、甑、盘、钵、勺、灯、镜、羊镇、带钩、弩机、削、衔环铺首、环等。铜钱均为五铢钱。漆木器有盒、豆、碗、盆、盘、耳杯、器盖、马足等。玉器有璧、圭、金缕玉衣片等。水晶器均为珠。金器均为饼。①

五、风盘岭汉墓

出土陶器、泥钱、铜器、漆器、玉器、铁器等器物共数十件（泥钱按1件计）。陶器有鼎、锺、壶、钫、罐、坛、瓮、熏炉等。泥钱数万枚，均为“半两”。铜器有铎、琴轸、熏炉、镜、弩机部件、环状器等。漆器有卮。玉器有璜。铁器有剑、铺首衔环、臿、锄、钉等。②

此外，还有出自汉代长沙国王室成员墓的“12·29”盗墓案查获文物。其种类有漆木器、金器、铜器、玉器、琉璃器、水晶器、琥珀器、陶器和滑石器等。漆木器有耳杯、盘等。金器有金印和金挂饰。铜器有镇、带钩、镜、铺首衔环、剑、灯、瑟枘、秤盘、杵臼、案足、铜金饼及铜钱等。玉器有印、剑格、剑璏、璧、璜、佩饰、带钩等。琉璃器有璧、管等。水晶器有珠、管等。琥珀器有虎形饰。陶器有熏炉、鼎、勺、泥金饼等。滑石器有圈足杯、桶形杯、盒、耳杯、磬、璧、碗等。③

这些出土器物体现了汉代事死如事生的丧葬理念。既有日常生活用品，如陶容器、骨角器梳、篦、镊、笄、削、铜羊镇等；也有反映墓主身份等级的器物，如金缕玉衣片、长沙王玺、长沙王印、“长沙后丞”封泥等。有的反映了礼仪制度，如陶制编钟、编磬等，有的反映了汉代长沙国的职官制度，如漆器上的文字“长沙王

---

① 长沙市文物考古研究所、望城县文物管理局：《湖南望城风篷岭汉墓发掘简报》，《文物》2007年第12期。

② 长沙市文物考古研究所、长沙市望城区文物管理局：《湖南长沙风盘岭汉墓发掘简报》，《文物》2013年第6期。

③ 长沙市文物考古研究所：《长沙“12·29”古墓葬被盗案移交文物报告》，《湖南省博物馆馆刊》第六辑，岳麓书社，2010年，第329~340页。

后家杯”“中永巷”“永巷果盘”，以及“长沙后丞”封泥、“中府”铜琴轸等。通过这些出土文物，反映出汉代诸侯国王侯贵族们极尽奢华的物质生活和在王国内至高无上的威严，展现出多姿多彩的时代风貌。

上述汉代长沙王陵墓群及其出土的器物共同丰富了汉代长沙王陵墓群遗址的内涵，汉代长沙王陵墓群遗址价值研究将围绕遗址本体、出土器物、遗址周边环境及遗址对当今社会的作用等，从历史价值、艺术价值、科技价值、社会价值、文化价值、经济价值、生态价值等方面开展系统性的阐释。

第三章

历史价值

历史价值是指文物古迹作为历史见证的价值，是文化遗产的首要价值和核心价值。文化遗产的历史价值首先应建立在其真实性和完整性的基础上，而其价值判断尺度则取决于文化遗产的稀缺性和所承载文明的历史影响力。

第一节

遗产真实性

根据《中国文物古迹保护准则》（2015年修订）中的相关定义，真实性是指文物古迹本身的材料、工艺、设计及其环境和它所反映的历史、文化、社会等相关信息的真实性。更加细致地划分，真实性包括了外形和设计，材料和材质，用途和功能，传统、技术和管理体系，环境和位置，语言和其他形式的非物质遗产，精神和感觉，其他内外因素。

汉代长沙王陵墓群的真实性源自传世文献与考古发现的互补互证。据《史记》《汉书》《后汉书》等记载，长沙国始建于汉高祖五年（前202），分为吴氏和刘氏两个时期，至建武十三年（37）最终被废除，先后有十三代、十四王，存续约220年，其基本历史脉络在正史中是明确的。关于长沙王陵的情况，史籍中有少量记载，信息相对简略。汉代长沙王陵墓群的考古发现印证并极大丰富了汉代长沙国的历史信息。

一、文献与遗址

（一）文献提供线索

关于汉代长沙国及历代长沙王的历史，传世文献中的记载虽然简略，但基本线索较为清晰。长沙国的第一代王吴芮系秦王朝的番阳（今江西鄱阳湖一带）县令。秦末兵兴，吴芮因率百越之众协助诸侯反秦，还跟从项羽入关，故被项羽分封为衡山王，建都于邾。在随后的楚汉战争中，吴芮加入到刘邦阵营，于汉五年（前202）二月，吴芮以故衡山王的身份，联合楚王韩信、韩王信、淮南王英布、梁王彭越、赵王张敖、燕王臧荼上疏请刘邦称帝。刘邦称帝后于高祖五年，“徙衡山王吴芮为长沙王，都临湘”[①]。“诏曰：‘故衡山王吴芮与子二人、兄子一人，从百粤之兵，以佐诸侯，诛暴秦，有大功，诸侯立以为王。项羽侵夺之地，谓之番君。其以长沙、豫章、象郡、桂林、南海立番君芮为长沙王。’”[②]长沙王吴芮受封不足一年后，薨。其子吴臣继位，此后吴氏长沙王共传五代、五王，以靖王无子国除结束了吴氏长沙国的历史。[③]

景帝前元二年（前155），分封诸子为王，刘发为刘氏长沙国的第一代长沙王。一方面是吴氏长沙国此时已经绝嗣，广阔的南方国土还没有同姓王镇抚；另一方面是因刘发之母“微无宠”，故让刘发为长沙王，“王卑湿贫国”[④]。《汉书·长沙定王刘发传》：“长沙定王发，母唐姬，故程姬侍者。景帝召程姬，程姬有所避，不愿进，而饰侍者唐儿使夜进，上醉，不知，以为程姬而幸之，遂有身，已乃觉非程姬也。及生子，因名曰发。以孝景前二年立，以其母微无宠，故王卑湿贫国。二十八年薨。子戴王庸嗣，二十七年薨。子顷王鲋鮈嗣，十七年薨。子剌王建德嗣，宣帝时坐猎纵火燔民九十六家，杀二人，又以县官事怨内史，教人诬告以弃市罪，削八县，罢中尉官，三十四年薨。子炀王旦嗣，二年薨。无子，绝岁余。元帝初元三年，复立旦弟宗，是为孝王，五年薨。子鲁人嗣，王莽时绝。”[⑤]西汉长沙国废于新莽始建国元年（9），东汉光武帝刘秀于建武二年（26）后复立长沙国，建武十三年（37）废除。如《后汉书·光武帝纪上》：“（建武二年）十二月戊午，诏曰：‘惟宗室列侯为王莽所废，先灵无所依归，朕甚愍之。其并复故国。若侯身已殁，属所上其子孙见名尚书，封拜。’”“（建武十三年二月）丙辰，诏曰：‘长沙王兴、真定王得、河间王邵、中山王茂，皆袭爵为王，不应经义。其以兴为临湘侯，得为真定侯，邵为乐成侯，茂为单父侯。’”[⑥]刘氏长沙国共经历了八代、

① 司马迁：《史记》卷八《高祖本纪》，第380页。

② 班固：《汉书》卷一下《高帝纪下》，第53页。

③ 班固：《汉书》卷十三《异姓诸侯王表》，第377~387页：高祖五年，“王吴芮始，六月，薨”。高祖六年，“成王臣嗣”。孝惠二年，“哀王回嗣”。高后二年，“共王若嗣”。孝文二年，“靖王产嗣”。孝文后元七年，“（靖王产）薨，无子，国除”。《史记》卷十七《汉兴以来诸侯王年表》，第807~838页：高祖五年，“初王文王吴芮元年，薨”。高祖六年，“成王臣元年”。孝惠二年，“哀王回元年”。高后二年，“恭王右元年”。孝文三年，“靖王著元年”。孝文后七年，“（靖王著）薨，无后，国除”。

④ 司马迁：《史记》卷五十九《五宗世家》，第2100页。

⑤ 班固：《汉书》卷五十三《长沙定王刘发传》，第2426~2427页。

⑥ 范晔：《后汉书》卷一上《光武帝纪上》，第31、61页。

九王，于建武十三年（37）结束了刘氏长沙国的历史。[1]

汉代长沙国王位世系简表

	王位世系	帝王纪年	公元纪年
吴氏长沙王[2]	文王吴芮	高祖五年	前 202 年
	成王吴臣	高祖六年至孝惠元年	前 201—前 194 年
	哀王吴回	孝惠二年至高后元年	前 193—前 187 年
	恭王吴右[3]	高后二年至孝文二年	前 186—前 178 年
	靖王吴著[4]	孝文三年至后元七年	前 177—前 157 年
刘氏长沙王[5]	定王刘发	景帝二年至元朔元年	前 155—前 128 年
	戴王刘庸[6]	元朔二年至太初四年	前 127—前 101 年
	顷王刘鲋鮈	天汉元年至始元三年	前 100—前 84 年
	剌王刘建德	始元四年至甘露四年	前 83—前 50 年
	炀王刘旦	黄龙元年至初元元年	前 49—前 48 年
	孝王刘宗	初元四年至永光元年	前 45—前 43 年
	缪王刘鲁人	永光二年至居摄元年	前 42—6 年
	王刘舜	居摄二年至新莽始建国元年	7—9 年
	王刘兴	建武二年至建武十三年	26—37 年

关于汉代长沙王的陵墓，传世文献中的记载就相对语焉不详了。最早在《水经注》、《三国志·魏书·诸葛诞传》注解中提到了吴芮墓，随后在《太平寰宇记》《方舆胜览》《（乾隆）长沙府志》《（同治）长沙县志》《（光绪）善化县志》《（光绪）湖南通志》《广湖南考古略》《湘城访古录·湘城遗事记》等文献中也有记载，各类文献记载详略不一。现将各类文献转述如下：

① 班固：《汉书》卷十四《诸侯王表》，第 413 页；范晔：《后汉书》卷一上《光武帝纪上》，第 61 页。
② 班固：《汉书》卷十三《异姓诸侯王表》，第 377~384 页。
③ 班固：《汉书》卷十三《异姓诸侯王表》，作“共王若”，第 381 页。
④ 班固：《汉书》卷十三《异姓诸侯王表》，作“靖王产”，第 384 页。
⑤ 班固：《汉书》卷十四《诸侯王表》，第 413 页；范晔：《后汉书》卷一上《光武帝纪上》，第 31、61 页。
⑥ 司马迁：《史记》卷十七《汉兴以来诸侯王年表》，作“康王庸”，第 858 页。

《方舆胜览》卷二十三《潭州·祠庙》："定王庙，在长沙东北一里。"①

《广湖南考古略》卷十一《陵墓·长沙府·长沙县》："汉长沙王吴芮墓，在县西北。汉高祖五年，封芮为长沙王，薨葬于此。""二姬墓，在县东。汉长沙王发母程、唐二姬葬处。""长沙定王发墓，在东门外。"②

《湘城访古录·湘城遗事记》卷八《祠庙类·吴王庙》："府志云：在北门外，祀汉长沙王吴芮。国朝黄本骥《贾傅祠记》云：前汉庙祀之存于长沙者，惟文王吴芮、定王发二庙。一在北关外，一在东关内。又《嵰山甜雪》云：吴王庙在长沙北门外。今北门外大道傍菜园内，有极小之庙，即其地。"③

《湘城访古录·湘城遗事记》卷十六《冢墓类》："汉长沙王吴芮冢，《一统志》云：在长沙县西北，冢旁有庙，今废。明统志云：在长沙县治西北，汉高帝以吴芮有功，封长沙王，卒葬于此。《元和郡县志》云：在长沙县北四里。《水经注》云：临湘县北有吴芮冢，广逾六十八丈，登临写目，为城郭之佳憩也。引郭颁《世语》曰：魏黄初末，吴人发芮冢，取木，于县立孙坚庙，见芮尸，容貌、衣服并如故。吴平后，与发冢人于寿春见南蛮校尉吴纲，曰：'君形貌何类长沙王吴芮乎？但君微短耳。'纲瞿然曰：'是先祖也。'自芮卒至冢发四百年，见纲又四十余年矣。《三国·魏志注》引《世语》云：黄初末，吴人发长沙王吴芮冢，以其砖于临湘为孙坚立庙。芮容貌如生，衣服不朽。后豫发者见吴纲，曰：'君何类长沙王吴芮？但微短耳。'纲瞿然曰：'是先祖也，君何由见之？'见者言所由。纲曰：'更葬不？'答曰：'即更葬矣。'自芮之卒年至冢发，四百余年。纲，芮之十六世孙矣。影宋本《寰宇记》云：吴王庙、吴王墓在长沙县北四里，诸葛诞长史吴纲时，有人见纲云：'君酷似吴芮，但微短。'纲惊曰：'君何由知之？'客曰：'黄初二年至长沙，见人发芮冢，内多玉器。芮僵尸，容貌俨然如生，衣服不朽。'纲曰：'是吾十一世祖，所见玉器今复何在？'云在孙坚庙中。

"汉双女墓，明统志云：在长沙县，即汉长沙定王葬程、唐二姬处。影宋本《寰宇记》云：双女墓，即汉长沙王葬程、唐二姬之冢，坟高七丈，在长沙县侧十里，号曰双女坟。

"汉长沙定王刘发墓，省志云：在东门外。《府志拾遗》云：汉长沙定王墓，

① 祝穆：《方舆胜览》上册，中华书局，2003 年，第 419 页。

② 同德斋主人编：《广湖南考古略》，湖南教育出版社，2010 年，第 313 页。

③ 陈运溶纂：《湘城访古录·湘城遗事记》，岳麓书社，2009 年，第 116 页。

及其母唐姬墓，各高十三丈，周回三里，其间相去三丈。”[①]

《（乾隆）长沙府志》卷十六《陵墓志·长沙县》：“吴芮墓在县西北。双女墓在东门外，长沙定王母程、唐二姬。”[②]

《（同治）长沙县志》卷三十《古迹·冢墓·汉》：“吴芮墓在县西北，高祖五年，封芮为长沙王，卒葬于此。《水经注》：临湘县北有吴芮冢，广逾六十八尺，登临寓目，为廛郭之佳憩也。郭颁《世语》：魏黄初末，吴人发芮冢，取木，于县立孙坚庙，见芮尸，容貌、衣服并如故。吴平后，与发冢人于寿春见南蛮校尉吴纲，曰：‘君形貌何类长沙王吴芮乎？但君微短耳。’瞿然曰：‘是先祖也。’自芮卒至发冢四百年，至纲又四十余年矣。

“程、唐二姬墓，即双女墓，在东门外。”[③]

《（光绪）善化县志》卷二十九《古迹·冢墓》：“汉吴芮墓，在城西北。”[④]

《（光绪）湖南通志》卷三十六《地理志·陵墓一·长沙府·长沙县》：“汉长沙王吴芮墓在县西北，冢旁有庙，今废。《一统志》：在县北四里。《元和志》：临湘县北有吴芮冢，高逾六十八丈，登临寓目，为廛郭之佳憩也。《水经注》：汉高祖五年封芮为长沙王，薨葬于此。《旧志》：魏黄初末，吴人发芮冢，取木，于县立孙坚庙，见芮尸容貌、衣服并如故。吴平后与发冢人于寿春见南蛮校尉吴纲，曰：‘君形貌何类长沙王吴芮乎？但君微短耳。’纲瞿然曰：‘是先祖也。’自芮卒至冢发四百年，见纲又四十余年矣。郭颁《世语》。

“二姬墓在县东，汉长沙王发母程、唐二姬葬处。《一统志》。

“长沙定王发墓在东门外，及其母唐姬墓各高十三丈，其间相去三丈。《旧志拾遗》。”[⑤]

以上文献中涉及汉代长沙王陵墓群的记载可以总结为以下四类：

1. 数量：记有吴芮墓、二姬墓（程、唐二姬）、长沙定王刘发墓共 4 座。

2. 位置：吴芮墓在县西北、二姬墓在县东、长沙定王刘发墓在东门外。

3. 墓葬规模：吴芮墓、二姬墓、定王刘发墓都记载了墓葬大小。

4. 附属建筑：记有吴芮庙和刘发庙。

---

① 陈运溶纂：《湘城访古录·湘城遗事记》，岳麓书社，2009 年，第 357~358 页。

② 吕肃高修，张雄图、王文清纂：《（乾隆）长沙府志》，岳麓书社，2008 年，第 332 页。

③ 刘采邦修，张延珂等纂：《（同治）长沙县志》，岳麓书社，2010 年，第 651 页。

④ 吴兆熙、张先抡等修纂：《（光绪）善化县志》，岳麓书社，2011 年，第 570 页。

⑤ 李瀚章、裕禄等编纂：《（光绪）湖南通志》，岳麓书社，2009 年，第 924 页。

上述文献中提及了汉代长沙王陵的存在，也指出了大概的位置以及墓葬规模，但记录非常简略，且各文献之间相互因袭，缺乏实地踏勘的记载，各记载之间存在出入，比如对于墓葬规模的记载就说法不一，可能存在传抄中的错误。如《（同治）长沙县志》卷三十《古迹·冢墓·汉》记载吴芮墓“广逾六十八尺”，对比《水经注》中的原文为“广逾六十八丈”，而《（光绪）湖南通志》卷三十六《地理志·陵墓一·长沙府·长沙县》中同样的记载则误为“高逾六十八丈”。结合我们对汉代长沙王陵墓群的调查可知，“广逾六十八丈”较为可靠，而“广逾六十八尺”偏小，“高逾六十八丈”则偏大。

考古提供根据。从1974年的陡壁山汉墓的发掘到现在，总共发掘了5座汉代长沙王（后）陵，通过研究出土器物上的铭文，结合墓葬规模、题凑葬制等因素可以确定这5座大墓墓主的身份应为汉代长沙王（后）。据《湖南长沙望城坡西汉渔阳墓发掘简报》认为该墓的墓主应为汉初吴氏长沙国的某一代王后[①]。《长沙咸家湖西汉曹𡟰墓》发掘报告得出曹𡟰墓属于西汉中期，墓主可能是诸侯王的近亲或妻妾。[②]《长沙象鼻嘴一号西汉墓》发掘报告根据墓葬形制、随葬器物分析该墓的主人，为长沙靖王吴著的可能性较大。[③]黄展岳先生研究认为陡壁山曹𡟰墓、望城坡渔阳墓、象鼻嘴一号汉墓年代属于文景时期；咸家湖地区应是吴氏长沙国家族墓地；象鼻嘴一号汉墓可暂定为吴氏某代长沙王墓；陡壁山一号墓可暂定为吴氏某代长沙王后曹𡟰墓；望城坡一号墓可暂定为吴氏某代长沙王后渔阳墓。吴氏国除在文帝末年，但王后死亡时间可以迟到景帝时期，而不必以国除时间为限。[④]据宋少华先生研究认为陡壁山曹𡟰墓、象鼻嘴一号汉墓应属吴氏长沙王墓。象鼻嘴一号汉墓的年代似更早一些，有可能属于第二代长沙王吴臣或第三代长沙王吴回的墓葬。[⑤]俞伟超先生认为象鼻嘴一号汉墓“应是文景时期的长沙恭王或靖王墓”；“曹𡟰墓应即是靖王之后的墓”。[⑥]从以上考古报告和专家分析得出陡壁山曹𡟰墓、望城坡渔

① 长沙市文物考古研究所、长沙简牍博物馆：《湖南长沙望城坡西汉渔阳墓发掘简报》，《文物》2010年第4期。

② 长沙市文化局文物组：《长沙咸家湖西汉曹𡟰墓》，《文物》1979年第3期。

③ 单先进、熊传薪：《长沙象鼻嘴一号西汉墓》，《考古学报》1981年第1期。

④ 黄展岳：《汉代诸侯王墓论述》，《考古学报》1998年第1期。

⑤ 宋少华：《略谈长沙象鼻嘴一号汉墓陡壁山曹𡟰墓的年代》，《考古》1985年第11期。

⑥ 俞伟超：《汉代诸侯王与列侯墓葬的形制分析——兼论“周制”、“汉制”与“晋制”的三阶段性》，《中国考古学年会第一次年会论文集》，文物出版社，1980年，第335页。

阳墓、象鼻嘴一号汉墓是吴氏长沙王（后）陵，象鼻嘴一号汉墓墓主很大可能是第五代吴氏长沙王吴著。根据出土器物以及出土的封泥、印章、简牍等，大致可确定风篷岭汉墓墓主为长沙炀王刘旦或孝王刘宗或缪王刘鲁人之王后，该王后姓张。[①]根据出土陶鼎、泥钱和铜镜推断风盘岭汉墓年代为文景之际至武帝前期。墓主以长沙戴王王后的可能性最大。[②]

遗址区有尚未试掘的西汉长沙王（后）陵或大型陵墓共21座。通过考古发掘以及勘探，有力地说明了汉代长沙王陵墓群两千多年来一直留存于湘江西岸山麓丘陵地带，这些考古发现证明了汉代长沙王陵及其出土文物本身的材料、工艺、设计及其环境和它所反映的历史、文化、社会等相关信息的真实性。王陵遗址主要分布在与汉“临湘”城相对的湘江西岸沿江丘陵地区[③]，在湘江西岸南起岳麓山、北至谷山一线的沿江低矮山丘和台地上，介于岳麓山、谷山之间的古咸嘉湖北岸、西南岸亦有分布。文献记载中的长沙定王刘发墓与程、唐二姬墓位于城东的描述，当是对现在已发掘的证实为轪侯家族墓地的马王堆的误判。部分文献记载还有待于进一步的验证。

通过文献与遗址之间的互证互补，不仅丰富了我们对汉代长沙王陵墓群的认识，而且对文献记载进行了印证补充。通过考古发掘及调勘印证了汉代长沙王陵墓群的存在，确定了具体的位置。

二、遗物与身份

从已发掘的5座汉代长沙王（后）陵的出土文物以及“12·29”盗墓案追缴文物来看，文物种类丰富，数量较大，根据器物质地可分为金银器、玉石器、鎏金器、铜器、铁器、漆木器、水晶器、骨角器、陶（泥）器、丝织品和其他杂类等。以下选取能说明墓主身份级别的文物类别进行论述。

（一）漆木器

风篷岭M1出土耳杯18件，形制基本一致。木胎。椭圆形。口沿两侧新月形耳

---

① 何旭红：《湖南望城风篷岭汉墓年代及墓主考》，《文物》2007年第12期。

② 赵晓华：《长沙风盘岭汉墓墓主及相关问题探讨》，《中国国家博物馆馆刊》2016年第8期。

③ 何旭红：《汉代长沙国考古发现与研究》，岳麓书社，2013年，第273页。汉“临湘”故城范围，见何旭红：《长沙汉“临湘故城”及其“宫署”位置考析》，《南方文物》1998年第1期。

微上翘。其中4件较完整，器外壁下腹部与底结合处朱书“长沙王后家杯”六字竖式隶书款。

“12·29”盗墓案追缴回的漆木器中，有3件耳杯在杯腹靠近底部刻画有“王后家官”四字。[①]

（二）封泥

陡壁山曹𡟰墓出土封泥8件，嵌于凹木匣内，大多发现在南边便房有竹筒残迹附近。其中7件字迹不清，1件尚能辨认为“长沙后丞”。望城坡渔阳墓出土封泥匣1件，匣中的凹槽内封泥尚存，篆文“长沙后府”四字。

（三）黄肠题凑

根据文献记载，黄肠题凑属于天子之制，由“东园”掌管，除埋葬皇帝和后妃之用外，还可以由皇帝“赐予”皇族和大臣。

陡壁山曹𡟰墓和象鼻嘴一号汉墓、望城坡渔阳墓、风篷岭汉墓、桃花岭汉墓、庙坡山汉墓、东山汉墓、风盘岭汉墓等均使用了黄肠题凑葬制。

（四）金印

在“12·29”盗墓案中查获的赃物中有两枚金玺印，一为“长沙王印”，一为“长沙王玺”。[②]

（五）金缕玉衣残片

风篷岭汉墓中出土金缕玉衣1套，残存玉衣片32片和少量金缕、云母薄片（Ml：136、138）。出土于中列后室西北部。

玉衣又称为玉匣、玉柙[③]，《后汉书·礼仪志下》记载：“（帝崩，殓以）黄绵、缇缯、金缕玉柙如故事。”“《汉旧仪》曰：‘帝崩，唅以珠，缠以缇缯十二重。以玉为襦，如铠状，连缝之，以黄金为缕。腰以下以玉为札，长一尺，［广］二寸半，为柙，下至足，亦缝以黄金缕。（请）诸衣衿敛之。凡乘舆衣服，已御，

---

① 长沙市文物考古研究所：《长沙“12·29”古墓葬被盗案移交文物报告》，《湖南省博物馆馆刊》第六辑，岳麓书社，2010年，第330页。

② 长沙市文物考古研究所：《长沙“12·29”古墓葬被盗案移交文物报告》，《湖南省博物馆馆刊》第六辑，岳麓书社，2010年，第335页。

③ 史为：《关于“金缕玉衣”的资料简介》，《考古》1972年第2期。

辄藏之，崩皆以敛。’”“诸侯王、列侯、始封贵人、公主薨，皆令赠印玺、玉柙银缕；大贵人、长公主铜缕。”[①]

风篷岭 M1 中出土的金缕玉衣，按照东汉时的制度一般是皇帝殓葬时才能使用的，诸侯王级别使用的是银缕玉衣，结合西汉时期玉衣的出土情况，可以看出，“在西汉时期，玉衣分级使用的制度尚未确立”[②]。也有学者认为“西汉中后期敛葬玉衣的制度得到进一步健全，分级也相对明确，即帝、王及其后用金缕玉衣敛葬，身份地位低于诸侯王及王后的相应等级可用银缕、铜缕或其他缕质的玉衣，也可用金缕穿缀的面罩、套等，体现出丧葬等级制度日益健全和越来越严格的特点，但其中也有一些不完善之处，如金缕面罩或套的使用等”[③]。不管怎么说，风篷岭 M1 中金缕玉衣的出土，证明墓主为诸侯王级别，也有力地说明了风篷岭 M1 墓主为某代刘氏长沙王的王后。

通过上举诸例，有力地证明了墓主为汉代长沙王（后），并且通过墓葬中随葬品的形制，确定墓葬的年代之后，还可以知道象鼻嘴一号墓墓主为某位吴氏长沙王，一说为长沙王吴著[④]，一说为长沙王吴臣或是长沙王吴回[⑤]；陡壁山曹娱墓[⑥]和望城坡渔阳墓[⑦]的墓主应为吴氏长沙王的王后，风篷岭 M1 的墓主应为某位刘氏长沙王的张姓王后[⑧]，风盘岭 M1 的墓主可能为长沙戴王刘庸的王后。依据“12・29”盗墓案中追回的被盗文物，我们还知道了庙坡山汉墓为刘氏长沙国某代王后，狮子拱一号汉墓为刘氏长沙国某代国王，狮子拱二号汉墓为刘氏长沙国某代王后或国王，桃花岭汉墓为刘氏长沙国某代国王，蜈蚣蒂汉墓为刘氏长沙国某代国王或王后。[⑨]

汉代长沙王陵墓群藏于深山之中两千多年，历代文献提供了线索，现代考古则通过实地调勘、发掘找到了依据，使得汉代长沙王陵墓群再次展现于世人面前。现存的高大封土、标识墓主人身份的珍贵器物、文字资料等，真切地告诉我们分布在

---

① 范晔：《后汉书・礼仪志下》，第 3141~3142、3152 页。
② 卢兆荫：《再论两汉的玉衣》，《文物》1989 年第 10 期。
③ 刘尊志：《西汉诸侯王墓敛葬玉衣及相关问题》，《中原文物》2011 年第 4 期。
④ 单先进、熊传薪：《长沙象鼻嘴一号西汉墓》，《考古学报》1981 年第 1 期。
⑤ 宋少华：《略谈长沙象鼻嘴一号汉墓陡壁山曹娱墓的年代》，《考古》1985 年第 11 期。
⑥ 宋少华：《略谈长沙象鼻嘴一号汉墓陡壁山曹娱墓的年代》，《考古》1985 年第 11 期。
⑦ 长沙市文物考古研究所、长沙简牍博物馆：《湖南长沙望城坡西汉渔阳墓发掘简报》，《文物》2010 年第 4 期。
⑧ 何旭红：《湖南望城风篷岭汉墓年代及墓主考》，《文物》2007 年第 12 期。
⑨ 赵晓华：《长沙风盘岭汉墓墓主及相关问题探讨》，《中国国家博物馆馆刊》2016 年第 8 期。

与汉“临湘”城相对的湘江西岸沿江丘陵地区，在湘江西岸南起岳麓山、北至谷山一线的沿江低矮山丘和台地上以及介于岳麓山、谷山之间的古咸嘉湖北岸、西南岸的众多的高大封土堆就是汉代长沙王陵墓群，这片区域就是吴氏和刘氏长沙王的陵域所在。

第二节 遗产完整性

根据《中国文物古迹保护准则》（2015年修订）中的定义，完整性指文物古迹的保护是对其价值、价值载体及其环境等体现文物古迹价值的各个要素的完整保护。文物古迹在历史演化过程中形成的包括各个时代特征、具有价值的物质遗存都应得到尊重。

中国古代帝王陵墓制度经过商、周、秦一千多年的发展演变，到西汉时期，已经发展到了一个新的、较为成熟完善的阶段。这一时期的帝陵完全摆脱了“多代国君集中埋葬于同一墓地”的原始“氏族遗痕”，在结构上也完成了由商周“集中公墓制”到秦汉“独立陵园制”的进化过程，①成为一座座“陵园独立化、陵区规模化、设施复杂化、功能完善化”的独立陵园。②

两周墓制的核心是以棺椁、列鼎和车马随葬等要素来规范各个阶层的等级秩序，这些要素一旦埋入地下就不再示之于人。到了春秋战国之际，地面上出现了高大的坟丘，传统墓制开始发生深刻变化。战国时期，墓上设施除了坟丘，还有陵园、陵寝类建筑、陪葬坑和陪葬墓等，构成陵园制度的各种要素基本齐备。

① 赵化成：《从商周“集中公墓制”到秦汉“独立陵园制”的演化轨迹》，《文物》2006年第7期。
② 焦南峰：《西汉帝陵形制要素的分析与推定》，《考古与文物》2013年第5期。

秦统一六国后，始皇帝陵集各国陵墓制度之大成，形成了一套更加完备的陵园建置，内容包括坟丘、陵园、陵寝建筑、陪葬坑、陪葬墓和陵邑等。秦立国甚短，其开创的陵寝制度为汉代继承，经过两汉四百年的传承与变革，这套地面建置以可量化的标准被纳入墓葬等级制度之中。

汉代帝陵与诸侯王、列侯、二千石官吏等大型墓葬的地面设施由坟丘、陵园（墓园）、陵邑、陪葬墓、礼制建筑等要素组成。西汉帝陵应采用四条墓道的黄肠题凑葬制，墓主应着金缕玉衣；诸侯王墓采用传统的竖穴木椁墓以及新兴的黄肠题凑墓、崖洞墓和石室墓，墓葬形制并不统一，墓主有的着金缕玉衣或银缕玉衣；列侯墓一般采用传统的竖穴木椁墓，墓主有的着金缕玉衣或银缕玉衣。①构成西汉帝陵建筑形制的主要组成或基本要素，应有陵园、封土、墓穴、门阙、寝园、陵庙、外藏坑、道路、陪葬墓、祔葬墓、陵邑、刑徒墓地及园省、园寺吏舍、修陵人居址等十余个部分。②

诸侯王陵墓制度“制同京师”，但根据历年考古发掘具体发现情况，和帝陵制度相比又有所缩减。如西汉时期分封的梁国，在今河南商丘一带，其王室陵墓均在商丘市东的永城芒砀山上。自梁孝王始至梁国绝，共八代、九王（包括最后一王刘音）。现在考古调查和发掘的西汉大型陵墓刚好是八处（同一座山上有两座及以上的视为一处）14 座。这些墓葬都埋葬于山顶，分为两类：一类为大型崖洞墓，一类为竖穴石坑墓。另外，在这些大墓周围也发现一些陪葬墓，很可能是王室成员或大臣之墓。梁国王陵分为三个区域，即保安山陵区、僖山陵区、夫子山陵区。其中保安山陵园位于保安山周围，南、北、东三面都发现夯土墙，西墙因开山采石已无迹可寻。陵园外侧可能建有门阙、“园寺吏舍”（为守卫陵园和寝园的士兵、下级官吏而设）。梁孝王寝园位于保安山一号墓、二号墓之间的台地上。寝园内主要建筑的四面有围墙包围，园墙内遗迹有院落、房基、殿堂遗迹、窖穴、排水沟、道路、灶、火膛及回廊等。

根据已发表的考古报告和现场踏查资料来看，汉代长沙王陵墓群遗址包括公元前 202 年至公元 37 年间长沙王（或王后）的陵园建筑遗迹，如王（或王后）陵、从葬坑、陪葬墓等。长沙国王墓一般有较高大的封土堆，竖穴岩坑，至少有一条墓

① 刘振东：《冥界的秩序——中国古代墓葬制度概论》，文物出版社，2015 年，第 160 页。
② 焦南峰：《西汉帝陵形制要素的分析与推定》，《考古与文物》2013 年第 5 期。

道。墓坑规模大，平面多呈“甲”字形，木构墓室。王（或王后）陵使用题凑葬制。另发现汉代城址一处。汉代长沙王陵墓群经过两千多年的风风雨雨，仍然较为完整地保存了相关的陵墓建筑遗迹。经国家文物局批准，2014 年由湖南省人民政府公布实施的《长沙国王陵遗址保护总体规划（2013—2030）》，促进了汉代长沙王陵墓群保护工作的开展，有力地维护了汉代长沙王陵墓群的完整性。下文予以详细论述。

1. 封土

早期的陵墓未见封土，封土出现时的主要功能应是封护墓穴，后演变为陵墓的地标性建筑。春秋战国之际，墓葬开始出现封土。西汉帝陵营建伊始，就有覆盖在方形墓穴之上、平面又呈方形的封土，故时人称之为“方上”。①

西汉诸陵封土均系夯筑而成。封土平面呈方形，多为覆斗状，其墓室平面已经探明的基本为方形或近方形。参照有关“方上”的研究成果，考虑到封土的基本功能，方形的墓室之上覆盖覆斗状封土，应是较为可信的结论。除此之外，还有两种类型的封土，第一类可比“若坊”，第二类可能仿照“山”形筑坟所致，形制比较特殊，无前例可比。②据《水经注·渭水下》记载，茂陵李夫人墓“冢形三成”，号称“英陵”。李毓芳先生说：“‘三成’为昆仑丘，可以认为李夫人冢应象征‘昆仑山’。因‘西王母’居昆仑，而武帝自比天帝，把李夫人当成‘西王母’，因此令葬李夫人在茂陵以西，封土筑成昆仑之状。”我们以为，李夫人去世后，武帝“以后礼葬焉”，其封土当从后陵制度，未必有什么特殊的象征含义。从建筑工程角度看，将封土上部筑成覆斗形二层台式，既可以减少覆土工程的土方量，又能起到增加高度和丰富外观形象的作用。③

长沙王陵已发掘的 5 座墓葬中仅渔阳墓封土形制大部分保留，呈圆形。其他四座墓葬的封土均遭到破坏。未发掘的墓葬中，桃花岭汉墓封土呈覆斗形，天马山一

① 现存较早的战国时代陵墓封土，有陕西咸阳的秦惠文王公陵、安徽寿县的楚幽王陵、河北邯郸的赵王陵、河北易县的燕王陵、山东临淄的齐王陵和湖北随州的曾侯陵墓等。焦南峰：《西汉帝陵形制要素的分析与推定》，《考古与文物》2013 年第 5 期。

② 商周时期重庙祭，墓葬“不封不树”，大约至春秋晚期贵族墓地才开始构筑封土。据《礼记·檀弓下》记载，孔子去世后，他的学生子夏说老师生前曾看到过“若坊”“若堂”“若覆夏屋”“若斧”四种封土样式。其中，“若坊”狭长而高，“若堂”四方而高，“若覆夏屋”像覆盖的大屋顶。

③ 林通雁：《西都——汉长安城美术史迹的发现与研究》，陕西人民美术出版社，2012 年，第 142~143 页。

号汉墓、狮子拱二号汉墓、狮子拱三号汉墓、陶家山汉墓、半边围子山汉墓、郭家山汉墓封土略呈方形，庙坡山汉墓、天马山二号汉墓封土呈圆锥台状。其他未发掘的墓葬封土仍存在，具体形制有待进一步的调查勘探。

2. 墓穴

墓穴是墓主遗体及其棺椁葬具的放置空间。在墓葬开始出现时，墓穴应是墓葬的全部，随着陵墓的扩大化和复杂化，它成为陵墓的一部分，也是陵墓的中心。

西汉帝陵的墓穴，当时称之为“方中”。方中，陵上土作方也，即所谓墓圹、墓穴，位置处于陵园的正中，平面为方形。关于将墓称为方的说法有避讳和计量两种。[①]关于方中置物的记载，根据《后汉书·礼仪志下》引《皇览》曰：“汉家之葬，方中百步，已穿筑为方城。其中开四门，四通，足放六马，然后错浑杂物，扞漆缯绮金宝米谷，及埋车马虎豹禽兽。”[②]

西汉诸侯王陵大多选择在王城附近的山岗上营造，如果王城所在地无山岗，则选择在高亢的坡地上营造。营造在山岗上的诸侯王陵有两种情况：一种是开凿山洞，将整个墓葬全部穿凿在山腹中，一般称崖洞墓或洞室墓。已发现的楚王墓、部分梁王墓、鲁王墓、满城中山王墓属于这一种。另一种是在山顶上开凿竖穴土石坑，然后在坑内用木板或石块构筑墓室，墓室上填土打夯或加填石块直到山顶上。已发现的部分梁王墓、南越王墓、广陵王墓、昌邑王墓、济北王墓属于这一种。汉代长沙国已发掘的5座王陵均属于竖穴岩坑木椁墓，带有斜坡墓道，营造在沿湘江一带的山间丘陵台地。这两种不同的凿山造墓方法，都可以达到“凿山为藏”的目的。在坡地上营造的诸侯王墓，与凿山竖穴土石坑墓相同，所不同的仅是在坡地上往下挖土坑，再在坑底用木板构筑墓室。已发现的赵王张耳墓、广阳王墓、齐王墓、常山王墓、定县中山王墓等属之。

象鼻嘴汉墓和陡壁山汉墓均为长方形竖穴岩坑墓，内设大型“黄肠题凑”[③]，

---

① 苏林曰：“天子即位，豫作陵，讳之，故言方中，或言斥土。”师古曰：“苏说非也。古谓掘地为阬曰方，今荆楚俗土功筑作算程课者，犹以方计之，非谓避讳也。”焦南峰：《西汉帝陵形制要素的分析与推定》，《考古与文物》2013年第5期。

② 范晔：《后汉书·礼仪志下》，第3144页。

③ 黄肠题凑，《汉书》卷六十八《霍光传》注引苏林曰：“以柏木黄心致累棺外，故曰黄肠。木头皆内向，故曰题凑。”第2949页。

题凑之内分成“梓宫（梓木棺）”[①]、“便房（楩木棺房）”[②]、“前堂”、“外藏椁（回廊）”[③]。从考古发现看，西汉诸侯王墓也普遍用这种葬制，如河北石家庄北郊赵王张耳墓、定县八角廊中山怀王刘修墓、北京大葆台广阳顷王刘建墓、江苏高邮天山广陵王墓，用的都是“黄肠题凑”葬制，可见这是西汉时期皇帝及诸侯王等高级贵族的一种埋葬制度，反映了与中原诸侯土墓葬制的统一性。

象鼻嘴汉墓、陡壁山汉墓也有一些楚制遗风。[④]如两墓中的套棺，其外棺棺盖均被制作成弧形，战国楚墓正是流行弧形棺；陡壁山汉墓内发现有雕花苓床，这种葬具在楚墓中也是比较流行的。

3. 寝园

寝殿是寝园的正殿，便殿是寝园的别殿、侧殿。寝园又称园寝，汉诸陵皆有园寝，承秦所为。[⑤]寝园是陵园中最基本、最重要、使用时间最长的祭祀性建筑。

在西汉帝陵的众多建筑构造中，大多由寝殿和便殿等组成。帝、后、太子、诸侯王皆有寝园。《后汉书·百官志二》：“先帝陵，每陵园令各一人，六百石。本注曰：掌守陵园，案行扫除。”已出土的有关资料证明，诸侯王非但设置寝园，而且设“园令”类官员进行管理。

据《汉书》卷九十七上《外戚传上》记载，孝宣王皇后“永始元年崩，合葬杜陵，称东园”，以及《后汉书·礼仪志下》注引《汉旧仪》“余地为西园后陵，余地为婕妤以下，次赐亲属功臣”来看，所谓的“东园”“西园”，都是以帝陵作为大陵园坐标中心的，或说是从属于帝陵的。而“帝西后东”“帝东后西”实为“帝中后东”“帝中后西”。在西汉陵园中，入葬者是皇帝与他妻妾的关系，而不是帝

---

① 梓宫，是“正藏”的主要部分。《汉书》卷六十八《霍光传》颜注引服虔曰：“棺也。”师古曰：“以梓木为之，亲身之棺也。为天子制，故亦称梓宫。”棺放于“正藏”之中。霍光谥曰宣成侯，赐梓宫。诸侯王之棺，制仿天子，亦可称为梓宫。

② 便房，《汉书》卷六十八《霍光传》注引服虔曰：“便房，藏中便坐也。”

③《汉书》卷六十八《霍光传》的“正藏”，包括“明堂”“梓宫”“便房”和“黄肠题凑”；而“外藏椁”，颜注引服虔曰：“在正藏外，婢妾藏也。或曰厨厩之属也。”

④ 先秦时期，诸侯王墓的营建基本是按照周礼所规定的宫室制度进行安排的，表示人死后一如生前居室，有前朝、后寝、左右房、后堂或下室等。墓葬基本是按照这个格局，在椁内分为头厢、边厢、足厢和棺厢。

⑤“陵旁立庙”，园中置寝、便殿，“日祭于寝，月祭于庙，时祭于便寝”。师古曰：“如说非也。凡言便殿、便室者，皆非正大之处。寝者，陵上正殿，若平生露寝矣。便殿者，寝侧之（便）［别］殿耳。”《汉书》卷七十三《韦贤传》，第 3115~3116 页。

母与皇子或帝祖母与皇孙的关系。所以，帝陵与后陵及嫔妃墓的位置关系，对应的是长安城未央宫前殿与椒房殿以及北宫、桂宫和明光宫等嫔妃居所的位置关系，表达的是前朝后寝和朝宫与后宫的制度。[①]

汉诸侯王陵寝园设置有着严格的规定。寝园设有专门管理机构[②]。在定县八角廊中山怀王刘修墓周围发现了城垣，平面为长方形。怀王刘修墓的寝园规制显然比高帝寝园小，估计这个范围大体代表一般诸侯王陵寝园的范围。[③]

长沙王陵遗址也发现疑似王陵寝园建筑遗迹。如 2011 年长沙市文物考古研究所在天马山二号汉墓北侧西坡发现一处残断的墙体，该墙体略呈弧形，由夯筑与石砌结合而成。初步判断为陵寝类建筑墙垣。另外在谷山片区东山汉墓的西侧发现一段夯筑墙体，初步判断为陵寝类建筑墙垣。[④]

4. 陵庙

陵庙是古代帝王、诸侯等为祭祀祖先而专门建立的礼制性建筑。根据历史文献和考古资料来看，从汉高祖长陵到汉成帝延陵，西汉前八座帝陵都修建有陵庙。西汉陵庙一般独立成园，故又称“庙园”；因与寝园同为礼制性建筑，所以又合称“寝庙园”。[⑤]

各诸侯国仿朝廷之制亦立庙，以应四时致祭。诸侯王每一任王即位，也立一庙。河南永城保安山梁孝王墓，在巨大的封土周围分布着丰富的筒瓦、板瓦，当时应有地面建筑与之相对应，这些地面建筑可能包括了寝殿和祠庙遗址。满城中山王后窦绾墓出土“中山祠祀”封泥，三盘山中山康王家族墓 M121 出土“中山庙祀”封泥，都说明陵旁立庙之制也在诸侯国施行，陵旁立庙，庙距陵不会太远，但庙的遗址未有明确发现。汉初，令诸侯王于本国皆立高祖以下各帝庙，为祖宗庙。元帝永光四年（前 40）以罢郡国庙，元帝崩前郡国庙遂废。

---

① 林通雁：《西都——汉长安城美术史迹的发现与研究》，陕西人民美术出版社，2012 年，第 146~147 页。

② 孝王之妻李后的陪葬坑内出土了“后园”铜印，证明王后墓也同样设置寝园机构，而且与孝王分置。在梁孝王刘武墓寝园内出土的很多瓦片上有戳印，证明是孝王寝园设置的管理机构。与梁孝王墓平行的在孝王墓东北，坟丘四周砌有石围墙，是为寝园的明证。郑绍宗、郑滦明：《汉诸侯王陵的营建和葬制》，《文物春秋》2001 年第 2 期。

③ 郑绍宗、郑滦明：《汉诸侯王陵的营建和葬制》，《文物春秋》2001 年第 2 期。

④ 何旭红：《汉代长沙国考古发现与研究》，岳麓书社，2013 年，第 285 页。

⑤ 焦南峰、马永赢：《西汉宗庙刍议》，《考古与文物》1999 年第 6 期。西汉帝陵的陵庙已经发掘的有汉景帝阳陵的德阳庙，钻探已经认定的有汉武帝茂陵东南的 10 号建筑遗址。

长沙王的陵庙遗迹暂无发表资料，但从出土的属官印章可见一斑。奉常是掌长沙王宗庙礼仪的官职，秩中二千石。景帝中元六年（前144）更名太常，其属官太祝更名为祠祀。武帝太初元年（前104）其属官祠祀又更名为庙祀。长沙祝长，据《汉书》卷十九上《百官公卿表上》载，太常属官有太祝令丞，“景帝中六年更名太祝为祠祀，武帝太初元年更曰庙祀”。此印应属长沙王国的祭祀官。长沙顷庙，奉常属官，“诸庙寝园食官令长丞”。武帝时，长沙定王发的孙子鲋鮈为顷王，故此“长沙顷庙”应为顷王鲋鮈的庙印。

“长沙祝长”滑石印

“长沙顷庙”滑石印

5. 外藏椁[①]、外藏坑

在已发掘的长沙王（后）陵墓中，一般设置有外藏椁，如象鼻嘴一号汉墓、陡壁山汉墓、望城坡渔阳墓均有。

象鼻嘴一号汉墓在黄肠题凑之内、棺房之外有两层回廊，外回廊分成十二间，与前室相通，每间都由立柱、隔板和门扉构成隔墙，既可互通，又是独立的房间，以储器物。其婢妾之属，以偶人代之，位于墓道和过道之间。内回廊也是以此种形式分成七间，棺房前部空出无隔墙。陡壁山曹嫘墓在题凑之内、棺房之外也有一层

① 外藏椁，《汉书》卷六十八《霍光传》颜师古注引服虔曰：“在正藏外，婢妾藏也。或曰厨厩之属也。”目前发现西汉初年的车马坑、炊厨之属已多在椁室前侧相连，另置椁室，内藏车马、炊厨之属，婢妾之属多以偶人代替，不见殉葬真人，起到名副其实的“外藏椁”的作用。它和“正藏”相对应，成为整体椁室的一部分。

回廊，回廊也由立柱、隔板和门扉分成四间，与前室相通。这些分间内部都放有大量的随葬品，应是文献中所讲的“外藏椁”。将外藏椁放置在墓室的前半部，分左右排列，是西汉后期新形成的一种形式。

这种回廊（外藏椁）隔间及陡壁山曹𡡉墓题凑之内为四隔间的做法显然不见于北方，这种分室的“外藏椁”形式也不同于中原，高崇文先生认为：“其来源应与战国时期楚墓中椁内分箱的形式有关。”[①]其他如墓道外设置偶人、少见玉衣葬服等，都不同于中原。

另外，在多座长沙王（后）墓之外，还发现有设置外藏坑（或称坑、祔藏坑等），望城坡渔阳墓的东西南三面发现三个陪葬坑，分别放置陶饮食器、车马器和动物俑（种类有牛、猪、羊、狗、鸡、龟、蛇等）。陡壁山汉墓和象鼻嘴一号汉墓之间也发现陶制动物俑坑。这种现象，在西汉帝陵及陪葬墓附近曾有发现，西汉诸侯王墓的陪葬坑报道不多。是否带有普遍性，目前还不清楚。

6. 陪葬墓

西汉十一陵中除安葬有各代皇帝、皇后以外，各陵园内外还发现有数量不等的、与汉帝陵有一定从属关系的墓葬，专家们均称之为陪葬墓。西汉时，能够入葬诸帝陵陪葬茔域的均属统治集团内的上层人物，但其政治身份不尽相同，有的是开国元勋、鼎柱之臣，有的是皇亲国戚、妃嫔宫人。

长沙国陪葬墓，可能分布于陵墓所在的丘陵或周边低矮丘陵上。长沙市文物工作队于1978—1983年，在象鼻嘴、陡壁山汉墓周围陆续发掘了七八十座西汉中小型墓葬。这批墓葬墓主或是迁徙来看守陵园的百姓，或是与吴氏王室关系密切的侍臣近亲，死后陪葬于此。2008年，长沙市文物考古研究所在岳麓区谷山村窑圹山发掘了5座小型汉墓，其中3座有墓道，年代分别为西汉中期至王莽时期。发掘者认为可能为长沙王陵区内贵族墓地，或者就是王陵的陪葬墓。[②]此外，在桃花岭汉墓附近也发现中小型墓葬11座。

焦南峰先生将西汉帝陵近年来新发现的一类多位于内陵园之外、外陵园之内的，与一般陪葬墓相区别的陪葬墓称之为祔葬墓，并认为至少其中有血缘关系、婚

① 高崇文：《西汉长沙王墓和南越王墓葬制初探》，《考古》1988年第4期。

② 长沙市文物考古研究所：《湖南长沙窑圹山汉墓发掘简报》，《湖南考古辑刊》第9集，岳麓书社，2011年，第79~99页。

姻关系的墓葬不能称之为陪葬墓，称为祔葬墓可能较为合适。[①]因长沙国王陵的陵园暂不明确，有些陪葬墓是否为祔葬墓还不能确定。

7. 园邑

陵邑是一项集陵墓修建、保护、供奉、管理等功能于一体的重要陵墓制度。西汉帝陵制度也延续了秦制。根据相关历史文献记载得知，西汉帝陵及其对应的陵邑的修建时间大致相同，属于西汉帝陵的组成部分。[②]汉代制度，天子初即位，即征用工匠和隶役为自己建陵墓，这种生时造的陵名曰寿陵，同时置奉陵邑。《汉书·地理志下》："汉兴，立都长安，徙齐诸田，楚昭、屈、景及诸功臣家于长陵。后世世徙吏二千石、高訾富人及豪杰并兼之家于诸陵。盖亦以强干弱支，非独为奉山园也。"[③]

高祖以下诸侯皆置邑。诸侯王制仿朝廷，亦置奉园民，但不置县，而叫做"园"。《汉书·霍光传》："光薨……谥曰宣成侯，发三河卒穿复土，起冢祠堂，置园邑三百家，长丞奉守如旧法。"[④]汉中山、常山、河间、鲁、梁、楚等国的陵墓群均置园垣，可能都有园邑以居守陵的奉陵户，刘胜墓所在满城陵山东南有大片的汉代遗址，如今仍称守陵村，应即当时奉园民所居的园邑，以守护王陵。汉元帝永光四年（前40）下诏罢奉陵邑，不再实行移民守陵的政策，一直到东汉再也未恢复这个制度。

汉代长沙王陵墓群谷山片区东南侧有一处三汉矶古城遗址。遗址东面以湘江为屏障，西、南、北三面残存夯土城墙。城墙南高北低，横断面呈梯形。城墙外环绕一串水塘，当是原护城河之残余。城内地势起伏不平，有一长方较低地自"北门口"到城南东折濒江，或系原来城中水道之痕迹。1981年试掘以来，在城墙夯土中发现战国铜钎，另在城址内外出土有汉代卷云纹瓦当和筒瓦、板瓦等，推测其可能为长沙国的某个园邑。

综上，汉代长沙王陵墓群不仅涵括了西汉诸侯王陵寝的基本构成要素，而且在时间跨度上从西汉早期至晚期几无缺环，全面反映了汉代长沙国王室墓葬制度的演

---

① 焦南峰：《西汉帝陵形制要素的分析与推定》，《考古与文物》2013年第5期。

② 焦南峰：《西汉帝陵形制要素的分析与推定》，《考古与文物》2013年第5期。

③ 班固：《汉书》卷二十八下《地理志下》，第1642页。

④ 班固：《汉书》卷六十八《霍光传》，第2948页。

变过程。对于汉代诸侯王丧葬制度的研究而言，汉代长沙王陵墓群无疑具有重要的价值。目前发现的长沙王陵构成要素有墓穴、封土、外藏坑、陪葬墓等，另有疑似寝园、陵庙、园邑等遗存，其体系可以说在目前已发现的汉代诸侯王陵墓中是较为完备的。随着今后考古工作的不断推进，新的考古发现必将为长沙王陵园构成的完整性和系统性提供新的材料。

第三节

遗产稀缺性

遗产稀缺性是在汉代长沙王陵墓群遗址真实性和完整性的基础上，说明该遗址历史价值大小的判断尺度之一。西汉时期，实行郡国并行制，大封诸侯国。[①]长沙国作为诸侯国之一，其历史与西汉王朝同始终。迄今为止，汉代长沙国是王陵发现数量最多的诸侯国之一，王陵遗址出土的独具特色的部分文物也体现了遗址的稀缺性。

一、遗迹数量体现出的稀缺性

西汉时期，诸侯王（后）陵一般均位于各诸侯国的都城附近。王国多有自己相对独立的王陵区。诸侯王、王后、妃嫔、王室家族以及陪葬大臣，大多葬于王陵区内。王（后）陵大多选在王城附近的山岗上营建，如果王城所在地无山岗，则选择

① 班固：《汉书》卷十四《诸侯王表》："汉兴之初，……剖裂疆土，立二等之爵。"注引韦昭曰："汉封功臣，大者王，小者侯也。"《汉书》卷二十八下《地理志下》："汉兴，以其郡太大，稍复开置，又立诸侯王国。武帝开广三边。故自高祖增二十六，文、景各六，武帝二十八，昭帝一，讫于孝平，凡郡国一百三，县邑千三百一十四，道三十二，侯国二百四十一。"《汉书》卷五十三《景十三王传》："汉兴，至于孝平，诸侯王以百数，率多骄淫失道。"据研究者统计，终西汉一朝，先后有239人次在新封、绍封、徙封、嗣封等不同名义下受封为诸侯王，除去徙封或多次受封所带来的重复，则有228人受封为诸侯王。

在高亢的坡地上营建。[①]各国王陵区的分布既有集中，也有分散，以分散为主。在现知诸侯王（后）陵中，分布较为集中的主要有河南芒砀山梁国陵区、安徽六安国陵区、江苏泗水国陵区、河北常山国陵区、山东曲阜九龙山鲁国陵区和湖南长沙国陵区。

诸侯王（后）陵主要有木椁墓、洞室（崖洞）墓和石室墓三种。木椁墓指开挖在竖穴土石坑中用木质材料构造椁、题凑等墓室结构的墓葬形式。洞室（崖洞）墓是西汉时期新出现的墓室构造形式，大多选择建在山麓或山腰平坦处，先依山势开凿露天墓道，在达到一定深度后向山体内纵向开凿洞穴，开凿甬道、墓室、耳室、侧室、回廊等设施。它与传统竖穴木椁墓构成西汉诸侯王（后）陵的最主要墓室构造形式。石室墓则是指先在山体表面向下开凿露天土石坑，然后沿石坑壁边垒砌条石作边壁，隔出墓道和墓室，再在墓室之上用条石垒砌墓室顶部，从而形成墓室空间的墓葬形式。

从王（后）陵数量和墓主身份的确定来看，据研究者统计，目前可以基本认定的西汉诸侯王（后）陵有 50 多座，但墓主可以确定的则不到 10 座。长沙国王陵遗址现已发现 26 处高等级墓葬，粗略估计其中有 10 余座为长沙王（或王后）陵。

按现今的行政区划统计，则北京地区发掘 4 座（其中 2 座为广阳顷王刘建夫妻墓），河北地区发掘 7 座（其中中山王系列 5 座、赵王 1 座、常山王 1 座），山东地区发掘 8 座（其中鲁王系列 4 座、菑川王王后 1 座、昌邑王 1 座、济北王 1 座、齐王 1 座），河南省永城市发现梁王系列墓 18 座（其中 8 座已发掘），江苏省徐州地区发现楚王系列墓 16 座及 1 座彭城王墓，江苏省高邮市发掘 3 座广陵王系列墓，安徽省六安地区发现 8 座六安王系列墓（其中 1 座已发掘），广东广州地区发掘 1 座南越王墓。

由此可见，长沙是目前已发现的汉代采用诸侯王葬制埋葬陵墓数量最多的地区之一，分布密集，保存仍相对完整，是我国重要的汉代诸侯王陵墓分布地，对于开展汉代诸侯王陵墓整体和系统研究具有重大价值。

从陵墓类型来看，已发掘的 5 座长沙王（后）陵均为大型竖穴岩坑木椁墓。均有墓道。除风篷岭汉墓平面呈“中”字形外，其余 4 座墓均呈“甲”字形。墓坑规模大。均采用“黄肠题凑”葬制或题凑葬制，可与文献所载相互印证。陡壁山曹嫘

---

① 黄展岳：《汉代诸侯王墓论述》，《考古学报》1998 年第 1 期。

墓、象鼻嘴一号汉墓、望城坡渔阳墓之题凑、椁室、棺室保存相对完整，可为西汉诸侯王（后）陵中木椁墓类型“黄肠题凑”葬制或题凑葬制之代表。

此外，王陵遗址目前也发现可能是陵园、陵庙、陵寝等的建筑遗迹，而且从以往出土文物如“靖园长印”“长沙顷庙”等滑石印、“顷园长印”封泥及“剌庙”铭文铜鼎来看，至少部分长沙王应建有陵园和陵庙。长沙走马楼西汉简牍多次出现“定邑”的记载，并记有“定邑主”“定邑长”“定园长”之类的官名，说明长沙定王刘发的陵墓设置有相关机构。[①]此外，王陵区内的三汉矶古城遗址如果能确认为园邑性质，则该遗址可为西汉诸侯王陵邑之代表。

二、遗物方面体现出的稀缺性

从 5 座已发掘长沙王陵墓中出土的一些遗物颇具代表性，如渔阳墓出土的偶人，陡壁山汉墓、象鼻嘴汉墓发现的偶人残迹，渔阳墓出土的瑟、筑，风篷岭汉墓出土的带“长沙元年”铭文的铜灯、玉圭等等。这些遗物或是同类型器物变化的转折，或是诸侯王陵遗存中的首例，抑或是带有地域特色的器物。

渔阳墓墓道内的“偶人”

① 陈松长：《长沙走马楼西汉简中的“定邑”小考》，《出土文献》2022 年第 1 期。

渔阳墓偶人出土于墓道与墓室之间，双臂平伸，阻拦于墓室之前。人偶头部为木质雕刻，其余为泥胎木骨，头插鹿角，身着彩绘，屈膝跽坐于竹荐之上，高88厘米，造型生动，为汉代雕塑珍品。墓虽在唐代被盗，但偶人未被破坏。

偶人作为汉代长沙王陵中一个特殊的存在，其渊源离不开楚地丧葬文化之影响。楚人将头戴鹿角、兽身的镇墓兽置于墓室之中，其目的是辟邪驱鬼，使死者免遭魑魅魍魉的伤害，保护死者灵魂的安宁，并能够由此神兽沟通天地，希望摆脱肉体的灵魂，能得到在天祖先与神灵的庇佑。在渔阳墓、象鼻嘴一号汉墓里，头戴鹿角、双臂横拦的“偶人”，其辟邪驱鬼、保护墓主平安之意，与楚人一脉相承，只是变换了形象，更为人性化、世俗化。这又与汉代之后人们的入世观念息息相关，而这一驱鬼安佑魂灵的习俗，在汉文化的传承继嗣中至宋元而不绝。[①]

瑟[②]出土于渔阳墓的南部边厢之中，该墓虽经盗掘，但瑟未遭严重破坏，出土时保存较为完整，其旁还伴出筑、筝等乐器。

墓主人一共随葬了四具漆瑟，两具光素无纹，另外两具则装饰华丽无比。其中一号瑟，呈长方盒形，瑟面稍呈弧形，首尾两端髹黑漆，隐间面光素无漆。总长124.4厘米，宽41.6厘米，通高11.6厘米。首岳外侧一排有25个弦孔，首岳上显见弦槽。此弦槽是由于经常弹奏摩擦所致，可以证明此瑟为一实用乐器。该瑟装饰奢华显贵，隐间面上正中用绿松石镶嵌一条盘绕的飞龙与卷云，周围用硬木镶嵌雕刻镂空的各种动物图案。侧面挡板亦镶嵌用硬木雕刻成的波折纹。瑟体呈黄色，硬木呈棕色，松石呈绿色，丝弦呈银色，弦枘呈黑色，色彩纷呈，交相辉映，更显尊贵高雅之气质。[③]

据统计，经考古发掘出的古瑟已不下50余件，时代最早的为春秋晚期，弦数从二十弦至二十六弦不等，逐渐地趋向二十五弦。据《史记·封禅书》说：“太帝使素女鼓五十弦瑟，悲，帝禁不止，故破其瑟为二十五弦。”汉瑟出土数量不下十

---

① 陈先枢、宋少华等：《长沙国宝档案》，国防科技大学出版社，2013年，第326页。

② 瑟是一种弹弦乐器，一弦一音。鼓瑟时乐手跪坐于瑟前，“叩宫而宫应，弹角而角动”（《淮南子·齐俗训》），瑟枘一端置于地上，首岳一端斜靠膝上，左手勾曲，右手拨挑，其指法多为扣、弹等动作，故汉代习称奏瑟为鼓瑟。当演奏变宫、变徵时，就会采用按抑的指法。马王堆汉墓出土的遣策，记有“郑竽瑟”“楚竽瑟”“河间瑟”，表明汉代瑟的制作、流行的地域不同，名称不同，存在着地域上的差别，其调弦、演奏方式亦有可能还存在差别。

③ 陈先枢、宋少华等：《长沙国宝档案》，国防科技大学出版社，2013年，第333页。

具，马王堆一、三号汉墓各出土一具，皆光素无纹。渔阳墓出土的这两具装饰精美的漆瑟，在以往发现的汉瑟中所仅见，此等豪奢的乐器，可能是出自更高等级贵族之室，或来自皇宫。千年岁月的磨蚀，并未减去其熠熠的光彩。①

筑是中国古代的一种击弦乐器。《说文解字·竹部》曰："筑，以竹曲，五弦之乐也。"《释名·释乐器》曰："筑，以竹鼓之。"渔阳墓中发现有三件实用筑和一件明器筑，这是迄今为止我国出土的唯一的"筑"乐器完整实用器。广西罗泊湾汉墓出土筑已残缺，可能为实用器。②

渔阳墓出土的筑

三件实用筑皆以整木剜制，为五弦筑。大体分为两部分，一为共鸣箱，共鸣箱为长条形，中空，底部镶嵌一薄板。箱体两侧呈弧形微鼓，宽于面板。首岳上有5道弦槽，外侧有一方孔，插立一蘑菇状弦枘。二为持握的筑柄，筑柄细长，上棱下圆。尾端呈桃形，尾岳嵌其上。③

明器筑一件。共鸣箱面板平直，柄部上平，棱在其下，岳山有刻槽，柄已断无。筑尾部有两个弦孔，为系弦的示意。共鸣箱头部底端有弧形凹槽。④

马王堆漆棺画"神兽击筑图"

马王堆一号汉墓黑地彩绘漆棺的左侧

① 陈先枢、宋少华等：《长沙国宝档案》，国防科技大学出版社，2013 年，第 335 页。
② 蒋廷瑜：《广西贵县罗泊湾出土的乐器》，《中国音乐》1985 年第 3 期。
③ 长沙市文物考古研究所、长沙简牍博物馆：《湖南长沙望城坡西汉渔阳墓发掘简报》，《文物》2010 年第 4 期。
④ 项阳、杨应鳣、宋少华：《五弦筑研究——西汉长沙王后墓出土乐器研究之一》，《中国音乐学》1994 年第 3 期。

风篷岭汉墓出土“长沙元年”铜壶及其铭文

风篷岭汉墓出土“长沙元年”铜灯及其铭文

面绘有神怪击筑图。图中击筑者为一神兽，头生长角，背有羽翼，身后长尾，端坐于云气之上，其左手托持筑柄，右手持细棒，作演奏状。

“长沙元年”铜灯，出土于风篷岭汉墓，墓主为西汉晚期长沙国张氏王后。

在该墓墓室及棺椁内出土了200余件珍贵文物，主要有青铜器、玉器、漆器、丝织品、铁器等。其中青铜器共30余件，有灯、鼎、钟、壶、镜等。其中有1件铭文铜灯，高竹节形柄，足饰一圈凸弦纹。其最为独特之处，是铜灯圆足边缘部刻有铭文，阴文篆书“铜灯高二尺，重廿二斤七两，长沙元年造”的铭文。2件铜壶，敞口，平沿，束颈，鼓腹，圈足微外撇，口沿处刻有一圈铭文，阴文篆书，腹部有两个对称的衔环铺首。一件铭文为“铜壶一，容五斗，有盖，并重□□斤十二两，长沙元年造第七”，另一件铭文为“□壶一，容五斗，有盖，并重廿六斤十三两，长沙元年造，第八”。湖南博物院馆藏的国家一级文物长沙元年铜鼎也有“长沙元年”纪年。

该墓还出土了璧、圭等玉器，玉圭作为汉代高规格的丧葬礼器，这在湖南也是首次发现。

风篷岭汉墓出土的玉圭

玉圭，尺寸较大，长18.5厘米，宽7厘米，厚0.9

厘米，上端呈三角形，下端呈长方形，底部有一圆孔，是典型的汉代玉圭形制。玉圭是我国古代重要礼器，从汉代文献记载及出土实物考察，汉代玉圭最为常见的是作为祭祀盟誓的祭器。而此圭与玉璧出土于棺室前挡板处，与玉璧一样作为丧葬礼玉用，到底是表现墓主等级身份，抑或具有其他用途，还有待其他考古资料去证实。

第四节 历史影响力

汉代长沙王陵墓群及汉代长沙国的历史影响力，也是说明该遗址历史价值大小的判断尺度之一。汉代长沙王陵墓群承载了汉长沙国 200 余年的灿烂文明，展现了汉长沙国政治、经济、社会文化的最高水平，是研究汉长沙国历史最重要的文化遗产。

一、政治影响力

秦统一中国后，全面废除分封制，推行郡县制，将全国划分为三十六郡，郡下设县，大县设县令、县尉、县丞，负责一县行政、军政和其他事务，小县设县长。县官由中央直接委派。秦末兵兴，各地掀起反秦高潮，在刘、项两大武装集团联袂进攻下，秦很快灭亡。在随后的楚汉战争中，由于刘邦知人善任、深得民心，取得战争胜利，建立西汉王朝。

汉初，“海内新定，同姓寡少，惩戒亡秦孤立之败”，刘邦于是“剖裂疆土，立二等之爵。功臣侯者百有余邑，尊王子弟，大启九国”。[①]刘邦改变秦朝时在全国统一推行的郡县制，建立郡县制与封国制并行的行政区划制度，即郡国制。对建

① 班固：《汉书》卷十四《诸侯王表》，第 393 页。

国有功者进行分封，“立二等之爵’[①]，即“大者王，小者侯”[②]。当时共封异姓诸侯王八人，长沙王吴芮是其中之一，长沙国由此建立。长沙国同朝廷一样，“诸侯王掌治其国”，“宫室百官同制京师”。当时长沙国的封地，据《汉书·高帝纪》所载“故衡山王吴芮……其以长沙、豫章、象郡、桂林、南海立番君芮为长沙王”，主要包括长沙、豫章、桂林、南海、象郡。据王先谦《汉书补注》中说：“象郡、桂林、南海属赵佗，虚封芮。”[③]周振鹤《西汉政区地理》中说：“其时象郡、桂林、南海三郡实为南越赵佗所据，只是虚封而已。”[④]他们认为后三郡被南越王占据，而不属于长沙国疆域范围，只是虚封。

在秦末大乱之时，赵佗[⑤]没有与秦为伍，而是干脆利落地逃离秦王朝的掌控，割据岭南，建立南越国。[⑥]刘邦初定天下，鉴于军力不足，对赵佗只得采取绥抚政策，遣陆贾立其为南越王，承认其独立状态。但他不时派出军队威胁长沙国南部，对汉王朝构成威胁，长沙国与南越国长期龃龉不断。正因为长沙国北面背靠直辖中央的南郡，南面与南越地界相连，具有重要战略地位，是镇绥和防范南越赵佗割据势力的前哨阵地，能维护汉王朝边境的安全，而且暗示吴芮只有打败赵佗才能真实拥有包括长沙、豫章在内的五郡。

武帝元朔二年（前127），“施主父之册，下推恩之令”[⑦]，规定诸侯王除以嫡长子继承王位外，其余诸子在原封国内封侯，新封侯国不再受王国管辖，直接由各郡来管理，地位相当于县。这样通过诸侯王国分封诸子的方式，既达到了削弱诸侯王国自身实力的目的，又没有引起诸侯王武装反抗中央。从此，“藩国始分，而子弟毕侯矣”，而分封后，“大国不过十余城，小侯不过十余里”。据《汉书》卷

---

① 班固：《汉书》卷十四《诸侯王表》，第393页。

② 班固：《汉书》卷一下《高帝纪下》，第57页。

③ 王先谦：《汉书补注》上册，中华书局，1983年，第48页。

④ 周振鹤：《西汉政区地理》，人民出版社，1987年，第119页。

⑤ 赵佗本是今河北省正定县人，青年时代随秦军出征岭南，英勇善战。公元前214年，秦统一岭南，赵佗被任命为南海郡中的龙川县令。据《汉书》卷九十五《两粤传》载“南海尉任嚣病且死，召龙川令赵佗”，注：“师古曰：龙川，南海之县也，即今之循州。”

⑥ 南越国自公元前204年建立，长期与西汉政府对立，到公元前111年被汉武帝南征大军剿灭，历五代，共93年。赵佗在位67年；赵眛（胡）在位16年；三代王赵婴齐（眛之子）在位8年；四代王赵兴（婴齐之子），即位不久被丞相吕嘉杀害；五代王赵建德是亡国之主（婴齐之子），也是被杀身亡。欧政芳：《南越王陵话兴亡》，《文史春秋》2014年第3期。

⑦ 班固：《汉书》卷十四《诸侯王表》，第395页。

长沙王子侯国表

国名	存国时间	地域	历代王侯	除国原因
便①	惠帝元年（前 194）至元鼎五年（前 112）	今永兴县境	顷侯　吴浅 共侯　吴信 侯　吴广志 侯　吴千秋	坐酎金罪
沅陵②	吕后元年（前 187）至景帝中五年（前 145）	今沅陵县境	沅陵侯　吴阳 顷侯　吴福侯 哀侯　吴周	无嗣
义陵	高祖九年（前 193）	今溆浦县境	侯　吴郢 侯　吴种	无嗣
容陵③	元光六年（前 129）至元鼎五年（前 112）	今攸县境	侯　刘福	坐酎金免
路陵④	元朔四年（前 125）至元狩二年（前 121）	今溆浦县境	侯　刘章（童）	坐杀人，自杀
攸舆⑤	元朔四年（前 125）至太初元年（前 104）	今攸县境	侯　刘则	坐篡死罪囚，弃市
荼陵⑥	元朔四年（前 125）至元鼎二年（前 115）至太初元年（前 104）	今茶陵县境	节侯　刘欣（䜣） 哀侯　刘汤	薨，无后，国除
舂陵⑦	元朔五年（前 124）至新莽始建国元年（9）至建武二年（26）	今宁远县境	节侯　刘买 戴侯　熊渠 孝侯　仁 侯　敞 城阳王　祉	

① 班固：《汉书》卷十六《高惠高后文功臣表》，第 618 页。
② 班固：《汉书》卷十六《高惠高后文功臣表》，第 621 页。
③ 班固：《汉书》卷十五上《王子侯表上》作“容陵”，第 436 页；司马迁：《史记》卷二十一《建元以来王子侯者年表》作“句陵”，第 1072 页。
④ 班固：《汉书》卷十五上《王子侯表上》作“路陵”，第 458 页；司马迁：《史记》卷二十一《建元以来王子侯者年表》作“洛陵”，第 1095 页。
⑤班固：《汉书》卷十五上《王子侯表上》，第 458 页。
⑥ 班固：《汉书》卷十五上《王子侯表上》，第 458 页。
⑦ 班固：《汉书》卷十五上《王子侯表上》，第 469 页。

续表

国名	存国时间	地域	历代王侯	除国原因
夫夷①	元朔五年（前 124）至元鼎五年（前 112）至五凤三年（前 55）至新莽始建国元年（9）	今邵阳西	敬侯　刘义 节侯　刘禹 顷侯　刘奉宗 釐侯　刘庆 怀侯　刘福 侯　　刘商	王莽篡位，绝
都梁②	元朔五年（前 124）至元鼎元年（前 116）至新莽始建国元年（9）	今武冈东北	敬侯　刘遂（定） 顷侯　刘傒 节侯　刘弘 原侯　刘顺怀 炀侯　刘容 侯　　刘佗	王莽篡位，绝
众陵③	元朔五年（前 124）至本始四年（前 70）至黄龙元年（前 49）至新莽始建国元年（9）	今永州境	节侯　刘贤 戴侯　刘真定 顷侯　刘庆 侯　　刘骨	王莽篡位，绝 注：节侯贤在位 50 年，4 年之后戴侯真定嗣
钟武④	元康元年（前 65）至？至新莽始建国元年（9）	今衡阳西境	节侯　刘度 孝侯　刘宣 哀侯　刘霸	无后 元延二年（前 11），节侯则以霸叔父绍封 注：节侯度为顷王子
阳山⑤	初元元年（前 48）至？	今衡东县境	节侯　刘宗 侯　刘买奴	免
湘乡⑥	建平二年（前 5）至居摄元年（6）	今湘乡县境	侯　刘昌	免 注：湘乡侯昌为长沙王子

① 班固：《汉书》卷十五上《王子侯表上》，第 468 页。
② 班固：《汉书》卷十五上《王子侯表上》，第 469 页。
③ 司马迁：《史记》卷二十一《建元以来王子侯者年表》作“泉陵”，第 1107 页；《汉书》卷十五上《王子侯表上》作“众陵”，第 470 页。
④ 班固：《汉书》卷十五下《王子侯表下》，第 492 页。
⑤ 班固：《汉书》卷十五下《王子侯表下》，第 500 页。
⑥ 班固：《汉书》卷十五下《王子侯表下》，第 519 页。

续表

国名	存国时间	地域	历代王侯	除国原因
昭阳[①]	元始五年（5）至居摄三年（8）	今邵阳市境	侯　刘赏	免
承阳[②]	元始五年（5）至居摄三年（8）	今邵东县东南	侯　刘景	免 注：邵阳侯赏为长沙剌王子
安城[③]	元光六年（前 129）至元鼎元年（前 116）至五凤二年（前 56）	今江西莲花县境	思侯　刘苍 节侯　自当 侯　寿光	坐与姊乱，下狱病死
宜春[④]	元光六年（前 129）至元鼎五年（前 112）	今江西宜春境	刘成	坐酎金免
句容[⑤]	元光六年（前 129）至元朔元年（前 127）	原址不可考（《刘氏宗谱》：江苏句容）	哀侯　刘党	无后
建成[⑥]	元朔四年（前 125）至元鼎二年（前 115）	江西高安市	刘拾	坐使行人奉皮璧荐，贺元年十月不会，免
安众[⑦]	元朔四年（前 125）至元封六年（前 105）至地节三年（前 67）至居摄元年（6）	原址不可考（《刘氏宗谱》：河南邓州）	康侯　刘丹 节侯　山拊 缪侯　毋妨 釐侯　褒 侯　歖 侯　崇	居摄元年（6）举兵，为王莽所灭 注：建武二年（26），侯宠以崇徙父弟绍封，建武十三年（37），侯松嗣

① 班固：《汉书》卷十五下《王子侯表下》，第 523 页。
② 班固：《汉书》卷十五下《王子侯表下》，第 523 页。
③ 班固：《汉书》卷十五上《王子侯表上》，第 435 页。
④ 班固：《汉书》卷十五上《王子侯表上》，第 436 页。
⑤ 班固：《汉书》卷十五上《王子侯表上》，第 436 页。
⑥ 班固：《汉书》卷十五上《王子侯表上》，第 458 页。
⑦ 班固：《汉书》卷十五上《王子侯表上》，第 459 页。

续表

国名	存国时间	地域	历代王侯	除国原因
叶平[①]	元朔四年（前 125）至元鼎五年（前 112）	原址不可考（《刘氏宗谱》：河南方城）	康侯　刘嘉（刘喜）	坐酎金免
洮阳[②]	元朔五年（前 124）至元狩元年（前 117）	今广西全州县西北	靖侯　刘狗彘（刘狩燕）	无后，国除
复阳[③]	元康元年（前 65）至?	原址不可考元延二年（前 11）迁今河南乐乡	严侯　刘延 炀侯　刘汉 侯　　刘道	注：严侯延为顷王子
高城[④]	元康元年（前 65）至?	今湖北松滋县南	节侯　刘梁 质侯　刘景 顷侯　刘诸士 侯　　刘冯	免 注：节侯梁为顷王子
安平[⑤]	初元元年（前 48）至?	今江西安福县东南	釐侯　刘习 侯　　刘嘉	免 注：釐侯习为孝王子

十五《王子侯表》、卷十六《高惠高后文功臣表》及《史记》卷二十一《建元以来王子侯者年表》，终西汉一代，长沙王子侯国共计 23 个，据何旭红先生统计有 24 个[⑥]，其中吴氏长沙王子 3 人分别是便侯吴浅、沅陵侯吴阳、义陵侯吴郢。在“推恩”政策下，长沙定王刘发的 16 个儿子，除刘庸继承王位居今湖南长沙外，其余 15 子皆得以分长沙国之地为侯。

总之，无论是吴氏还是刘氏王子侯国，封邑在今湖南地区的有沅陵、义陵、

① 班固：《汉书》卷十五上《王子侯表上》，第 460 页。

② 班固：《汉书》卷十五上《王子侯表上》，第 470 页。

③ 班固：《汉书》卷十五下《王子侯表下》，第 492 页。

④ 班固：《汉书》卷十五下《王子侯表下》，第 485 页。始元五年，六月乙未封，质侯景嗣，顷侯请士嗣，侯冯嗣免。第 492 页，元康元年，正月癸卯封，质侯景嗣，顷侯诸士嗣，侯冯嗣免。

⑤ 班固：《汉书》卷十五下《王子侯表下》，第 500 页。

⑥ 何旭红：《汉代长沙国考古发现与研究》，岳麓书社，2013 年，第 208 页。

便、容陵、路陵、攸舆、荼陵、夫夷、舂陵、都梁、众陵、钟武、湘乡、昭阳、承阳、泉陵16个。[①]其中舂陵侯刘买从今永州的宁远县境内迁居汉代南阳，舂陵侯宗室的部分成员是参与反对王莽改革一支重要的力量，尤其舂陵侯的第四世孙刘秀作为在河北的突起力量，加紧团结西汉宗室封王，利用并且成功主导了河北政治的主动权，一跃而成为东汉皇族帝系，其后裔分布在中原及全国各地。汉中央不仅设置了长沙国和24个王子侯国，还辅以郡县制，统治力量大为加强。已经发现的列侯墓葬除西汉前期的马王堆汉墓外，有时代和马王堆一号墓相近的沅陵虎溪山一号墓，即第一代沅陵侯吴阳墓；[②]有属西汉后期的永州鹞子岭一号墓[③]、二号墓[④]，即第三代泉陵侯刘庆及其夫人墓；还有江西省萍乡市莲花县罗汉山西汉安成侯墓[⑤]。

以点、线、面喻之，长沙国都临湘和各王子侯封邑成为当时湖南地区的政治中心点；各王子侯国与长沙国之间联系成线，长沙国位居中心，将其影响呈辐射状向各王子侯国散播；长沙国和各王子侯国都有各自的统治区域，共同构成一个完整的面。点、线、面有机结合，交织成一个严密的封建统治网，加强了汉王朝对长沙国的统治，促进了湖湘地区进一步融入中华文明的大家庭。[⑥]

二、经济影响力

春秋战国时期，包括湖南在内的"楚越之地，地广人稀，饭稻羹鱼，或火耕而水耨，果隋蠃蛤，不待贾而足，地势饶食，无饥馑之患，以故呰窳偷生，无积聚而多贫，是故江、淮以南，无冻饿之人，亦无千金之家"[⑦]，经济比较落后。而秦的暴政给社会经济带来的只是凋敝和崩溃。汉初，社会经济一片残破，"自天子不能具醇驷，而将相或乘牛车"[⑧]。西汉统治者于是推行休养生息政策，以恢复和发展

---

① 何旭红：《汉代长沙国考古发现与研究》，岳麓书社，2013年，第208~218页。

② 湖南省文物考古研究所：《沅陵虎溪山一号汉墓》，文物出版社，2020年。

③ 零陵地区文物工作队：《湖南永州市鹞子山西汉"刘彊"墓》，《考古》1990年第11期。

④ 湖南省文物考古研究所、永州市芝山区文物管理所：《湖南永州市鹞子岭二号西汉墓》，《考古》2001年第4期。

⑤ 江西省文物考古研究院、萍乡市莲花县文物办：《江西莲花罗汉山西汉安成侯墓》，上海古籍出版社，2017年。

⑥ 黎石生：《试论西汉长沙国对湖南地区的开发》，《船山学刊》2000年第2期。

⑦ 司马迁：《史记》卷一百二十九《货殖列传》，第3270页。

⑧ 班固：《汉书》卷二十四上《食货志上》，第1127页。

经济。文帝曾下诏赐民“十二年租税之半，明年，遂除民田之租税”[①]；孝景二年（前 155），下“令民半出田租，三十而税一也”[②]之诏，三十税一的田租率至此成为定制，至王莽篡汉前均未有改变。[③]在休养生息政策的推动下，长沙王和各王子侯都非常注重统治区的经济开发。当时，诸侯王和列侯在封国内享有租赋收入权，衣食租税“以户数为限”[④]，“封者食租税，岁率户二百”[⑤]。这在一定程度上也促使王侯们重视本地区的经济发展。再者，湖南地区土地肥沃，气候适宜，物产丰富，自然条件十分优越，加之受战乱的破坏和影响较小，环境比较安定，又成为流民定居的理想之地。据《汉书·地理志》记载：“楚有江汉川泽山林之饶，江南地广，或火耕水耨。”[⑥]可见，西汉时期南方普遍种植水稻。当时长沙国临湘都乡如果是按“三十税一”的标准收取田租，每亩收租约一斗三升三合，那么可推算出当时的平均亩产即为四石左右。[⑦]随着水稻的种植、铁质工具的使用，土地在更大范围内逐步开发，农业、手工业、商业均有发展，特别是在手工业生产的某些方面达到了全国最先进的水平。与此同时，大地主所有制和地主庄园经济虽不及中原和关中地区那么典型，但也有相当程度的发展。

第一是人口的增长速度。汉初，长沙国“乃在二万五千户耳”[⑧]。以一家五口计算，长沙国约 125000 人，时长沙国疆域 30 余万平方公里，平均每平方公里仅 0.4 人。[⑨]至平帝元始二年（2），长沙国 4.347 万户，人口 23.5825 万。桂阳郡 2.8119 万户，人口 15.6488 万。武陵郡 3.4177 万户，人口 18.5758 万。零陵郡 2.1092 万户，人口 13.9378 万。[⑩]上述一国三郡与汉初长沙国地域大致相当，总计 12.6858 万户，人口 71.7449 万，与汉初长沙国相比增加了四五倍。

《后汉书·郡国志》记载，东汉永和五年（140），总计湖南地区所置四郡，

---

① 班固：《汉书》卷二十四上《食货志上》，第 1135 页。
② 班固：《汉书》卷二十四上《食货志上》，第 1135 页。
③ 高敏：《秦汉史论稿》，台北五南图书出版股份有限公司，2002 年，第 65~66 页。
④ 范晔：《后汉书·百官五》，第 3630~3631 页。
⑤ 司马迁：《史记》卷一百二十九《货殖列传》，3272 页。
⑥ 班固 ：《汉书》卷二十八下《地理志下》，第 1666 页。
⑦ 马代忠：《长沙走马楼西汉简〈都乡七年垦田租簿〉初步考察》，《出土文献研究》第十二辑，中西书局，2013 年，第 218 页。
⑧ 班固 ：《汉书》卷四十八《贾谊传》，第 2237 页。
⑨ 罗庆康：《长沙国研究》，湖南人民出版社，1998 年，第 50 页。
⑩ 班固 ：《汉书》卷二十八上《地理志上》，第 1594~1596、1639 页。

人口表

郡国	户	口
长沙郡	43470	235825
桂阳郡	28119	156488
武陵郡	34117	185758
零陵郡	21092	139378

共有 64.9839 万户，人口 281.3266 万。前后相距仅 100 多年，户数增加了 4 倍，人口数增加近 3 倍。

桓帝永寿二年（156）达最高点：全国 2607.0906 万户，人口 5006.6856 万。与西汉极盛期比，户数是其两倍，但人口数却略少。

两汉之际长沙国人口大幅度增加，当然不完全是自然增殖的结果，由于兵祸天灾，北方和中原地区人口开始大量南徙也是一个十分重要的因素。这种南徙有时是由官府组织进行的。如东汉安帝永初二年（108），黄河流域连年水旱灾异，郡国多被饥困"，樊准认为"百姓凋残，恐非赈给所能赡"，故上疏建议，将"困乏者，徙置荆、扬孰郡"，"令百姓各安其所"。但无论是自然增殖，还是人口迁入，都在一定程度上反映了自全国统一后，包括湖南在内的南方地区经济加速发展，东汉以后全国经济重心开始出现南移的趋势。

第二是经济的发展速度和社会产品的丰富程度。陡壁山曹嫘墓、象鼻嘴一号汉墓、望城坡渔阳墓、风篷岭汉墓、风盘岭汉墓 5 座墓尽管被盗，仍出土大量随葬品，象鼻嘴一号墓 200 余件①，陡壁山曹嫘墓 300 余件②，望城坡渔阳王后墓竟达 3000 余件③，风篷岭汉墓 200 余件④，风盘岭汉墓数十件⑤。

---

① 单先进、熊传薪：《长沙象鼻嘴一号西汉墓》，《考古学报》1981 年第 1 期。

② 长沙市文化局文物组：《长沙咸家湖西汉曹嫘墓》，《文物》1979 年第 3 期。

③ 长沙市文物考古研究所、长沙简牍博物馆：《湖南长沙望城坡西汉渔阳墓发掘简报》，《文物》2010 年第 4 期。

④ 长沙市文物考古研究所、望城县文物管理局：《湖南望城风篷岭汉墓发掘简报》，《文物》2007 年第 12 期。

⑤ 长沙市文物考古研究所、长沙市望城区文物管理局：《湖南长沙风盘岭汉墓发掘简报》，《文物》2013 年第 6 期。

第三是农业生产力的逐步提高以及农作物品种的增多和产量的增加。考古材料证明，湖南自春秋晚期开始出现凹字形铁口锄、削等铁制工具后，至战国时期，铁器已相当普遍。秦在湖南的统治时间很短，属于秦代的铁器，湖南出土的很少。西汉前中期的铁器，长沙国出土的数量虽相对较少，但分布面广，并且种类也有增加。如2008年发掘的风盘岭汉墓有铁锄1件[①]。

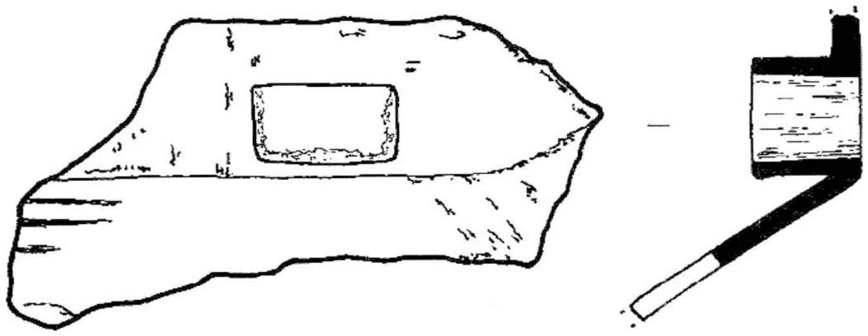

风盘岭汉墓出土的铁锄

从考古发掘材料来看，秦汉时代湖南的农业生产工具除铁器外，还使用木制的耒耜。1975年在长沙西汉中期曹嫘墓中发现木耜实物1件，长约65厘米，木柄为一圆棍，木叶前端磨损呈凹形。[②]

农产品的品种和产量丰富，如曹嫘墓出土有种子、花椒、药材、果核等。[③]

第四是手工业的发达程度。随着农业生产的发展，长沙国各种手工业也获得了相当大的发展，尤其在纺织业、漆器业、铜器铸造业方面很发达。已发掘的5座王陵墓中均有丝织品的发现，皆朽无存，但是在渔阳墓中出土的一批木楬上，记载了大量纺织品的名称、数量。[④]象鼻嘴一号汉墓、陡壁山汉墓、渔阳墓、风篷岭汉墓、风盘岭汉墓都随葬有大批漆器。象鼻嘴一号汉墓出土漆器数百件，但多已被压毁，器型难辨。[⑤]陡壁山曹嫘墓，出土漆器150余件，器物造型、纹样，与马王堆漆器相类似。[⑥]唯胎质以夹纻胎占多数，有的在器表施金银箔贴花。这种差异，可能与墓主的王后身份有关。渔阳墓出土漆器数量庞大，耳杯数量最多，达2500余

① 长沙市文物考古研究所、长沙市望城区文物管理局：《湖南长沙风盘岭汉墓发掘简报》，《文物》2013年第6期。

② 长沙市文化局文物组：《长沙咸家湖西汉曹嫘墓》，《文物》1979年第3期。

③ 长沙市文化局文物组：《长沙咸家湖西汉曹嫘墓》，《文物》1979年第3期。

④ 长沙市文物考古研究所、长沙简牍博物馆：《湖南长沙望城坡西汉渔阳墓发掘简报》，《文物》2010年第4期。

⑤ 单先进、熊传薪：《长沙象鼻嘴一号西汉墓》，《考古学报》1981年第1期。

⑥ 长沙市文化局文物组：《长沙咸家湖西汉曹嫘墓》，《文物》1979年第3期。

件。[①]风篷岭汉墓出土漆器61件。[②]风盘岭汉墓出土的漆器保存较差，仅见残碎的漆皮及部分饰件。[③]

至于青铜器铸造业，陡壁山曹娱墓铜器有铜镜、错金矛骹、铜柄等。[④]风篷岭汉墓出土铜器有鼎、锺、壶、盉、甗、盘、钵、勺、灯、镜、羊镇、带钩、弩机、削、衔环铺首、环等。[⑤]风盘岭汉墓出土铜器有铎、琴轸、熏炉、镜、弩机部件、环状器等。[⑥]

第四是商业的发展。“地广人稀，饭稻羹鱼”“不待贾而足”的湖南，虽不及中原、关中和巴蜀，未形成长安、洛阳、邯郸那样的大都市，也没有出现蜀卓氏、程郑、诸田一类的巨商大贾，但随着农业、手工业生产的发展和交通日渐发达，商业也有相当程度的发展。

从考古发掘的材料看，长沙国货币的使用和流通、铸制已相当普遍。而其中以“半两”和“郢称”泥钱、“五铢”铜钱为最多。

如象鼻嘴一号汉墓，出土陶“郢称”200余块，还出土大小两种泥“半两”，大者如吕后“半两”，小者形似文帝“半两”；[⑦]风盘岭汉墓出土泥钱数万枚，均为“半两”。[⑧]

秦汉时期湖南同全国各地的产品交流和商业往来也大为加强，据《汉书·两粤传》记载：秦末汉初，赵佗自立为南粤王，割据桂林、南海、象郡，与长沙接境。“高后时，有司请禁粤关市铁器。佗曰：‘高皇帝立我，通使物。今高后听谗臣，别异蛮夷，隔绝器物。此必长沙王计，欲倚中国击灭南海并王之，自为功也。’于是

---

① 长沙市文物考古研究所、长沙简牍博物馆：《湖南长沙望城坡西汉渔阳墓发掘简报》，《文物》2010年第4期。

② 长沙市文物考古研究所、望城县文物管理局：《湖南望城风篷岭汉墓发掘简报》，《文物》2007年第12期。

③ 长沙市文物考古研究所、长沙市望城区文物管理局：《湖南长沙风盘岭汉墓发掘简报》，《文物》2013年第6期。

④ 长沙市文化局文物组：《长沙咸家湖西汉曹娱墓》，《文物》1979年第3期。

⑤ 长沙市文物考古研究所、望城县文物管理局：《湖南望城风篷岭汉墓发掘简报》，《文物》2007年第12期。

⑥ 长沙市文物考古研究所、长沙市望城区文物管理局：《湖南长沙风盘岭汉墓发掘简报》，《文物》2013年第6期。

⑦ 单先进、熊传薪：《长沙象鼻嘴一号西汉墓》，《考古学报》1981年第1期。

⑧ 长沙市文物考古研究所、长沙市望城区文物管理局：《湖南长沙风盘岭汉墓发掘简报》，《文物》2013年第6期。

佗乃自尊号为南武帝，发兵攻长沙边，败数县焉。”这条史料说明，当时长沙国与岭南两粤间存在着密切的贸易关系，两粤的铁器主要是靠湖南输出，由于禁止“关市铁器”“隔绝器物”，以致引发了一场战争。

总之，湖南自归属统一的秦汉帝国以后，无论是人口，还是农业、手工业、商业都有很大的发展。

三、文化影响力

春秋战国时期，社会处在一个大动荡、大变革的时代。分裂国家向统一国家的过渡，空前的人员大迁徙、大交流，促使这一时期出现了中国历史上文化大整合的第一次高潮。秦的统一进一步促进了这种融合，以华夏文化为主体的汉文化开始形成。[①]

西汉建立后，随着全国封建化进程的逐步完成，封建统治的长治久安，文化大融合的进一步加强，至武帝时期，达到政治稳固、经济繁荣、国力强盛的鼎盛期。此时，不仅汉文化完全形成，而且与周边文化交流关系十分密切。长沙国地处“外接胡越”的特殊位置，为当时的文化大融合作出了巨大贡献。

秦以前，湖南主要由楚人和越人组成[②]。秦汉之际，楚人同中原华夏人融合演变为汉人。到西汉，长沙国人数最多是汉人，其次是越人，南越王赵佗曾夸张地说长沙“其半蛮夷”[③]。此外，还有巴人和其他人群。

从墓葬发掘来看，长沙国的文化融合突出地反映在随葬器物文化面貌的演变上。西汉前期，长沙汉墓的随葬器物既有楚文化因素，又有中原文化因素，同时也包含越文化及其他文化因素。但总的来说，其“基本上保存楚文化面貌”[④]。到西汉中期，随着文化融合的发展，这种诸文化因素共存的现象逐渐消失，逐渐被西汉的自身特点——汉文化因素融合取代。

如在渔阳墓和象鼻嘴汉墓墓道里皆发现一对偶人，象鼻嘴一号汉墓偶人已朽塌，渔阳墓偶人跽坐于竹荐之上，两臂平伸作拦阻状，手臂皆木制，头部用整木雕琢，五官毕具，耳、鼻单作，再用木梢衔接。脑后部平整，凿有方格状斜槽，偶人头顶部有

---

① 黎石生：《试论西汉长沙国对湖南地区的开发》，《船山学刊》2000 年第 2 期。

② 傅举有：《长沙国述略》，《求索》1984 年第 3 期。

③ 班固：《汉书》卷九十五《两粤传》，第 3852 页。

④ 中国社会科学院考古研究所编：《新中国的考古发现和研究》，文物出版社，1984 年，第 426 页。

两个方孔，用来安装鹿角。[①]这对偶人具有辟邪驱鬼、保护墓主平安之意，与楚墓的镇墓兽是一脉相承，只是变换了形象，更为人性化、世俗化，是典型的楚文化葬制。[②]同时在象鼻嘴一号汉墓、风盘岭汉墓中出土有鼎、盒、壶、钫、筒形器等西汉早期普遍流行的汉式器物随葬品，这表明汉长沙王（后）墓受到了汉文化的影响，但主要还是楚文化为主。

另外，在象鼻嘴一号汉墓中出土了陶壶，长颈，圆鼓腹，高圈足。盖面施有红彩的圆圈纹和云纹，腹部施红彩重三角形纹，内加彩点。而陶长颈壶出于岭南地区[③]，这表明受到了岭南文化的影响。还发现了陶鼎，下腹微鼓，圈底，方形附耳，高足，上部似兽形，有棱，断面呈梯形。越式鼎的特点是器壁薄、足细且绝大多数外撇，个别细足竖直。[④]这可能也是受到越文化因素影响而产生的。

西汉中期以后，汉代主体文化因素大量增加。如风篷岭汉墓有较多随葬汉式铜鼎、熏炉、灯、勺、镜、带钩、壶、甑等出现；渔阳墓出现汉式模型明器，如陶猪、鸡、牛、狗、蛇头等。

西汉早期，本地传统文化因素和楚文化因素较为突出，汉文化因素仅体现在个别器物上。西汉中期至西汉晚期，是汉文化形成的重要时期，列国文化逐渐淡出，汉文化因素最终占据墓葬的主体，突出表现在汉式日用陶器和铜器的大量出现与使用上。[⑤]

象鼻嘴一号汉墓出土大小两种泥“半两”，大者如吕后“半两”，小者形似文帝“半两”；[⑥]风盘岭一号墓中出土的“半两”泥钱，从“半两”泥钱的形制来看，钱文方正，“半”字字头左右笔画方折，两横画等长；“两”字上部一笔与下部等宽，其内部“从” 字简化为“十”字形。[⑦]从统计的257枚泥钱来看，其形制一致

---

① 长沙市文物考古研究所、长沙简牍博物馆：《湖南长沙望城坡西汉渔阳墓发掘简报》，《文物》2010年第4期。

② 宋少华：《形魄归来 神佑君些——楚漆镇墓兽》，《悠远的印记：长沙文物精品漫谈（四）》，岳麓书社，2015年，第11页。

③ 余静：《中国南方地区两汉墓葬研究》，吉林大学博士学位论文，2009年，第142页。

④ 郑小炉：《吴越和百越地区周代青铜器研究》，科学出版社，2007年，第92页。

⑤ 余静：《中国南方地区两汉墓葬研究》，吉林大学博士学位论文，2009年，第144页。

⑥ 单先进、熊传薪：《长沙象鼻嘴一号西汉墓》，《考古学报》1981年第1期。

⑦ 长沙市文物考古研究所、长沙市望城区文物管理局：《湖南长沙风盘岭汉墓发掘简报》，《文物》2013年第6期。

且“两”字内部均简化为“十”字形，钱文特征接近武帝半两钱的风格。[①]

长沙桐梓坡墓群共发掘95座，墓葬年代为秦汉之际至西汉中期。最大的M71，墓口长5.4米，宽4.57米，墓底长4.3米，宽3.5米。在这批墓葬中，“器物形制有一部分仍保留战国时代的风格，但也受到秦越文化的影响，这主要是在第一、二期（秦汉之际—文景之际），如鼎、盒、壶、罐、铜镜及水波纹、茎叶纹、方格纹等，这种诸文化因素交融的现象，到第三期（文景之际—武帝元狩五年）便逐渐趋于一致”。[②]

从时间上看，西汉前期墓葬，文化遗物共存的现象比较明显，到西汉中期便逐渐趋于一致，这充分说明：西汉中期特别是武帝时期，封建化进程的逐步完成和文化融合的进一步加强促成了汉文化的完全形成。

综上所述，在统治今湖南地区的二百多年里，长沙国为湖南地区的开发作出了不可磨灭的贡献。政治上，在刘邦分封诸侯王背景之下，长沙王在封国内有相当大的政治独立性，也遵守汉朝所制定的各项法律制度，定期到长安朝觐皇帝，缴纳“献费”，按照汉朝的规模建立自己的宫室、百官制度，随着皇帝权力的不断增强，汉政府对诸侯王的抑制政策也开始加大。由于双方力量的此消彼长，长沙国由此经历了由强盛到中落和衰微的历史过程。

经济上，长沙王因地制宜，悉心经营，积极发展经济，一方面通过大力发展农副业，或者为手工业提供原料，或者成为重要商品，甚至可以替代粮食；另一方面还积极利用各种自然资源发展冶铁、铸铜、铸钱、煮盐等手工业。使各地物产得到交流，促成市场全面繁荣。

文化上，文化的形成是历史积淀和发展的结果，必然是离不开历史的影响，同时也受地理环境和周边环境因素的影响。长沙国王（后）陵采用“黄肠题凑”的葬制，随葬器物各有特色，长沙国文化主要风貌以楚汉文化为主，这和上述三因素密切相关。

---

① 蒋若是：《秦汉钱币研究》，中华书局，1977年。

② 长沙市文物工作队：《长沙西郊桐梓坡汉墓》，《考古学报》1986年第1期。

第四章 艺术价值

艺术价值是指文物古迹作为人类艺术创作、审美趣味、特定时代典型风格的实物见证价值。这在汉代长沙王陵墓群出土器物的材质、色彩和造型上都有充分的体现。

第一节

材料质感

材料是造型主体物质基础，也是质感的载体。“质感”在工艺美术专业中有时也称为质地，主要是指物体作用于人的视知觉所产生的感受，也就是物体表面质地的粗细、软硬、纹理等不同状态在人的心理上引起的反应。[①]

从已发掘的 5 座西汉长沙王（后）陵来看，出土文物主要有金银器、玉石器、鎏金器、铜器、铁器、漆木器、水晶器、骨角器、陶（泥）器、丝织品和其他杂类等。器物质地不同，材料质感自然各异；即便质地相同，亦有可能因制法不同而质感不一。下面选取有代表性的几大类器物从质地上来分析它的美感。

一、金器

马克思说过“黄金实质上是人类发现的第一种金属”，也是金属中的贵族。它拥有天然的颜色，优雅的光泽及缎子般清秀的纹理，给人以金碧辉煌、雍容华贵的气质。长沙王陵已发现的金器有风篷岭汉墓出土的 19 件金饼，圆形凹底，表面有冰裂纹，正、反面刻有“V”形标记。直径 6 厘米，厚 0.5 厘米，重量都在 244.2~254.125 克（金饼的重量相当汉制一斤左右）[②]。“12・29”盗墓案“长沙王印”金印，印高 1.65 厘米，底长 1.65 厘米，印重 32.5 克。[③]通过实验分析，金饼的含金量为 99.3% 左右，黄金本身硬度很低，黄金的纯度越高则越软，越具有伸展

① 常瑞伦：《中国小学教学百科全书・美术卷》，沈阳出版社，1993 年，第 327 页。

② 长沙市文物考古研究所、望城县文物管理局：《湖南望城风篷岭汉墓发掘简报》，《文物》2007 年第 12 期。

③ 长沙市文物考古研究所：《长沙“12・29”古墓葬被盗案移交文物报告》，《湖南省博物馆馆刊》第六辑，岳麓书社，2010 年，第 335 页。

性，也容易打造不同的器型，常见的种类有首饰、带饰、印章、货币、生活器皿、小型摆件等等，不同的用途带给人不一样的感受。长沙国王陵的金印色泽温润，华而不炫，贵而不显，凸显了内敛、低调的奢华之感。金饼带给人熠熠生辉的视觉效果，同时也是一种身份的象征。

风篷岭汉墓出土金饼

“长沙王印”金印

二、玉器

玉是一种高端材料，按照现代矿物学的分类，玉这种矿物结合体，属于链状硅酸盐中的角闪石组。角闪石的范围很广，其中一类叫“钙质角闪石”，下含透闪石、阳起石，而只有具备交织纤维显微结构的透闪石、阳起石，才能称作软玉。[①]从长沙国王（后）陵墓已出土的玉器材质分析，主要有青玉、白玉、青白玉三种，而青玉、白玉、青白玉都属于软玉。中国地质科学院的闻广先生曾经指出，软玉具有极高的韧性，显微结构决定了它的堆积密度、透明度和光泽感，致密程度愈高，加工之后的润泽感就越佳。[②]下面分别举例讲述。

风篷岭汉墓出土螭龙蒲纹玉璧[③]，玉璧直径 28.2 厘米，内径 3.4 厘米，厚 0.6 厘米，青玉，呈深绿色。质地较致密细腻，有蜡状光泽，半透明，给人一种温润雅致的感觉。

风篷岭汉墓出土螭龙蒲纹玉璧

① 方向明：《玉上良渚“魂”》，《中华遗产》2019 年第 6 期。
② 方向明：《玉上良渚“魂”》，《中华遗产》2019 年第 6 期。
③ 王立华：《长沙馆藏文物精华》，湖南美术出版社，2007 年，第 103 页。

陡壁山曹嫘墓出土鸡心玉佩[1]，玉佩长 4.6 厘米，宽 3.3 厘米，厚 0.35 厘米，重 11.5 克，呈白色，局部有褐色沁。质地极为细腻，泛有明显的油脂光泽，且具有适中的透明度，给人一种含蓄内敛之感。

陡壁山曹嫘墓出土透雕龙凤纹玉环[2]，玉环直径 8.5 厘米，内径 3.1 厘米，厚 0.3 厘米，重 33.8 克，呈青白色，局部有黄、黑色沁。青白玉通常会以白色为基调，其中隐现着绿色、青色、灰色，它是介于青玉与白玉之间的品种，给人一种高雅、古典、天然之感。

除了上述玉器之外，陡壁山曹嫘墓还出土“妾嫘”玛瑙印[3]，印高 1.4 厘米，边长 2.3 厘米，玛瑙质地。表面很光滑，不透明，但很纯净，给人一种纯洁、明亮、素雅之感。

玉是“山岳精英”，少之又少，即便有了玉，加工也是难事。不但要消耗大量劳动力，还需要一批具有高超技艺的匠人。在高端的材料上施展高超的技艺才能彰显玉的灵气。

“妾嫘”玛瑙印

三、漆木器

漆木器主要从题凑、棺椁和漆器两方面论述。首先分析题凑、棺椁材质。

考诸史籍文献，“题凑”葬制在春秋战国时期就已出现。《吴越春秋·阖闾内传》：吴王女滕玉死后，“凿池积土，文石为椁，题凑为中”。《吕氏春秋·孟冬纪·节丧篇》：“题凑之室，棺椁数袭，积石积炭，以环其外。”在考古发掘中，1978 年河北平山县战国中山王墓出土的《兆域图》上亦刻有“题凑”铭文。

据《史记·滑稽列传》记载，楚庄王之爱马死，“欲以棺椁大夫礼葬之”。优孟“请以人君礼葬之”。王曰：“何如？”对曰：“臣请以雕玉为棺，文梓为椁，楩枫豫章为题凑，……庙食太牢，奉以万户之邑。”可见，春秋时期，“题凑”葬制在楚国已

① 王立华：《长沙馆藏文物精华》，湖南美术出版社，2007 年，第 107 页。
② 王立华：《长沙馆藏文物精华》，湖南美术出版社，2007 年，第 108 页。
③ 王立华：《长沙馆藏文物精华》，湖南美术出版社，2007 年，第 104 页。

成为“人君”即国王之制。就题凑材质而言，已有楩、枫、豫章等木材可以选用。

关于“黄肠题凑”，《汉书·霍光传》注引苏林曰：“以柏木黄心致累棺外，故曰黄肠。木头皆内向，故曰题凑。”[①]可见，“黄肠题凑”葬制中的题凑木，其材质只能是柏木，此类墓葬才是真正的“黄肠题凑”墓。如果墓中题凑并非柏木而是其他材质，则此类墓不是严格意义上的“黄肠题凑”墓，只能称为“题凑”墓。

已发掘的5座西汉长沙王（后）陵中，象鼻嘴一号汉墓和陡壁山曹嫘墓采用“黄肠题凑”葬制；望城坡渔阳墓、风篷岭一号墓、风盘岭一号墓采用的是题凑葬制。具体见下表：

墓号	题凑材质	长度（米）	数量（根）	棺椁材质
象鼻嘴一号汉墓	柏木	1.50~1.75	908	外椁可能为楠木，内椁杉木，梓棺
陡壁山曹嫘墓	柏木	0.7~0.9	179	柏椁
望城坡渔阳墓	楠木	0.8~0.99	601	楠椁，梓棺
风篷岭汉墓	楠木	0.8~1.0	111	楠椁，梓棺
风盘岭汉墓	仅见题凑和棺椁木朽痕，木质不详			

结合文献记载和考古发现，建造题凑墓所涉及的木料有梓、柏、楠、杉、樟（豫章）、楩、枞（松）、枫等，这些木料特征具体见下表：

树名	特征	产地
梓	梓木有三种：木理白者为梓；赤者为楸；梓之美文者为椅。梓为木王，木质轻软耐朽，盖木莫良于梓	我国东北南部至长江流域
柏	常绿乔木，木材呈淡黄褐色，性耐寒，质地坚硬，纹理致密，有芳香	我国长江流域及以南地区
楠	常绿乔木，质地坚硬，纹理细密，富于香味	产于我国四川、云南、贵州、湖南等地
杉	木材色白或淡黄，木纹平直，结构细致，易加工，能耐朽	我国长江流域及以南各地
樟	常绿乔木，植物全体均有樟脑香气	广布于我国长江以南地区

① 班固：《汉书》卷六十八《霍光传》，第2949页。

续表

树名	特征	产地
楩	高大乔木	我国南方
枞（松）	常绿乔木，性耐寒，木质耐朽	广东、湖南
枫	落叶大乔木，木质轻软细致	分布于我国自淮河流域至四川西部以南各地区

可见，上述木材均为高大乔木，分布广，耐贫瘠，对气候的适应性比较强，在北方和南方都可以生长，这为“题凑”葬制和棺椁提供了材料来源。另外树种高大挺直，纹理细，便于加工，更为重要的是柏、楠木、樟木具有香味，耐腐蚀，适于在阴暗潮湿的墓室中保存。总之，长沙王（后）陵遗址已发掘的5座墓葬均采用“黄肠题凑”或“题凑”葬制，且建造题凑墓的木材均选用高大、优质、防虫、防水的柏、楠、梓木。它们不但让人产生一种朴实、自然、典雅、高贵的感觉，而且可以体现死者的身份等级。

其次，西汉时期，漆器是社会贵族阶层最为流行的时尚生活用品。据出土实物研究，当时漆器胎骨主要有木胎、夹纻胎、布胎、竹胎、陶胎、金属胎及皮革胎等，以木胎最多。

长沙王（后）陵出土漆器数量、器型都很多，胎质有木胎、夹纻胎和少量竹胎，木胎质漆器以望城坡渔阳墓出土最多，主要有耳杯、盘、盒、盆、盂、壶、匜、卮、案、几、匕、磬、排箫、琴、瑟、筑、陆博、砚盒、奁盒、具杯盒、方器座等器型，以耳杯和盘最多。夹纻胎漆器以风篷岭汉墓出土最为典型，器型有盒、豆、碗、盆、盘、耳杯、器盖、马足等，以盘和耳杯最多。

由于目前只对风篷岭汉墓的漆器材质进行实验检测，下面主要以风篷岭汉墓的木胎和夹纻胎漆器进行论述。

1. 木胎

木胎有整木剜制者，亦有卷制者。通过检测分析，枕木、立柱、门板等大型漆器胎体材质为楠木和梓木，漆壶、漆案小型漆器胎体材质为黄连木及金钱松。[①]楠木和梓木的特征在棺椁和题凑材质中已作详细分析，不赘述；黄连木属于落叶乔

① 蒋成光、佘玲珠、莫泽、金普军：《长沙风篷岭M1出土漆器检测研究》，《文物保护与考古科学》2016年第1期。

“渔阳”鸟纹漆耳杯

“渔阳”凤纹漆盂

木，木材坚硬致密，各部分器官都有特殊气味，主要分布在我国黄河流域至华南、西南地区。金钱松为落叶乔木，树干高大通直，是我国的特有树种，分布长江流域一带的山地。木胎取材自这天然树木，且材料易得不用过于加工，而且适合髹漆。漆也是漆器的另一个主要材料，漆树主要种植在安徽、湖北、河南一带，刚从树上割下来为乳白色，在接触空气之后，表面渐变为紫红色，最后变成光亮的黑色漆膜。[①]由于生漆具有防腐、防霉变、防水等特性，经过髹漆后的木胎水浸也不易腐蚀，故器物看起来还是光鲜亮丽、清新脱俗。

2. 夹纻胎

夹纻胎一般是在薄木胎上加裱麻布，然后上漆。实验分析研究结果显示夹纻胎漆器的胎体由漆灰粘贴多层麻布而成，其上漆膜断面显示为 3 层：第一层为厚约 97μm 的漆灰层，经漆液调和黏土与骨灰颗粒制备，不同部位有着不同的厚度，

① 王伟：《汉代漆制食器设计美学研究》，《北京印刷学院学报》2018 年第 1 期。

风篷岭汉墓出土长方形金箔漆盒

如：外底 > 外腹 > 内腹和耳 > 内底；第二层为髹制在漆灰层上的底漆层，经打磨抛光处理，颜色以黑色调为主；第三层为表面的色漆层，采用了朱砂作为主要呈色颜料，形成了红色纹饰层或者红色漆膜层。①使用这种材料做出的漆器轻巧、结实。另外在木胎和夹纻胎漆器表面镶嵌有金、银、铜、玉等材料做装饰，通过对这些优质材料特性的把握，进行有机结合，创造出精致优美的漆器。

风篷岭汉墓出土“张妊（或姬）樱盘”漆盘

总之，材料由自身的结构及物理化学特性组成，它的质感特性主要通过质地、肌理等方面体现。我们通过肉眼所感受到的为视觉享受，透过现象观者会发现劳动人民创造出中华文明特质的美学观念，将生活艺术化。

① 佘玲珠、吴双成、蒋成光、莫泽、金普军：《西汉夹纻胎耳杯漆层分析》，《中国生漆》2015 年第 4 期。

第二节

色彩搭配

纵观整个人类的发展史，色彩在许多民族和地区中都具有其独特的象征和观念的意义。在中国传统色彩的体系中，对于色彩有着独特的感知方式和认识方法，在很大程度上反映了古人复杂而丰富的思想世界和观念意识。

色，《说文》训为“颜气也”。“颜”即近今语“面颜”之义，“颜气”即容颜之色的意思。[①]彩，《说文》“彡”部无“彩”。《尚书·益稷》有“以五采彰施于五色”之句，“蔡传”释云：“采者，青、黄、赤、白、黑也；色者，言施之于缯帛也。”[②]“彩”的本义为文采、文章才华。引申指色彩、光彩。如《世说新语·汰侈》：“条干绝世，光彩溢目者六七枚。”又引申指各种颜色[③]。由此，色乃固色，本身所有的颜色。漆色，是漆的自然之本色。彩则为诸色之文。

长沙王陵发掘的 5 座王（后）墓中出土器物用色以红黑为主，尤以漆器最有代表性，陶器、木器也有用以二色。从其漆器遗存来看，数量多，器类多样，颜色鲜

---

① 但古籍中的“色”，词义甚多，如《论语》中，孔说“少之时血气未定，戒之在色”，这里的“色”便是指女色，大徐本据《玉篇》补入，训为“文章”。《说文》释“彡”为“毛饰画文”，高亨谓“以毛饰物，以笔画文，皆谓之彡”。“文”，《说文》释为“错画”，这便是《考工记》“青与赤谓之文”的意思。古人对色的认识，是取其“指意象征”。《庄子·齐物论》有“六合之外，圣人存而不论”之说，用六种色去比合六方，于是有了“六采”“六章”之说。以色比附方位之说甚早。《考工记》定东、南、西、北、天、地之方色为青、赤、白、黑、玄、黄，这是最早的色彩分类，而“文”“章”“黼”“黻”即配色之华饰。自五行说风行，遂将“五色”嵌入五行，由此，亦有间色。至此，体系昭然矣。

② 《尚书·益稷》上的这句话，若依蔡说，则文理显然不畅。依蔡说，原文应为“以五采彰施于缯帛者，谓五色”。可是，原文并非如此。王国维先生考据，以为“采”为“介”之讹，然则，并非古籍中所有“五采”皆为“五介”，王说系特指，而非泛说。如《通鉴外纪》：“黄帝作冕旒，正衣裳，视翚翟草木之华，染五采为文章，以表贵贱。”即以色染为文绣，以别贵贱，故“采”即色，而不能作“介”解。

③ 许慎：《说文解字》（上），中国华侨出版社，2012 年，第 258 页。

器类	棺椁	漆木器	陶器	玉器	金器
象鼻嘴一号汉墓	三棺内外壁都用多层麻布衬底，糙漆较厚，外髹黑漆，内壁红漆。外棺盖挡和侧板均有朱色彩绘，花纹已模糊不清。中棺盖上面有朱色漆彩绘方连形纹	从残漆片中尚可辨认的器型有盘、耳杯、仓、卮和案等。髹深褐色漆，褐色漆上彩绘朱色纹饰	除印纹硬陶罐外，其他均为火候不高的泥质灰陶和红陶。外壁饰红彩	青白	
风篷岭汉墓	套棺木材均已腐朽。棺的漆皮保存尚好。从残存的情况看，外棺外髹黑漆，内髹赤红色漆；内棺外髹暗棕红色漆，内髹赤红色漆，均为素面	61件，有盒、豆、碗、盆、盘、耳杯、器盖、马足等。多为外髹黑漆或酱褐色漆，内髹朱漆	灰	青	金器
风盘岭汉墓		保存均较差，仅见残碎的漆皮及部分饰件，从残片观察，可见内髹朱漆，外髹黑漆	灰。另有钫盖侧面均用红漆沿底边相同方向彩绘，顶面对角线亦施彩绘		
望城坡渔阳墓	两重棺，两棺紧密套合，置于内椁室后部。两棺内外壁用多层麻布衬底，外髹黑漆。外棺黑漆上施有朱红彩绘，已经漫漶，纹饰大致为龙凤云气纹	以外髹黑漆，内髹朱漆为主；也有通体黑漆者，如博局盘、骰子、七子奁盒、多件奁盖、一些耳杯与盂等；另有漆奁盖顶饰朱、绿、墨绿色漆	灰，其中印纹硬陶大口罐器表施黄褐色釉	青	金釦饰
陡壁山曹嫘墓	三重棺，第二重外棺盖顶发现有黑漆朱绘云气纹痕迹，内棺底板上有笭床，黑漆框边，透雕图案，朱绘描金，已残损，图案复原似为“祥云拱璧”	均已残破。尚能辨认器型的约150余件，均黑漆朱绘，内红外黑。纹饰多针刻纹，以朱绘点缀，部分奁盒和漆案还有平脱金银箔贴花	灰	青、白或青白相杂	错金矛骹饰金箔

亮，色彩纷呈。不仅给人朴实、厚重之感，也有高贵、典雅之气。

漆色之美离不开生漆的功劳。生漆是漆器之母，是漆器最原始的材料。人们对生漆质美的认知，可以追溯到7000多年前河姆渡文化遗址出土的朱漆木胎碗，器上髹有朱、黑两色，无论是朱漆还是黑漆，至今仍艳丽如新，带有一种纯净高贵，不妖娆、不暗淡，沉稳而悦目的色彩品相。而红黑两色在漆器类器具中的运用早在韩非子之作《韩非子・十过》中已提过："尧禅天下，虞舜受之，作为食器，斩山木而财之，削锯修之迹流漆墨其上……禹作为祭器……墨染其外，而朱画其内。"黑红两色虽是汉代漆器色彩的主流，但在长沙国漆器上还有墨绿、绿色的运用，主次分明，相得益彰。

黑髹，一名乌漆，一名玄漆，即黑漆也，古有"凡漆不言色者皆黑"。漆器通体髹黑漆者，敦朴古色，有神秘、庄严之感。以黑色为地，器上或以朱漆绘制纹样，或以多色彩绘纹样，黑漆对色漆的调和、界定和衬托，使色彩对比鲜明，色调协调美丽。渔阳墓出土银釦双层六子漆奁，通体髹黑漆，优雅、朴素、凝重，奁盖周身及小漆盒针刻云气纹、凤鸟纹、几何形纹，并朱绘点线于其中。界线分明，又和谐融洽，鲜明而美丽。下层盒内盛放6件长方形、圆形、椭圆形的小漆盒。盖顶正中为银质柿蒂纹，盖缘、盖壁有五道银釦，小漆盒亦饰银、柿蒂纹。在黑地的衬托下，华美的彩绘与银色相融合，更见蕴涵雅致，极具浪漫主义色彩。生漆一与空气接触则变成茶褐色，不易调制亮色色漆，但漆器色彩少不了亮色的配搭与陪衬。汉代漆器擅以金色替代黄色、银色取代白色，以精美、靓丽的金、银来修饰漆器，这给汉代漆器色彩增添了新的活力。这也是银釦工艺得以传承的因素之一。

除了黑漆之外，还有另外一个平分秋色者，便是朱漆了。古人制作器物都要涂上丹朱色的大漆，以其为最后的一道工序，谓"丹朱而后成"。汉代有"土木之崇高，彤楼为美"[①]之说。这说明汉人有尚朱情怀。

朱髹，一名朱红漆，一名丹漆。即朱漆也，鲜红明亮为佳。揩光者其色如珊瑚，退光者朴雅。髹漆因季节、气温不同，色泽也不同。春暖夏热，其色红亮，秋凉其色殷红，冬寒乃不可。又因添加不同调料，其明暗也有不同。如以银色入朱漆，则明艳；以丹砂入漆，则暗中带黄；用绛矾入漆，则朱色愈加黯淡。从渔阳墓

① 陈乃惠：《谈"色"说"彩"：从马王堆看汉代漆器之美》，《武汉理工大学学报（社会科学版）》2016年第6期。

渔阳墓出土漆卮

渔阳墓出土漆圆盒

漆耳杯、盂等漆器内髹朱漆或是风篷岭漆碗内髹赭红朱漆来看，大面积的朱色髹于器物内壁，底部以黑红这样的冷暖色绘制图案，在单一朱色之上使色彩灵动丰富起来，显得更加艳而不俗、典雅协调。整体画面颇具韵律感。

在视觉感受上，红色让人感觉明快热烈，黑色则是庄重肃穆。研究认为：“根据色彩学分析，红色的波长最长，纯度最高；而黑色则波长最短，纯度最低，接近消失，所以红色与黑色是对比鲜明的颜色。从色彩的可视性来看，黑色的光波最为混杂，反射率极低，受光源变化的影响最不明显。”[1]朱黑色的搭配给人强烈的视觉审美感受。

朱与黑两色是王陵遗址出土漆器乃至汉代漆器最多的、最靓丽的色彩搭配。这种用色风格与楚漆器一脉相承。楚汉漆器用色均以红、黑二色为主。同样，两者也构成了汉代漆器图案的主色调。朱色鲜亮生动，黑色沉静庄重，在色彩构成中不仅呈现出漆色之纯美，也凸显出色彩之富丽华美。王陵遗址出土漆木器不是外髹黑漆、内髹朱漆，就是通体黑漆，或是黑地饰朱纹，或是黑红同心圆交替，或为地，或为纹，它们互不干涉地存在，互相包容，和谐美丽。

第三节

造型艺术

王陵遗址本体雄伟壮观，已发掘的 5 座汉代长沙国王（后）陵的出土文物十分丰富，数量大、种类多、形制各异，在造型艺术上主要体现出三方面的特征：一是庄严肃穆，二是古朴、稚拙、厚重，三是飘逸灵动。造型艺术的表现形式既包括立体造型，也包含了平面纹饰。下面通过具体的遗址和器物展现这三方面的特征。

① 刘娟：《浅谈漆器中的色彩之美》，《美与时代（上）》2013 年第 6 期。

（一）庄严肃穆

汉代长沙王陵墓群分布于湘江西岸岳麓山和谷山的山间丘陵地带，多位于山峰顶部。现存未发掘王陵遗址展示在外的主要为封土，除5座已发掘的长沙王（后）陵之外，现存的长沙王（后）陵均留存有高大封土堆。诸侯王陵墓封土规模庞大，例如桃花岭汉墓封土呈覆斗状，底部长47米，底部宽46米，顶部长36.6米，顶部宽31.5米，高5.7米。站在墓道之下，仰望桃花岭汉墓封土，可以更真切地感受其庄严肃穆、雄伟壮观的景象。

已发掘的5座长沙王（后）陵，渔阳墓和象鼻嘴一号汉墓还有墓坑遗址留存。渔阳墓墓坑口长15.98米，墓口宽13.3米，底长11.6米，底宽9.76米，深10米。象鼻嘴一号汉墓墓坑口长20.55米，墓口宽18.5米，底长17.1米，底宽15.65米，深7.9米。两墓规模庞大，给人以壮观的感受。

（二）古朴、稚拙、厚重

已发掘的5座汉代长沙王（后）陵出土了一些陶器，大部分陶器于汉墓中常见，生活气息浓厚，历经岁月洗礼，从今人的视角来看，大部分陶器器型反映出汉代质朴的风气，比如渔阳墓和象鼻嘴一号汉墓出土的陶器，举例如下：

渔阳墓：1.鼎，陶浅弧盖，上有3个角状捉手，器身子口，有浅腹和深腹两种，圜底或平底，三蹄足。2.盒，隆盖，圆形抓手，子母口，圈足分实圈足、假圈足两种，器型浑圆。3.瓮，圆唇，矮领，大口，圆腹，圜底，形态矮胖。4.大口罐，喇叭口，束颈，深腹，平底内凹。

象鼻嘴汉墓：1.鼎，出土时已破碎。盖呈扁球面形，上有三等距分布的卧羊状纽。鼎身口沿为子母口，下腹微鼓，圈底。方形附耳。高足，上部似兽形，有棱，断面呈梯形。2.盒，有两种形式，I式为圈足碗覆盒式，II式器型较I式小，盖为扁球形，器身子母口，浅腹，小平底。3.壶，从残件看，似有两种形式。I式，口部微侈，下腹微鼓，短圈足。II式，有盖，盖面微隆起，面上有三个等距分布的长方形实纽，纽有一小孔。长颈，圆鼓腹，高圈足。4.钫，直口，平唇，长腹略鼓，有圈足。盖盝顶形，上有三个长方形实纽。腹部两侧中部稍上，有一铺首。5.罐，有软陶和印纹硬陶两种。软陶罐有大小两种，均侈口，短颈，折肩，平底。印纹

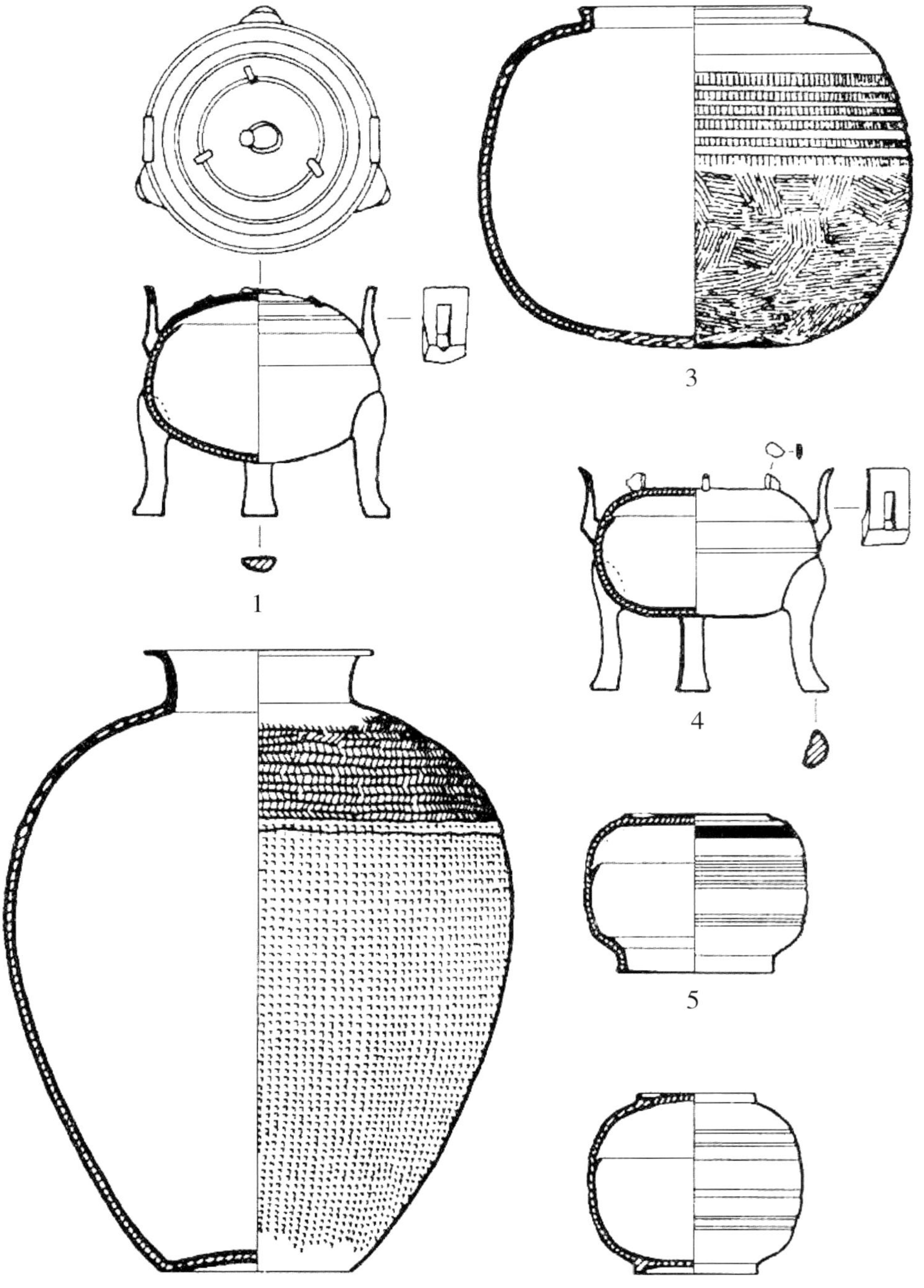

1、4. 鼎（WC1：14、31）　2. 硬陶大口罐（WC1：26）　3. 瓮（WC1：91）　5、6. 盒（WC1：53、43）

渔阳墓出土陶器

硬陶罐形制与马王堆一号汉墓出土硬陶罐相同。6. 瓮，侈口，短颈，上腹鼓，下腹内缩，平底。最大腹径在肩部。7. 筒形器，器型口部微敛，长腹，下腹壁微鼓，平底。腹的中部两侧有铺首。8. 盂，均敛口，鼓腹，小平底。9. 杯，I 式为直口，腹身较长，呈一筒形。II 式器口外敞，腹壁斜度较大，有圈足。10. 匕，斗作碟形，斗边为荷叶卷曲形。11. 勺，斗口部微敛，圆腹，平底。柄捏附于斗腹旁，上细下粗。12. 熏炉，器身似豆，口沿为子母口，浅盘平底，短圆柄，平底座。盖顶较平，中间有一圆形内凹卷沿的捉手。13. 豆，均浅盘，直沿，柄高而又较粗，柄中部有凸棱一周，喇叭形座。

部分陶器的装饰、形制则反映出制作工匠的匠心，比如象鼻嘴一号汉墓中出土的鼎盖上的卧羊状纽，斗边为荷叶卷曲形、斗为碟形的匕等。

出土玉璧①、玉璜、玉瑗等以其简略的形态也体现出质朴的风气。如曹嫘墓、渔阳墓中出土的玉璧和玉瑗，曹嫘墓中出土的玉璜等。

出土器物中见一些动物模型，以陶质为主，亦有铜质及琥珀质地。陶质动物模型种类较多，有牛、羊、猪、狗、鸡、鳖、蛇、马等，制作较为粗糙，形态小巧，呈现出一种憨态可掬的效果。铜质及琥珀质的动物模型有风篷岭汉墓出土的羊镇 1 件，器表嵌入椭圆形金箔，羊体侧卧，头稍昂，双眼平视前方，角上卷，腿蜷缩微

曹嫘墓出土双面三凤蒲纹玉璧

渔阳墓出土龙纹玉璧

① 为叙述方便，此节叙述的玉制品采用袁建平先生在《西汉长沙王、王后墓出土玉器及有关问题的探讨》一文中的分类。

渔阳墓出土动物模型

（参见《文物》2010 年第 4 期第 33 页）

翅；还有“12·29”盗墓案中追缴回的铜镇和琥珀虎，铜镇形态为麒麟状怪兽托一莲花，琥珀虎为蹲伏状的老虎。这些动物模型制作精致，保留了动物们生动的形态，具有较好的艺术性，给人以稚拙的感受。

大量的漆木器以及“12·29”盗墓案中追缴回的金印从形制上予人以厚重之感。漆木器型制简洁，多延续了楚国漆木器的形制，漆器胎体多为木胎，器物厚重。下面再对金印进行介绍。

1.“长沙王印”金印

印高 1.65 厘米，底长 1.65 厘米，印重 32.5 克。金质龟纽，印面方形，印面阴刻篆文“长沙王印”四字，字形严整流畅。纽龟呈站立状，沉稳端庄，龟首抬起。龟背饰有纹饰，为戳印圆点纹和六角形纹。龟腹下有用以系带的凹窝。[①]

① 长沙市文物考古研究所：《长沙“12·29”古墓葬被盗案移交文物报告》，《湖南省博物馆馆刊》第六辑，岳麓书社，2010 年，第 335 页。

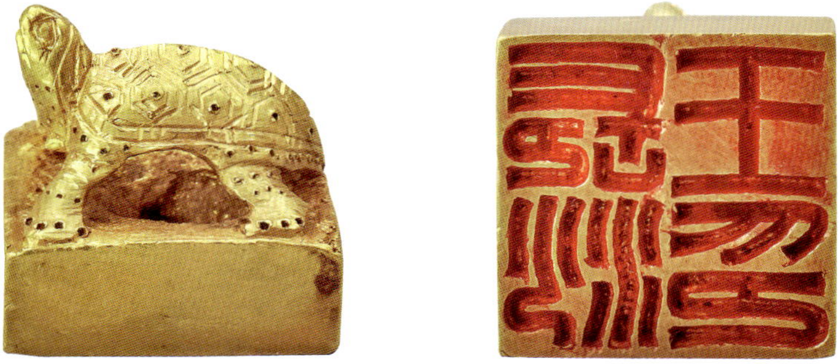

“长沙王印”金印

2.“长沙王玺”金玺

印高 2.1 厘米，底长 2.2 厘米，印重 90 克。金质龟纽，印面方形，印面阴刻篆文“长沙王玺”四字，字形严整流畅。纽龟呈俯卧状，沉稳端庄。龟背亦有装饰，为戳印圆点纹、平行线和六角形纹。龟腹下有用以系带的圆穿。[1]

龟这种动物行动缓慢，体态安稳，整体给人稳重的观感。

“长沙王玺”金印

（三）飘逸灵动

最能体现汉代长沙王陵墓群出土遗物造型艺术中飘逸灵动特色的首推漆木器上的纹饰。出土漆木器上的纹饰主要有龙凤纹、云气纹、几何纹等等，纹饰线条流动舒畅，充满韵律感，图案有着绘画性，而云气纹与龙凤纹的组合则体现了汉代人心中的缥缈仙境。

现举渔阳墓出土漆器进行说明，渔阳墓出土漆器 2500 多件，种类丰富。如长

① 长沙市文物考古研究所：《长沙“12·29”古墓葬被盗案移交文物报告》，《湖南省博物馆馆刊》第六辑，岳麓书社，2010 年，第 335 页。

方形奁 1 件，盖顶朱绘云气纹，并用墨绿色双勾，盖身斜面与盒身朱绘三角卷云纹。双层七子漆奁 1 件，针刻凤鸟、云气、几何形纹，并点缀朱色点线。具杯盒 1 件，器表朱绘云气纹，口沿绘水波、菱形纹。耳杯分为四型：Ⅰ型耳部朱绘云气纹，杯内绘凤鸟、云气纹；Ⅱ型口、耳部朱绘云气纹、几何纹，杯身主题纹饰为变形凤鸟纹，外底常见锥刻“渔阳”二字；Ⅲ型口、耳部朱绘粗体三角纹、波折纹，外底常见锥刻“渔阳”二字；Ⅳ型口、耳部朱绘细波折纹，口沿内饰一周三角卷云纹等。

渔阳墓出土云纹漆盘

其中一件“渔阳”漆盘，口径 22 厘米，高 3.5 厘米。木胎，整木制作。宽沿，浅腹，圈足，外髹黑漆，内髹朱漆，口沿及盘心以黑漆作地，口沿处朱绘水波纹、S 纹和弦纹。盘心朱绘云气纹和凤鸟纹。①

除了漆器纹饰之外，部分玉器纹饰也展现出飘逸灵动的特色。如：

1. 陡壁山曹娱墓出土透雕龙凤纹玉环

玉环直径 8.5 厘米，内径 3.1 厘米，厚 0.3 厘米，重 33.8 克。呈青白色，局部有黄、黑色沁。双面透雕龙凤纹，周身遍布云气纹，整体画面形成龙凤遨游云海、翻卷飞腾的灵动场景，不仅表现出雕刻工匠的高超技艺，还展现了工匠的精巧构思。②

2. 陡壁山曹娱墓出土透雕兽纹玉珩③

玉珩长 8.8 厘米，宽 4.3 厘米，厚 0.3 厘米，重 37.5 克。白玉。扁平长方形，外面一圈素边框，框内透雕出一神兽。④兽首微昂，头颈部鬃毛翻卷至头前，一前肢

---

① 长沙文物考古研究所、长沙简牍博物馆：《湖南长沙望城坡西汉渔阳墓发掘简报》，《文物》2010 年第 4 期。

② 王立华：《长沙馆藏文物精华》，湖南美术出版社，2007 年，第 108 页。

③ 或为玉带头，见袁建平：《西汉长沙王、王后墓出土玉器及有关问题的探讨》，《湖南省博物馆馆刊》第十辑，岳麓书社，2014 年，第 261 页。

④ 王立华：《长沙馆藏文物精华》，湖南美术出版社，2007 年，第 107 页。

陡壁山曹嫘墓出土透雕龙凤纹玉环

陡壁山曹嫘墓出土透雕兽纹玉珩

上扬，贴于边框，另一前肢跪伏，贴于下边框。一后肢亦俯伏，贴于下边框，另一后肢后蹬，贴于边框。神兽身躯弯曲，整体呈S形。身周有云气环绕。尾巴上扬，缠绕后蹬的后肢。画面灵动，展现出神兽矫健的身姿。

3. 陡壁山曹嫘墓出土鸡心玉佩①

玉佩长4.6厘米，宽3.3厘米，厚0.35厘米，重11.5克。②呈白色，周边透雕变形凤鸟处有褐色沁。主体为鸡心形，两面通体阴刻卷云纹。上端呈心尖状，中部有一圆形小孔，下端为半圆形，左右两侧为透雕的不对称变形凤鸟。透雕的变形凤鸟形态舒展，似云似凤，灵动飘逸，整体形态构思精巧。

4. 象鼻嘴汉墓出土玉饰件③

玉饰件直径5.5~5.9厘米，厚0.3厘米。整体器型呈椭圆状，正面中间镶嵌一圆绿松石，背面中间有一短圆柱。④整个饰件采用透雕技法，雕刻出龙、凤、熊等动物，然后用浮雕手法，刻出其耳、眼、鼻、嘴等。构图精巧，技艺高超。

5. 玉剑璏

长4.9厘米，宽3.4厘米，厚2厘米。青玉，呈长方形，两端内卷，长方形穿

① 或为韘形玉佩，见袁建平：《西汉长沙王、王后墓出土玉器及有关问题的探讨》，《湖南省博物馆馆刊》第十辑，岳麓书社，2014年，第261页。
② 王立华：《长沙馆藏文物精华》，湖南美术出版社，2007年，第107页。
③ 或为玉剑首，见袁建平：《西汉长沙王、王后墓出土玉器及有关问题的探讨》，《湖南省博物馆馆刊》第十辑，岳麓书社，2014年，第262页。
④ 长沙市文物局：《长沙重大考古发现》，岳麓书社，2013年，第162页。

陡壁山曹娱墓出土鸡心玉佩

象鼻嘴一号汉墓出土玉饰件

长沙王陵出土玉剑璏

孔，底面平直。[①]顶部浮雕一螭龙，螭龙头呈回首状，龙身盘绕卷曲，龙身、龙尾部分伸出璏主体之外。

另外，部分漆器上的贴金装饰也变化多样，形态灵动，如：

6. 风篷岭汉墓出土长方形金箔漆盒

漆盒长 8 厘米，宽 3.6 厘米，高 6.7 厘米。夹纻胎，长方形，盒身外髹黑漆，盒身口沿、中部、底部均有银釦加固，已脱落。银釦间贴饰两周金箔动物纹，有凤、虎、兔、马、飞鸟等 20 余个，其中的金箔老虎，前肢带有双翼，俨然是一天上神兽。盖顶中央嵌柿蒂纹金箔，盖肩部贴有金箔云气纹。器底髹红褐色漆，素面无纹。[②]漆盒装饰精美，动物小巧精致，造型生动。

① 袁建平：《西汉长沙王、王后墓出土玉器及有关问题的探讨》，《湖南省博物馆馆刊》第十辑，岳麓书社，2014 年，第 262~263 页。

② 长沙文物考古研究所、望城县文物管理局：《湖南望城风篷岭汉墓发掘简报》，《文物》2007 年第 12 期。

风篷岭汉墓出土长方形金箔漆盒及局部

第五章 科学价值

科学价值是指文物古迹作为人类的创造性和科学技术成果本身或创造过程的实物见证价值。在“事死如事生”思想的影响下，汉代帝王对于身后之事极为重视，往往将大量人力物力投入陵墓的营建之中。陵园、墓葬和器物这三个层面均反映了当时的科学技术水平。

第一节

陵园规划

一、陵园选址

在汉代，帝王陵园的规划和营建是国家生活中的一件大事，这一问题往往被上升到国家最高的议事安排。根据考古研究，汉代帝陵包括陵园、封土、墓穴、门阙、寝园、陵庙、外藏坑、道路、陪葬墓、祔葬墓、陵邑、刑徒墓地及园省、园寺吏舍、“夫人”居址、修陵人居址等十余部分①，而陵墓是整个陵区的主体，所以，陵园规划中首要问题就是帝王陵墓的选址。

汉代帝王的陵墓区要经过精挑细选才决定，据《周礼·小宗伯》载“卜葬兆”，意思是占卜有福之墓地，以庇佑子孙万代吉利祥瑞。西汉共有 11 个皇帝，除文帝葬于长安霸陵、宣帝葬于长安杜陵外，其余九帝和后妃都排列葬于渭水北岸的咸阳原（亦称五陵原）上，自东而西为阳陵、长陵、安陵、义陵、渭陵、康陵、延陵、平陵和茂陵。②这两处陵区均在京城长安附近，最近的长陵、安陵、阳陵与汉长安城隔渭水相望，即便最远的武帝茂陵和文帝霸陵与长安的距离也不足 30 公里。③究其因，据学者研究认为西汉帝陵今天呈现在我们面前的位置排列纯属必然中的偶然因素所致。言其必然是因为西汉帝陵的选址继承于传统的墓地选择习俗，受制于风水思想的影响和政权稳固的需要；言其偶然是指皇帝本人的情感因素有时也起决定性的作用。④

---

① 焦南峰：《西汉帝陵形制要素的分析与推定》，《考古与文物》2013 年第 5 期。

② 杜葆仁：《西汉诸陵位置考》，《考古与文物》1980 年第 1 期。

③ 焦南峰、马永嬴：《西汉帝陵选址研究》，《考古》2011 年第 11 期。

④ 焦南峰、马永嬴：《西汉帝陵选址研究》，《考古》2011 年第 11 期。

帝陵的选址对当时诸侯王陵区的形成有着直接的影响。诸侯王陵，特别是始封诸侯王陵位置之择定，作为“王”始作“寿陵”的第一步，亦是王国之大事，位置一般择在王国首府——都城附近。大多在本国首府附近的高地或丘陵山阜之上，交通方便，一般距王宫所在地（首府）数里或数十里，没有超过一日路程的，其目的很显然是为了便于祭祀，只是选择在首府的哪一方向似无定制。陵墓多距河流较近，或分布在沿河两岸高地上，如河北满城中山王陵分布在梗水两岸并以南岸为主，河北献县河间国王陵分布在滏阳河东，所有王陵都有这个特点。①

汉代长沙王陵墓群也具有这个共同点：居址附近，地势较高，地形开敞②。长沙王（后）陵是汉代长沙国大规模营建的诸侯王（后）陵墓遗址，主要分布于长沙城区（含岳麓区和望城区）湘江西岸临江一带低矮的山丘、岗地上。遗址分布范围平面略呈“┐”形，南北长约12公里，东西宽约6公里。分布较为集中，与临湘故城隔江相望。

对长沙国来说，今湘江西岸的王陵墓群区域是最佳之选。

首先，从天人合一理论出发，墓地的选址需要与环境融合，与自然统一，这样才是自然天成的最高境界。春秋时期，人们在选择墓地时就已经用“负阴抱阳”的思想作为原则之一。③“‘相其阴阳，观其流泉’，卜宅如是，卜其墓亦如是。”④这些看似严苛的要求却包含着严谨的科学性，使人工修筑区域更好地融于自然之中。到了西汉时期，家族观念深重，陵园制度发展成熟，普遍认为王陵墓选址的好坏直接会影响子孙繁衍、朝代更替、国家盛衰等，所以历代皇帝、诸侯王对于陵墓选址极为重视，不惜耗费毕生的精力，投入巨大的人力、物力和财力来选择最佳陵址，修筑气势雄伟的陵墓。茔地之选须具备龙脉延绵、风光秀丽、环山抱水、聚水藏风、龙虎相卫、视野开阔的自然环境和地理条件，注重安葬与自然有机的依从关系，“总以地臻全美为重，不在宫殿壮丽以侈观瞻”“遵照典礼之规制，配合山川之胜势”“陵制与山水相称，难概同”等等，即以山水格局作为地形骨架，主景建筑是从属于自然环境有机整体中的一部分。⑤

---

① 郑绍宗、郑滦明：《汉诸侯王陵的营建和葬制》，《文物春秋》2001年第2期。

② 焦南峰：《西汉帝陵选址》，《考古》2011年第11期。

③ 杨文衡：《中国风水十讲》，华夏出版社，2007年，第32页。

④ 尚秉和：《历代社会风俗事物考》，岳麓书社，1991年，第237页。

⑤ 李程成：《中国墓园设计理法研究》，北京林业大学博士学位论文，2014年，第28页。

在长沙国都城临湘附近，就山势而言，无可与岳麓山相比者。就水流而言，亦无可与湘江并论者。“西南云气来衡岳，日夜江声下洞庭”（清人黄道让《重登岳麓》诗颔联），岳麓南来，湘江北去，山河胜景，雄浑宏阔。汉代长沙王陵墓群依岳麓山脉和谷山山脉等南北排列的一系列丘陵状低山展开。山脉层叠深远、曲折蜿蜒动态之美，为陵墓的背景提供重峦叠嶂的多层次的立体轮廓线，山上植物茂盛，成为陵体及建筑序列的天然围合界面。陵园依山面水，湘江北去，水道迂回曲行，流速平缓，为长沙王陵增添流泽深远之感。长沙王陵接岳麓灵气，龙脉延绵，依山带水。群山之间可互为依托而成龙虎相卫之势，诸陵之间可彼此看护而有阴灵相聚之境，兼有咸嘉湖、铜盆湖等水泽，聚水藏风，龙虎相卫，其选址似乎隐藏着隐秘而有序的布局特征。

其次，选择山包作为王陵茔地，除登高望远以期子嗣旺盛、国祚长远等传统习俗因素外，其中亦有自然环境因素。《汉书·地理志下》：“江南卑湿，丈夫多夭。”[①]《史记·屈原贾生列传》：“贾生既辞往行，闻长沙卑湿，自以寿不得长，又以適去，意不自得。及渡湘水，为赋以吊屈原。”“贾生为长沙王太傅三年，有鸮飞入贾生舍，止于坐隅。楚人命鸮曰‘鹏’。贾生既以適居长沙，长沙卑湿，自以为寿不得长，伤悼之，乃为赋以自广。”[②]《汉书·贾谊传》：“谊为长沙傅三年，有服飞入谊舍，止于坐隅。服似鸮，不祥鸟也。谊既以適居长沙，长沙卑湿，谊自伤悼，以为寿不得长，乃为赋以自广。”[③]因为南方多雨水，“长沙卑湿”，如果王陵地势过于低洼，是不便于墓穴防水，不利于墓主在阴间享受生活的，所以从已发掘的5座西汉长沙国王（后）陵来看，其墓葬形制均为大型竖穴岩坑木椁墓。既不是洞室（崖洞）墓，也不是纯粹的土坑墓。这是由当地的地质、气候、水文等地理条件和自然环境所决定的。

从长沙王陵的选址可以看出，古人对大自然的向往和敬畏之心。通过依托自然环境，利用山水形势，合理规划陵区，陵园空间序列的展开层次与山水形势交相辉映，珠联璧合，引人入胜。不论从科学还是从其他方面来看，都满足了来源于自然与回归于自然的要求，也达到了人与自然和谐共生、天人合一的境地。

---

① 班固：《汉书》卷二十八下《地理志下》，第1668页。

② 司马迁：《史记》卷八十四《屈原贾生列传》，第2496页。

③ 班固：《汉书》卷四十八《贾谊传》，第2226页。

二、陵园布局

西汉时期，汉中央的城市埋葬区划制度应以汉长安城为准。汉承秦制，糅以周礼。有研究者认为，长安城的规划大致是以《周礼·考工记·匠人营国》所记为规范文本的。汉帝以天下为自家私产，京师等于自家庭院。《史记·高祖本纪》："高祖大朝诸侯群臣，置酒未央前殿。高祖奉玉卮，起为太上皇寿，曰：'始大人常以臣无赖，不能治产业，不如仲力。今某之业所就孰与仲多？'殿上群臣皆呼万岁，大笑为乐。"[①]故此，帝陵在"庭院"中占有重要的一席之地，汉长安城咸阳百里葬地可证。据学者研究发现，整个西汉帝陵实际是模仿汉长安城的布局。[②]帝陵大致位于陵园中部，后陵位于其东，与其距离最近，百官贵族的陪葬墓位于陵区东北，且排列整齐。前者和后者恰好可以分为后宫与前庭两部分，若按穿过帝陵陵园东门的东西线为中轴，前庭颇似百官拜谒天子时的礼仪。帝陵与后陵的东—西的关系与长安城中未央宫和长乐宫的关系相似，被废后陵与身份特殊的妃嫔均葬于西北方，这也与长安城中的宫室位置相对应，武帝时兴建的桂宫位于未央宫前殿的西北边，因此这种陵园的布局是宫廷生活的一种影射。[③]

通过对帝陵的分析，以及"同制京师"的记载，有学者认为诸侯王的墓园至少能代表其王国的都城，甚至象征着其所管辖的整个诸侯王国。[④]因此，长沙国王陵的陵园布局可能也存在这样的特点。

汉高祖五年，封吴芮为长沙王，都城临湘，临湘先后成为吴氏长沙国和刘氏长沙国国都。"临湘"，即"濒临湘水"之意。据何旭红先生考证，临湘故城之四至为：东界在今长沙市区南阳街以西，西界约在今长沙市区太平街、藩城堤一线以东，南界未越过今长沙市区解放西路一线，北界在今长沙市区青少年宫影剧院东西一线（含教育街）与中山西路之间，形状略呈长方形。都城官署位于临湘故城南部即今长沙市区五一广场及其周围。[⑤]

---

① 司马迁：《史记》卷八《高祖本纪》，第386~387页。《汉书》卷一下《高帝纪下》，第66页：高祖九年，"淮南王、梁王、赵王、楚王朝未央宫。置酒前殿，上奉玉卮为太上皇寿，曰：'始大人常以臣亡赖，不能治产业，不如仲力。今某之业所就孰与仲多？'殿上群臣皆称万岁，大笑为乐"。

② 刘庆柱、李毓芳：《关于西汉帝陵形制诸问题探讨》，《考古与文物》1985年第5期。

③ 邸楠：《西汉帝陵布局浅析》，《榆林学院学报》2007年第1期。

④ 焦南峰：《试论西汉帝陵的建设理念》，《考古》2007年第11期。

⑤ 何旭红：《长沙汉"临湘故城"及其"宫署"位置考析》，《南方文物》1998年第1期。

受限于多方面的条件，自20世纪70年代以来，虽然已经发掘了5座长沙王（后）的陵墓，但是对于长沙王陵的陵园布局，一直没有搞清楚。随着近年来考古理念的更新和工作的推进，长沙王陵陵园布局的神秘面纱也逐渐被揭开了。在谷山片区的郭家山、庙坡山、马坡山区域发现了规模巨大的多重诸侯王陵园（该处发现资料暂未公布，留待以后分析），风篷岭汉墓东南侧、桃花岭汉墓东侧各发现夯土墙遗迹一处。与西汉帝陵和其他诸侯王陵园既有相似点，也有不同点。下面从已发掘渔阳墓的外藏坑、扇形山汉墓畜俑坑、桃花岭汉墓丛葬坑来窥探长沙王（后）陵布局的端倪。

渔阳墓主墓外的东、西、南发现了三座外藏坑，均是岩坑竖穴长条形，坑内放置有鼎、盒、瓮、车马、动物俑等器物，距主墓的位置都在200米左右。[①]

另外，1975年在扇形山汉墓西部斜坡的南边，发现了陶家畜俑坑，方向正西，上距山顶约60米，下至山脚约40米，斜坡是上扇形山山顶最佳道路，当属扇形山大墓的组成部分。俑坑规矩整齐呈长方形，宽1米，坑内放置牛、羊、猪、狗等家畜俑，且有圈栏，可推断此坑属于厩。厩在题凑制度中属于外藏椁的范畴，可见扇

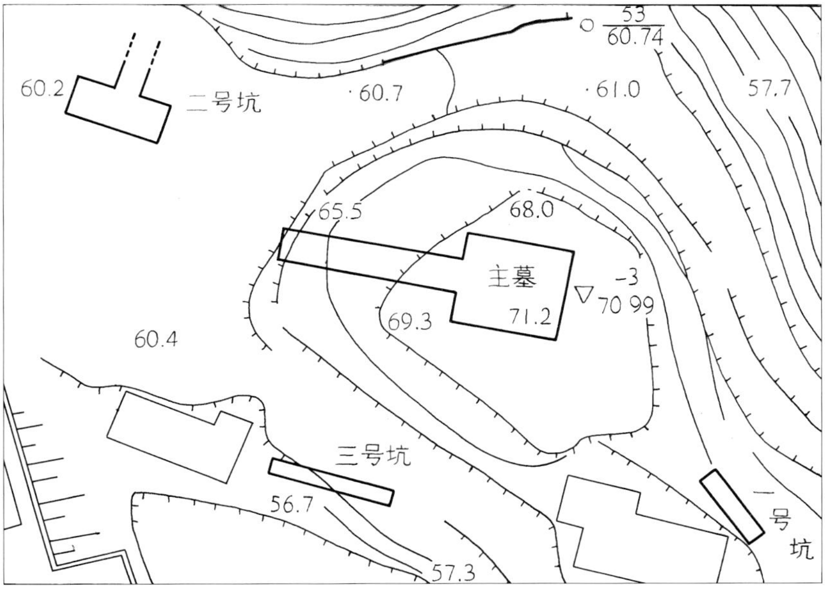

渔阳墓主墓与三座外藏坑的位置示意图

① 长沙市文物考古研究所、长沙简牍博物馆：《湖南长沙望城坡西汉渔阳墓发掘简报》，《文物》2010年第4期。

形山汉墓的外藏椁在墓外。[①]

桃花岭汉墓丛葬坑K1，位于桃花岭墓东南侧，坑平面呈“甲”字形，四壁较直，底部不平，坑内填土含有少量泥质灰陶片，可能为车马陪葬坑。桃花岭汉墓附近还发现中小型墓11座，可能为桃花岭汉墓的陪葬墓。例如中小型墓葬中的M1，整体平面呈不规则形，由墓室和墓道组成，直壁，平底。

这些发现说明长沙国王陵有夯土墙垣、外藏坑、外藏椁、丛葬坑、陪葬墓，而且离主墓的位置不会太远，有规律地分布在主墓的周围。

综上所述，汉代帝王陵墓为中国古代传统建筑形制上的一个伟大成就，汉代长沙王陵利用天然的山川地形不但减省了人力物力，而且同时满足南方墓葬对高陵之地的要求，加之王陵分布较为集中，较王陵散布更便于陵园、陵庙、陵寝、陵邑等配套建筑的系统构建，更便于管理和祭祀。陵区所包含的设计理念、建筑方法、规划原则都是那个时代科学技术及生产力的最好体现与代表。而且王陵茔地的选址和布局都体现了古人在营造时遵循“天人合一”的传统思想，让陵墓成为与自然环境最好的结合，对后世的陵墓修建具有很大影响。

第二节 陵墓营建

汉代长沙王陵墓群的墓葬营建技术根据材料的不同可分为两大部分，一是土工技术，二是木作技术。

一、土工技术

《管子·度地》载：“当秋三月，山川百泉踊，降雨下，山水出……不利作土

① 单先进：《湖南长沙咸嘉湖扇子山畜俑坑》，《农业考古》2001年第1期。

功之事，濡湿日生，土弱难成。利耗十分之六，土工之事亦不立。”①说明在春秋战国时期，我国劳动人民就对土工技术有相当程度的研究。

汉代帝陵规模庞大，据《关中记》：“汉诸陵皆高十二丈，方一百二十步，惟茂陵高十四丈，方一百四十步。”实测结果，如景帝阳陵，底部边长 170 米，顶部边长 50 米，封土高 31 米；武帝茂陵，底部边长 230 米，顶部边长 40 米，封土高 46.5 米。帝陵修建费时费料，武帝茂陵修建时间长达 53 年，昭帝平陵所需用沙用了 3 万辆牛车运送。②

诸侯王陵墓虽小于帝陵，但修建内容相差无几。在汉代长沙王陵墓群中，土工技术主要应用于墓室和墓道的挖掘修整、墓室和墓道的填埋以及封土的夯筑。

（一）墓室和墓道的挖掘修整

在汉代，京官们都认为南方为卑湿之地，不愿前往，《史记·屈原贾生列传》：“贾生既辞往行，闻长沙卑湿，自以寿不得长，又以適去，意不自得。”因此，如何避免和防护墓葬出现崩塌现象，成为营建竖穴岩（土）坑木椁墓时不可回避的问题。从已发掘的 5 座汉代长沙王（后）陵来看，当时的建造者主要是通过对墓道和墓坑形状进行合理设计来实现的。

1. 陡壁山曹娱墓

斜坡式，在墓坑西壁偏北，上宽 4.14 米，底宽 3.95 米，残长 4 米，坡度 19 度，墓道两壁稍内斜。

墓坑口长 12.8 米，宽 10 米，底长 11.6 米，宽 9.5 米，残深 2.8 米。坑壁呈斗形，横剖面呈口大底小之梯形。

2. 象鼻嘴汉墓

墓道的上口宽 6.8 米，从口部往下 2 米，距墓道底 3.9 米处，有一层台阶，台面宽 0.95 米，略内斜。台阶与墓坑的第一层台阶在同一平面上。墓道宽 4.6 米，墓道底宽 4.2 米，从台阶往下两壁稍内斜。

墓坑口长 20.55 米，宽 18.5 米，底长 17.1 米，宽 15.65 米，深 7.9 米。墓坑中有两级台阶，第一级台阶距墓口 1.3 米，台面宽 0.7~0.8 米，使墓坑缩成长 19

① 管子著，李山译注：《管子》，中华书局，2016 年，第 330 页。

② 刘庆柱、李毓芳：《西汉十一陵》，陕西人民出版社，1987 年，第 42、48 页；梁安和：《浅谈西汉帝陵的修建过程》，《秦汉研究》第九辑，陕西人民出版社，2015 年，第 60、61 页。

米，宽 17~17.2 米。台面平整光滑。第一级台阶以下，四壁光滑。距第一级台阶面 4.3 米处，又缩成第二级台阶。台阶各边宽度不一，东边宽 0.5 米，南边宽 0.55 米，西边宽 0.65~0.7 米，北边宽 0.4 米，这层台阶使墓坑缩成长 17.5~17.6 米，宽 15.85~15.9 米。墓坑从口至底，整体呈台阶式内收。从其墓葬剖面图来看，坑壁从口至底呈斜收状。

3. 望城坡渔阳墓

斜坡墓道位于墓坑西壁正中，墓道左右两边各有一层台阶，台面宽 1.3~1.4 米，此台阶与墓坑内的台阶处于同一平面上。台阶往下的墓道两壁稍内斜，墓道底宽 3.3 米。

墓坑口长 15.98 米，宽 13.3 米，底长 11.6 米，宽 9.76 米，深 10 米。墓坑有一台阶，与墓道台阶处于同一水平面，宽 1.3~1.4 米。台阶以下墓口缩成长 12.78~13.1 米，宽 10.55~10.63 米。墓坑向下斜收，四壁光滑，经过人工修治。其横剖面整体呈四壁斜收的倒“凸”字形。

4. 风篷岭汉墓

墓道位于墓坑北壁正中，为斜坡台阶式。墓道残长 11 米，残宽 5.6~5.9 米。在墓道北端残余 3 级台阶。

墓坑口残长 19.3 米，残宽 14.6 米，残深 3.26 米。《湖南望城风篷岭汉墓发掘简报》未提及坑底之长宽，但从其墓葬剖面图来看，墓坑口大底小，坑壁从口至底微呈斜收状。

5. 风盘岭汉墓

墓圹平面呈“甲”字形，由墓道和墓坑组成。墓道为斜坡式，位于墓坑南侧偏东。墓道残长 11.5 米，宽 3.05~3.55 米，深 0~2.25 米，坡度为 7 度。

墓坑口残长 9.7 米，宽 7.6 米，残深 3.65 米。《湖南长沙风盘岭汉墓发掘简报》未提及坑底之长宽，但从其墓葬全景照和剖面图来看，墓坑口大底小，坑壁从口至底微呈斜收状。

6. 桃花岭汉墓

墓道平面呈长方形，长 30.42 米，宽 5.29 米。

墓坑平面呈长方形，长 23.3 米，宽 16 米，深 11.3 米。从桃花岭汉墓横剖面图来看，该墓墓室墓壁也是略微斜收的。

从墓道和墓坑形状来看，陡壁山曹嫘墓、象鼻嘴汉墓、望城坡渔阳墓的墓道都是呈内收的模式，而上述六墓之墓坑既不是墓坑口底大小（宽窄）相同、四壁垂直的标准长方体或正方体形状，更不是墓坑口小底大、四壁内扩的方形井窑形状。而是设计为口大底小，坑壁从口至底斜收，或增加台阶设计来使墓坑渐次收缩。这种形状设计既适合陵区的地质特征，又符合力学原理，特别适用于口大坑深的大型竖穴岩坑木椁墓，加强了墓道和墓坑的稳固性。显然，汉代长沙王（后）陵均分布在陵区的山包上，地势相对稍高，岩坑土质也比纯粹的土坑土质要相对紧实，内含水分相对较小，但就墓坑的坚固程度而言，仍不能与西汉时期河北满城汉墓和徐州楚王陵类型的洞室（崖洞）墓相提并论。但这种设计应是当时根据陵区地理条件和自然环境实况而定的最佳设计。

（二）墓室和墓道的填埋

1. 防潮作用

在墓室中放入棺椁之后，为了防潮，主要是通过在椁室四周上下填塞木炭，木炭外再填塞白膏泥来起密封防潮作用。

（1）陡壁山曹嫘墓：墓坑四壁至黄肠题凑外侧的空隙，从外至里分 3 层用 0.1~0.8 米的风化岩和黄砂石、0.3~0.7 米的白膏泥、0.1~1 米的木炭填塞，起防潮和密封作用。

（2）象鼻嘴一号汉墓：葬具底部铺有青灰色膏泥，厚 3~5 厘米。

（3）望城坡渔阳墓：题凑四周及椁室顶、底先铺 30~40 厘米不等的青膏泥，膏泥外再填塞木炭以防潮。木炭厚 35~50 厘米不等，厚薄不均。唯椁室顶部铺炭较均匀，厚 30 厘米。椁顶木炭之上再覆盖青膏泥，其上再充塞填土。外椁枕木四周亦填满青膏泥。

（4）风篷岭汉墓：墓室填土之下，在枕木和底板木上不规则地分布着一层极薄的青灰色膏泥。

（5）风盘岭汉墓：墓坑中基本上未见白膏泥和木炭。

（6）杉树拱汉墓：在墓葬填土中发现有白膏泥土。①

（7）天马山二号汉墓：在墓葬填土中发现有青膏泥土块。②

① 何旭红：《汉代长沙国考古发现与研究》，岳麓书社，2013 年，第 116 页。
② 何旭红：《汉代长沙国考古发现与研究》，岳麓书社，2013 年，第 112 页。

白膏泥学名叫微晶高岭土，今天大多用在陶瓷生产中。是一种纯净的黏土，非常细腻，黏性大，较湿润，渗水性小，潮湿时呈青灰色，故称青膏泥，晒干后呈白色或青白色，故又称白膏泥。

经化验，白膏泥化学成分是二氧化硅（SiO_2）、三氧化二铝（Al_2O_3）、三氧化二铁（Fe_2O_3）以及硫（S）、钙（Ca）、镁（Mg）、钠（Na）、钾（K）等，其矿物成分主要是石英（Quartz，SiO_2）、白云母（Muscovite，$H_2KAl_3[SiO_4]$）和高岭石（Kaolinite，$H_4Al_2Si_2O_9$），可以说是含杂质的高岭土（Quartz Clay）。白膏泥黏性强，可塑性好。

墓葬用白膏泥填实封固，是一项关键性的工程措施，从而形成一个密封很好的墓室封闭体。据研究，白膏泥是一种黏位很高（占60%以上）的重黏土，经人工夯压比较密实，具有较好的防渗作用，渗水试验得到的渗透系数K值趋近于零。同时又具有较好的隔气作用，有效地防止墓室内外产生气体交换和水交换作用。木炭的成分是具有很多细孔的无定形碳，吸水、防潮性能很好。马王堆一号墓的女尸、葬具和随葬器物之所以能保存得如此之好，与墓中白膏泥和木炭所起的密封防潮作用是切实相关的。该墓墓室底部铺有15厘米厚的白膏泥，棺椁顶部和四周堵塞木炭，厚40~50厘米，共1万多斤。木炭外面再填白膏泥，将整个墓室塞满封固。白膏泥厚达1~1.3米。白膏泥和木炭使椁室与外界隔绝，成为一个高标准的恒温、恒湿、缺氧空间，为室内一切物质的完好保存提供了条件。

2. 密封作用

古人用木炭、白膏泥等完成在棺椁与墓室之间空隙的填埋之后，接着对其进行夯实。“夯”是指靠人力用工具将土一层层砸实的建筑方法，“夯筑”是中国古代建造房屋基础、墙、城和台基时的主要技术。对陵墓而言，填土越紧实，盗掘难度就越大，防止外力对陵墓的破坏，相对来说，陵墓就更为安全。

（1）陡壁山曹嫘墓：发掘简报未提及墓葬填土经夯筑与否。但参照其他王（后）陵和马王堆汉墓，推测墓中填土亦应为分层夯筑。

（2）象鼻嘴一号汉墓：墓道、墓坑填土均系原坑土捣碎后分层夯筑回填。墓道下部夯层每层厚约15~20厘米，往上夯层渐厚，约20~25厘米。墓坑填土夯层每层厚约20~30厘米，每层填土表面，铺10厘米厚夹砾石的黄砂土。夯窝呈圆形，直径5.5~6厘米。题凑木的最下层，亦铺在23厘米厚的夯土之上。

（3）望城坡渔阳墓：墓道、墓坑填土均系原坑土捣碎后分层夯筑回填。填土夯层厚薄不一，每层厚约 30~40 厘米。夯窝直径 8~10 厘米。

（4）风篷岭汉墓：墓葬填土系他处运来的黄褐色黏土，分层夯筑，夯层厚薄不一。墓坑底部亦经夯打。

（5）风盘岭汉墓：墓道和墓坑填土在交接处有明显的分界线。墓道填土分层夯筑，夯层厚约 5~10 厘米。

（6）桃花岭汉墓：墓道和墓坑内填土夯筑。

（三）封土的夯筑

已发掘的 5 座汉代长沙王（后）陵由于受到的破坏较严重，封土多已不存，情况不明。

现以桃花岭汉墓为例进行说明，桃花岭汉墓属于汉代长沙王陵墓群谷山片区汉墓之一，位于长沙望城区星城镇银星村中区四组，南依谷山山脉，东、北两面依湘江，西邻金星大道。从开挖探沟的剖面，可显示墓葬封土为 8 层，土色呈黄褐色，有明显的夯筑痕迹。

另外杉树拱汉墓、狮子拱一号汉墓、天马山一号汉墓的封土也有人工夯筑的痕迹，其他汉代长沙王（后）陵现存封土也多存在分层现象，可能使用了夯筑技术。[①]

古人通过夯筑技术的使用，使得封土和墓室、墓道内的填土更加紧实、密封。这样，不仅使得封土、墓室、墓道更加稳固，还可以起到一定的防水作用，减少了水对墓室、墓道和棺椁的侵蚀破坏。

汉代长沙王陵墓群在土工技术方面的应用，与楚地墓葬的土工技术之间存在一定的渊源。在大型楚墓的营建方面，墓坑四壁多修建有台阶，渔阳墓的墓坑四壁台阶的修筑应该是延续了大型楚墓的特点。而墓室内填土夯筑、白膏泥、木炭等的使用也都是延续了楚地大中型墓葬的特点。不过，在楚地的大中型墓葬中，封土夯筑不太普遍，到了汉代长沙国时期，王陵墓葬中封土夯筑的采用稍微多了起来，说明到了汉代人们对墓葬稳固性的要求更高了。

在墓室四周填塞白膏泥、木炭等防潮的技术流传到了后世。南方宋墓注重防腐、防潮。北宋早期，这种措施还不是十分普及，而且技术比较落后，主要是将木

① 何旭红：《汉代长沙国考古发现与研究》，岳麓书社，2013 年，第 112~119 页。

炭、石灰等材料铺在墓底或直接放在棺椁周围，以起到防潮的作用。北宋中后期，防腐技术逐渐成熟，人们使用石灰糯米汁、三合土，或是石灰、泥沙、木炭、松香等防腐材料填充墓圹、墓室、棺椁之间的空隙，从而使墓葬形成了一个坚实的封闭空间。到了南宋时期，朱熹将这种墓葬防腐防潮措施称为作灰隔。①

二、木作技术

木作技术在墓葬营建上的应用主要体现于棺椁的制作上。棺椁结合工艺是西汉木椁墓必须涉及的一项工艺。于马王堆汉墓所见，棺椁结合未使用金属嵌钉，其结合方法有扣接、套榫、栓钉接合三种。扣接因部位不同，分边缘扣接（“阴阳扣”）、对角扣接（“四边大格角”）、底部槽口扣接（“落槽”）和子母口扣接等。边缘扣接用于平板与平板之间衔接，使合缝更加紧贴。对角扣接用于盖板边框转角处，以便使转角两板互相交叠承托。底部槽口扣接用于上层盖板，四周“落槽”，起子口作用，下层盖板即扣入“落槽”中。下层盖板则在底部两端凿出槽口，以承放南北二壁板。子母口扣接用于棺盖底部与棺壁板顶部的接合，前者作母口，后者作子口。

套榫指一块带有榫头的木板与另一块带有榫眼或榫槽的木板的接合关系。因插入深度的不同，可分为明榫和暗榫两种。明榫指透榫（贯通榫或大夹口透榫），用于棺木四边壁板的转角接合。暗榫则外表看不到二者的接合关系，有“闷合落槽”式暗榫和“沟槽”式暗榫等。

栓钉接合指两块木板之间用另一小木料（栓钉，俗称“梢”）加以接合。因形式不同可分为“落梢榫”和“四角落暗梢”两种。前者用于棺木壁板和底板的接合。后者用于椁室上下层底板的叠合。

在已发掘的5座汉代长沙王（后）陵中，除风盘岭汉墓仅见棺椁木朽痕，棺椁结构和结合方法不详外，其他4座墓的棺椁结合均未使用金属嵌钉，结合方法则与马王堆汉墓相类。现将相关资料择录如下：

1. 陡壁山曹婎墓

（1）三棺二椁。外椁由垫木、底板和壁板构成。外椁室分为前室和便房。

（2）外椁前室底板紧靠内椁的一根木枋（从西向东第四根），南北两端有对

① 吴敬：《论南方宋墓的共性特征及其成因》，《考古与文物》2014年第1期。

称的长方形立柱榫眼及圆形门斗眼。内椁底板西起第一根木枋，南北两端有对称的立柱坑和圆柱洞，第二根有南北对称的立柱榫眼。东壁、南壁、北壁连接处均为直角扣接。

（3）第二层套棺盖、底均用三块条板拼合，南北两壁用两块条板拼合，东西两壁各是一块整板，四角套榫相接。内棺盖、底和南北两壁都用两块条板拼合，东西两壁各是一块整板，四壁连接处以“沟槽”式暗榫结合。

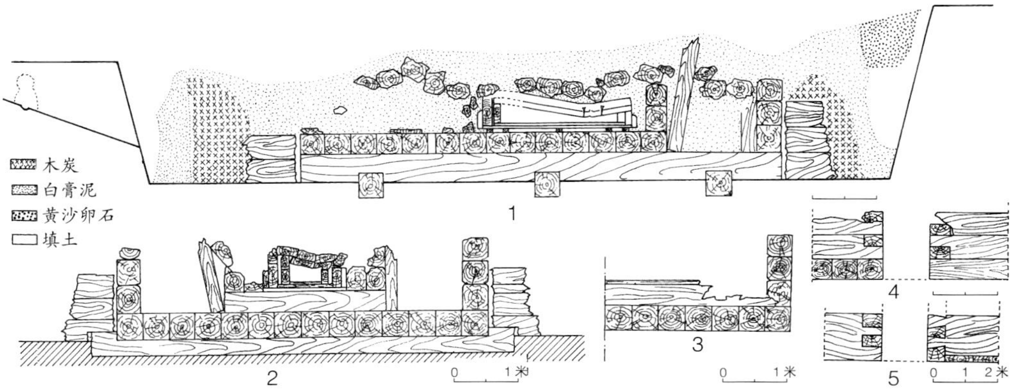

陡壁山曹嫘墓棺椁榫卯展示图

1. 墓葬中心纵剖面图　2. 南北便房立柱处棺椁横剖面图　3. 外椁西南端正视图

4. 内椁东南角榫接图　5. 外棺西北角榫接图

（《文物》1979年第3期第10页图十九）

2. 象鼻嘴一号汉墓

（1）三棺二椁。外椁由枕木、底板、墙板、盖板及外椁门组成。外椁内的布局有前室、外椁回廊和内椁。内椁由底板、墙板及内椁门构成。

（2）外椁墙板四角的枋木斗合方法是东墙板最下层枋木两端，各锯掉朝上的一半，使挡头呈“└”形，再将南北墙板最下层枋木东端，锯掉朝下的一半，使挡头呈“┌”形，正好与东墙板挡头上下搭斗，称为边搭榫。东北、东南两角之墙板，就依此顺序而上，两两搭合。西南、西北角的枋木斗合则有所不同。西墙板伸出部分，错口呈“凹”形，正卡住南北墙板枋木西端的半搭榫，紧扣西墙不致移位。外椁门两侧各立木柱一根，两柱顶端嵌在门楣内。柱下端有方形管脚榫，榫头插在外椁底板上的榫眼内。两边立柱各靠外椁面墙板的一侧，凿有一沟槽，承受墙板木的榫头。两扇门扉均用两块木板，中间以暗梢斗合而成，梢眼呈长方形。门扉下斗呈圆柱状，安放在底板木的圆形轴窝里。

（3）外回廊位于外椁墙板与内椁墙板之间。分十二间，每间均由立柱、隔板、门扉横梁组成隔墙，使其隔开。立柱下端有方形管脚榫，直插在外椁底板上的榫眼内。上端有榫头与横梁套合。隔板下端有长方形榫头，套在外椁底板的榫眼内。

（4）内椁墙板由枋木垒叠而成，四角采用搭榫结合。西墙板靠门的南、北侧端均有榫头，榫头斗在门与墙板间的立柱靠墙板一侧的暗槽内。内椁门框底端有管脚榫，插在底板上的榫眼内。门框内侧有门柱。门扉亦用两块木板，中间以暗榫拼合而成。

（5）棺室立板下端底中部有管脚榫头，斗合在内椁底板上的方形榫眼里。上端斗在梁板和上槛内。两立板中间嵌有隔墙板。木板上下嵌在上槛和下槛内。上槛

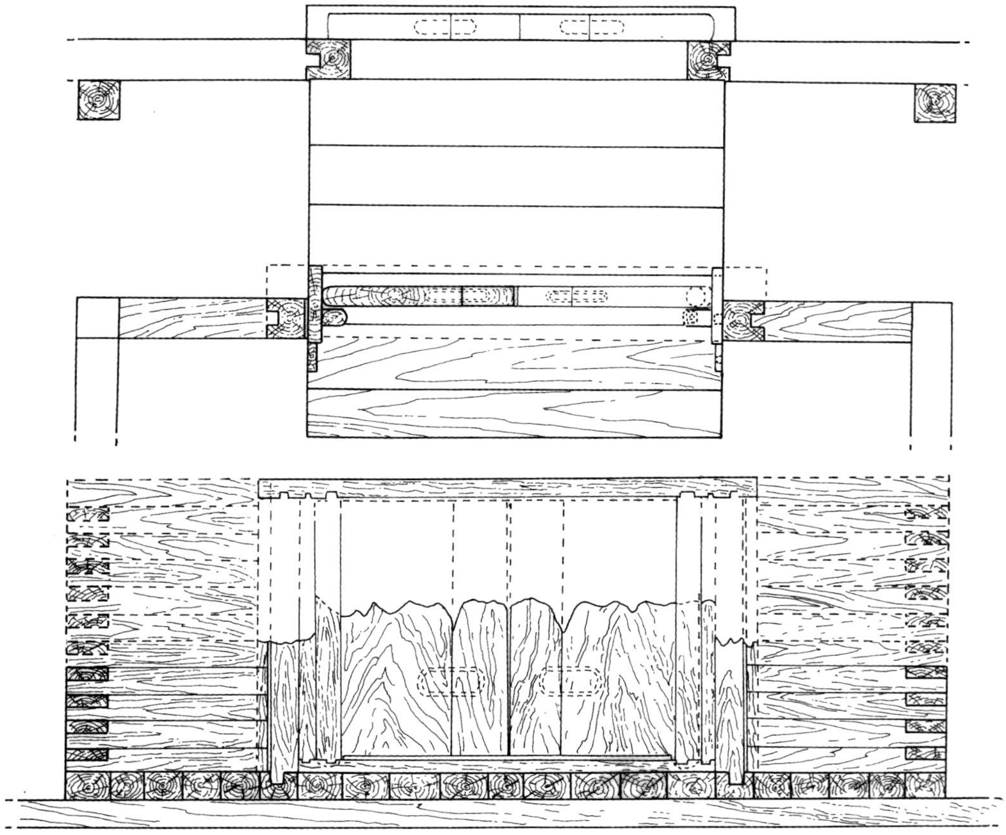

象鼻嘴一号汉墓内外椁门平面及内椁门剖面图

（《考古学报》1981 年第 1 期第 117 页图六）

朝下的一面和下槛朝上的一面中间，开有槽沟。上下槽沟内嵌隔墙。

（6）三重套棺的斗榫结构大体一致。侧板与底板用梢钉套榫结合，每边有等距的三个套榫。木梢钉作长方形。侧板与挡板、挡板与底板的结合，采用凸凹接榫，互相衔接，凹榫内宽外窄，凸榫内窄外宽，结合时两榫互相卡紧。盖板与棺身的结合采用子母相扣法。中、内棺盖的挡板，则采用落槽凸凹接榫法。

3. 望城坡渔阳墓

（1）二棺二椁。外椁由枕木、底板、墙板、盖板及椁门、藏室（“库房”）组

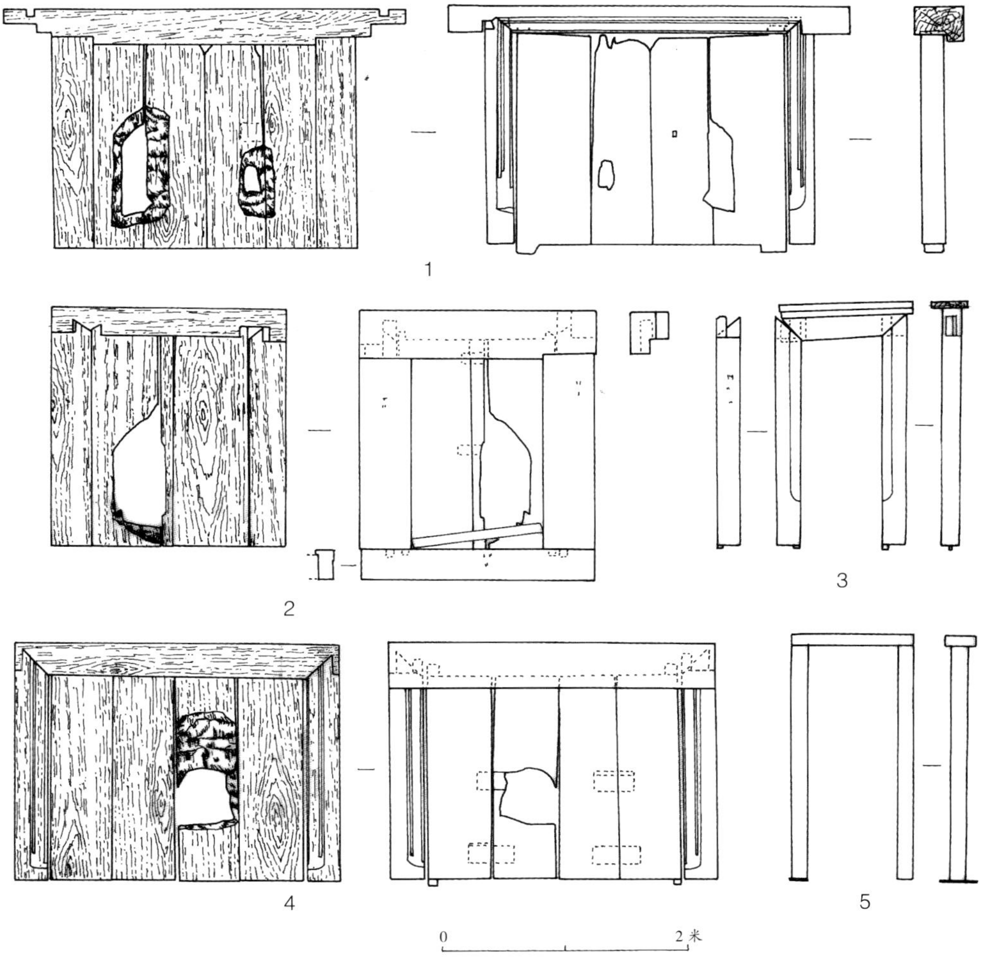

外椁门、内椁门、前室北门和藏室门柱

1. 外椁门正面（左）、背面　2. 前室北门正面（左）、背面　3. 南藏室门柱

4. 内椁门正面（左）、背面　5. 东藏室门柱

（《文物》2010 年第 4 期第 17 页图四二）

成。内椁由底板、墙板、椁门、盖板组成。内、外椁门之间的空间形成前室。

（2）外椁墙板四角的斗合方法均采用边搭榫。西墙板中间开一椁门，分南、北两段，两段墙板南北两端边搭榫。与门相交一端为半搭榫，嵌入外椁门立柱凹槽中。外椁门两侧各有一门柱，两柱顶端有三角形斜边榫与方凸榫，与门楣相契合。柱下端有方形脚榫，插入门栿榫眼内。两扇门扉均由两块厚木板用 3 个暗榫拼合而成。地栿两端凿有纳门斗的轴窝和门柱榫的方榫眼。

（3）前室南门两侧各有一门柱，两柱上端用边角榫、长方形暗榫与门楣扣合。门楣顶部西端凿腰榫，与外椁门楣嵌合。

（4）内椁墙板东北、东南两角的斗合方法均采用边搭榫。内椁门扉两侧各有一门柱，两柱上端有斜边榫、长方形暗榫，下端有方形脚榫，落入底板的榫眼内。南柱上下端均有边榫。两扇门扉由两块厚木板用 2 个暗榫梢拼合而成。

（5）外棺四角用燕尾榫相套合，墙板与底板用凸凹榫连接，盖板与棺身用凸凹边榫嵌接，外部接缝处用腰榫连接。内棺四角用凸凹接榫套紧，盖板与棺身用凸凹边榫嵌接。

（6）南藏室门柱上端与门楣用暗榫相扣。下端有榫，落入外椁底板的榫眼中。

4. 风篷岭汉墓

（1）二层套棺，椁层不详。整个椁室木结构由枕木、底板、墙板、立柱、门和顶板等部分构建。内外棺均由底板、侧板、挡板和盖板组成。

（2）椁室外围墙板分内外两层。内层墙板底部置于上层底板边缘的凹槽中。椁室内部各墙板则大部分置于上层底板上，墙板相接处无榫卯结构。

（3）套棺使用榫卯结构制作。棺椁结合工艺是一项看似简单，实则复杂的木匠工艺。其结合既要符合力学原理，又要结实美观。椁室必须能承受上方填土和高大封土堆的垂直重力叠压和四周填土的重力挤压，还需承受填土夯筑之震。否则，就很容易出现因不堪重力挤压而垮塌的情况。因此，这门工艺亦可视为土坑木椁墓的一项防塌技术。

5. 风盘岭汉墓

墓室内的棺椁木枋均已朽坏，现依据木枋朽痕判断题凑及木构棺椁室的分布及结构。题凑位于墓坑壁的内侧，除墓道下端口未见题凑朽痕外，基本围绕墓室一周，但因墓室西北角和东南部被破坏，故这两处均不见题凑朽痕。

题凑木枋朽痕均为长方形，长 0.9~1.05 米，宽 0.27~0.5 米。题凑木枋均垂直于墓壁摆放，部分位置可见至少两层叠置。

木构棺椁室保存情况极差，仅存极少的木枋朽痕。从墓室东北角保存的部分木枋朽痕可以看出，棺椁室底板为南北向并列放置，每根底板宽 0.45~0.5 米。从墓室东部残存的部分木枋朽痕可以看出，靠近题凑的内侧存在南北向的棺椁室壁板及东西向的隔板，表明题凑内侧椁室存在隔间。

墓中出土铁质棺钉 11 枚。均呈“L”形，顶部弯曲，无帽。钉身存在不同程度的锈蚀，尖部多残断，长度不一。据此可知，其棺椁结合使用了金属钉合工艺。[①]

已发掘的 5 座长沙国王（后）陵均曾被盗掘，而盗掘则往往使墓葬结构受到严重破坏甚至是致命性破坏，导致垮塌。从陡壁山曹嫘墓、象鼻嘴一号汉墓和望城坡渔阳墓来看，其棺椁结构都保存得较好，可见其棺椁结合工艺非常成熟，水平首屈一指。

在棺木上使用金属构件加固的方法，在后世得到了广泛的使用，现在某些实行土葬的地区棺木上仍然在使用金属钉来进一步加固棺木结构。

第三节

器物制作

我国古代劳动人民用自己的勤劳和智慧，创造了辉煌灿烂的中华文明，传承了五千年历史的手工技艺。在汉代，制陶、金属、漆木、玉石等手工业又达到了一个新的高峰，长沙王陵出土的大量文物，正体现了这一时期湖湘地区的器物制作技术水平。

① 长沙市文物考古研究所、长沙市望城区文物管理局：《湖南长沙风盘岭汉墓发掘简报》，《文物》2013 年第 6 期。

一、制陶工艺

人类最早制造的陶器是在新石器时代初期，当时使用的制陶原料都是就近取材，直接使用，没有经过筛选。到汉代制陶业作为手工业中重要的一个生产部门，在社会生产中具有举足轻重的作用。西汉初年实施休养生息政策，其效果在西汉武帝时期充分体现出来，国家的经济实力得到了很大的恢复。陶器的需求急剧增加，制陶业得到了迅速发展，并在各地形成了不同的文化面貌。从西汉墓出土的陶器看，制作方法和质地大致与春秋战国相同，品种更多而造型有异。长沙国陶瓷业的突出成就是胎体致密、坚硬结实的泥制灰陶、印纹硬陶和大量精美的陶塑，造型奇特美观，这充分反映了西汉制陶工艺技术的水平。

陡壁山汉墓出土陶器有编钟、编磬和陶罐。两个陶罐已破碎，与钟、磬同在一便房内，为硬质灰陶，方格纹。156号陶罐上踞立陶狗一只，风格古朴稚拙。

望城坡渔阳墓出土的陶器有鼎、盒、瓮、硬陶大口罐、动物模型等。渔阳墓出土的硬陶大口罐共24件。均为印纹硬陶，盘筑手制。喇叭口，束颈，深腹，平底内凹。器身肩部拍印席纹、茎叶纹，腹部拍印斜方格纹，肩腹结合处加补泥条，器表施黄褐色釉。施釉的印纹硬陶大多是在器物肩部以上施釉，釉色有褐色、青黄色等，釉层厚薄不均。但按照中国硅酸盐学会编的《中国陶瓷史》中的说法，这层看

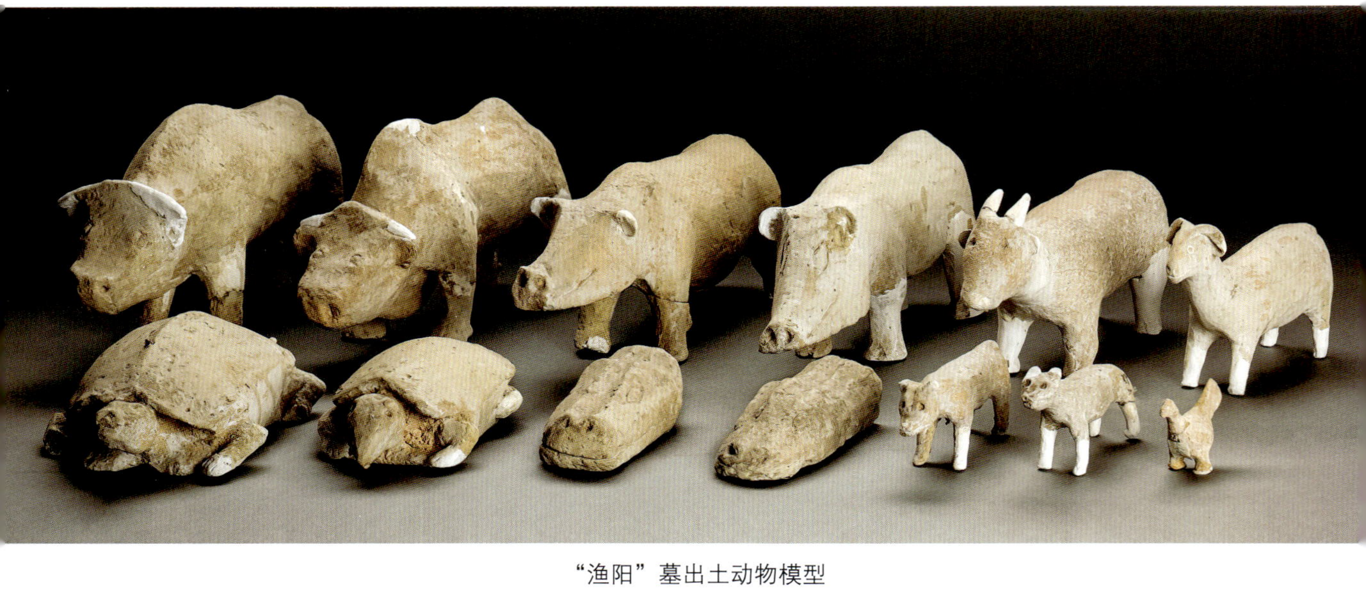

“渔阳”墓出土动物模型

似薄釉的物质实际是印纹硬陶在窑内高温熔化而形成的光泽，印纹硬陶实际上是不施釉的，由于器物肩部堆积厚，因此看起来像是施釉的。[①]

风篷岭汉墓出土陶器均为罐，9 件，形制相同。均为泥质灰陶，斜沿内凹，敞口，尖唇，束颈，圆肩，鼓腹，平底内凹。

风盘岭汉墓出土陶器主要分布于墓室东北部。陶器多破碎，经修复可辨器型有鼎、锺、壶、钫、罐、坛、瓮、熏炉等，计 34 件。另出土泥钱数万枚。除罐为印纹硬陶外，其余多为泥质灰陶，少量为夹砂灰陶。器物多为轮制，鼎、锺、壶等器物的附加部分则为模制或手制拼接。

风盘岭汉墓出土的陶鼎和陶锺

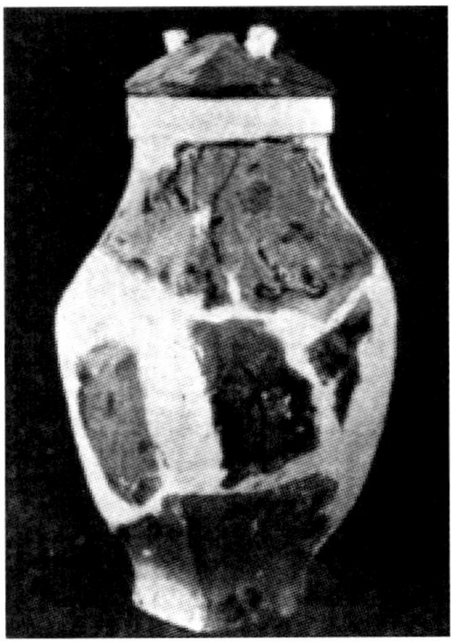

象鼻嘴汉墓出土的陶鼎和陶钫

① 王春斌：《汉代陶器生产技术研究》，吉林大学博士学位论文，2013 年，第 76~77 页。

象鼻嘴一号汉墓出土的陶器经修复后，器型有鼎、盒、壶、钫、筒形器、瓮、罐、灯、熏炉、盂、杯、勺、匕、编钟和泥“半两”“郢称”等。除印纹硬陶罐外，其他均为火候不高的泥质灰陶和红陶。大部分为轮制，少部分为手制。

长沙王（后）陵出土的陶器多破碎，经过修复，从质地上来看，可见多为泥制灰陶、红陶，少量夹砂灰陶，还有一些印纹硬陶。

制作技艺方面，器物多为轮制，在器物外壁的平整度及其腹壁和器底，如圈足、圜底等依稀看见的轮旋痕迹多说明这一点。另有部分器物采用盘筑手制。

另有一些动物俑、人物俑的底部或陶器附属物的器足、耳、纽等部位留有模制的圆孔或模接缝的痕迹，模制法采用外模，并且有单模、合模之分。手制的最少，主要见于一些动物俑或器耳、纽及其他小型模型明器上。

装饰技艺上，陶器上装饰各类纹饰，包括弦纹（凸弦纹、凹弦纹、波浪形弦纹）、波浪纹、方格纹、叶脉纹、席纹、细网格纹、绳纹、茎叶纹等。还有彩绘的使用，象鼻嘴一号汉墓陶器有的施红彩，风盘岭汉墓陶钫盖上也施有彩绘。

二、金属工艺

长沙王陵出土的金属器有铜、铁、金等种类。其中陡壁山汉墓出土有铜镜、铁剑、铁环首刀、错金矛骹。渔阳墓出土有金釦饰。风篷岭汉墓出土铜器共28件，主要出土于中列中室，有鼎、锺、壶、盉、甑、盘、钵、勺、灯、镜、羊镇、带钩、弩机、削、衔环铺首、环等；金器有金饼。风盘岭汉墓出土有镜、弩机、铎、琴轸、熏炉、环状器等铜器。“12・29”盗墓案追缴回的文物中还包括有镇、带钩、镜、铺首衔环、剑、灯、瑟枘、秤盘、杵臼、案足、铜金饼及铜钱等铜器，还有两枚金印及金挂饰。

（一）铜器

长沙王陵出土的青铜器中有两件错金银器：错金矛骹和羊镇。其中，错金矛骹为铜质嵌错几何花纹金箔，其刃部未见。羊镇，残，器表嵌入椭圆形金箔，体内填铅。错金银工艺具体做法是：先在铜胎上预先铸出浅凹的图案或铭文字体，在凹槽的底部凿出糙面，以利结合，然后将预制的金银片或金银线加热，以易于变形，用刀具或玛瑙、玉石制成的压子将丝或片嵌压入槽内，用细错石或磨炭逐次加水错磨，再用皮革、织物细致抛光。错金银工艺大多同时用于纹饰装饰上，使青铜器更加绚丽多彩，构图虚实相间，富有动感。错金银工艺也可单独使用在青铜器上，其中，错金工艺早于错银工艺。

青铜器上的错金银装饰，出现于春秋中期或稍晚。战国时期，错金银青铜器甚为流行。两汉时期的错金银工艺在春秋、战国传统技术的基础上又有新的发展和创新。有不少金属艺术品，表面既错金又错银，有的还镶嵌绿松石，构成绚丽多彩的图案①，在处理线条和图像造型方面更为流畅和生动。

在镶嵌工艺中还有绿松石镶嵌工艺，“12・29”盗墓案追缴回的瑟枘即采用了绿松石镶嵌工艺。

（二）金器

风篷岭汉墓出土金饼共19件，出土于中列后室。正面略凸起，有滴铸所产生

风篷岭汉墓出土金饼

① 中国文物学会专家委员会：《名家点金・文物知识系列・青铜器卷》，山东教育出版社，2013年，第34页。

的不规则空洞；背面内凹，表面有冰裂纹，刻有“V”形标记。直径6厘米，厚0.5厘米。汉代金饼形制，沈括《梦溪笔谈》曾作总结道：“……㚟蹄作团饼，四边无模范迹，似于平物上滴成，如今干柹，土人谓之柹子金。”今据风篷岭汉墓出土的实物来看，长沙国西汉金饼多作不规则的圆饼形，可与沈括的记载互相印证。

（三）铁器

铁器的发展极大地促进了社会生产力的发展，有利于社会经济的发展与进步，汉代铁器制作工艺在继承战国时期铁器制作工艺的基础之上，得到进一步的完善和创新。不仅在材质上更加丰富，而且在制作工艺上也得到进一步发展。

在材质方面，除了继续使用战国时期已出现的块炼铁、块炼渗碳钢、共晶白口铸铁、脱碳铸铁、韧性铸铁、铸铁脱碳钢、熟铁之外，还新出现了灰口铸铁和麻口铸铁，脱碳工艺也得到进一步发展，甚至还出现了带有球状石墨（球墨）的铸铁。在材料制备方面还进一步发展了百炼钢工艺，发明了炒钢工艺。百炼钢工艺起源于战国晚期，是指利用块炼铁经过反复锻打渗碳使之成钢的工艺。炒钢工艺发明于东汉初年前后，是指将生铁炒成熟铁或钢的工艺。①

制作工艺上主要有锻打和范铸。锻打是指通过反复捶打铁材或钢材进行塑形制造器物的方法。范铸工艺则主要有四个方面的进步：一是陶范叠铸技术的成熟和推广应用，陶范叠铸技术是指将陶范多层叠合，共用一个总浇口，可一次铸成多件产品，该技术最早产生于战国时期，汉代发展成熟并广泛应用；二是陶范烘范技术的进步和推广应用，铁器铸造中的烘范技术也是出现于战国时期，烘范技术的作用在于增加陶范的整体强度，提高其透气性、降低其发气量，以便使铁水畅流充满型腔；三是铁范技术得到进一步使用；四是出现了不可移动的“地面范”，主要用于铸造大型铸件。②

汉代长沙王陵墓群出土铁器主要有陡壁山汉墓出土铁剑、铁环首刀，由于未进行相关科技考古分析检测，关于具体的材质和工艺分析暂缺。以上仅录汉代铁器工艺发展情况作为参考。

---

① 白云翔：《先秦两汉铁器的考古学研究》，科学出版社，2005年，第334~337页。

② 白云翔：《先秦两汉铁器的考古学研究》，科学出版社，2005年，第329~334页。

三、漆木工艺

漆器是指用天然漆涂饰在器物表面的器具。漆是从漆树上割取出来的一种呈灰乳色的涂料，不能单独成器，将它刷涂在器物之上称之为“漆器”。汉代是我国古代漆器业的鼎盛时期，华美而轻巧适用的漆器已经代替了过去青铜器的地位，成为生活的主要器具。

据《睡虎地秦墓竹简·秦律杂抄》载，秦代设有主管官府漆树种植与生产漆的官员，即漆园啬夫，其下还有令、丞、佐等。汉代的漆器制造业在秦代的基础上，其规模空前壮大，以至于出现《盐铁论·散不足》中记载的“一杯棬用百人之力，一屏风就万人之功”之现象。

长沙象鼻嘴、陡壁山两处西汉前期墓，都随葬有大批漆器。象鼻嘴一号墓出土漆器数百件，但多已被压毁，器型难辨。陡壁山曹𡞞墓，出土漆器 150 余件，其中有的在器表施金银箔贴花。墓中的漆棺，棺上彩绘云气纹图案，系兼用漆绘、油彩和堆漆绘制，色彩鲜明，也是汉代漆棺中的珍品。

从漆工艺上看，长沙国漆器的制造业在楚国漆彩工艺基础上出现了制胎、髹漆、彩画、锥画等多种工艺，且工序一般按次序列出，说明工匠的劳动有了专业化的细分，各自成为漆器生产过程的一个组成部分。从生产规模看，长沙国官营或私营漆器手工业生产均较楚国有较大的发展。①

这些漆器制作工艺主要体现在三方面，制胎、髹漆、装饰纹样。首先是胎，又称胎骨，是指髹漆前的器物实体。漆器胎骨主要有木、布、夹纻、竹等类。长沙王（后）陵出土的漆器多为木胎，少数为夹纻胎。木胎器物中，杯、匜、钫、匕、案等一般是利用一木块或木板斫削出器型，鼎、锺、盂、盘等是用大小适当的木块旋制外壁和底部并剜凿出腹腔，樽、卮、圆奁等是用薄木片卷制圆筒状器身，固定后再与底部结合。夹纻胎，战国时出现，是在薄木胎或其他胎骨上加裱麻布成胎，是一种复合胎质，与布胎没有木芯不同。②

其次是髹漆，漆绘是用生漆制成的半透明漆加入某种颜料，描绘于已髹漆的器物上，可以是单色漆绘，也可以是多色彩绘，色泽光亮，不易脱落。长沙王（后）

---

① 聂菲：《湖南楚汉漆木器研究》，岳麓书社，2013 年，第 213 页。

② 洪石：《战国秦汉漆器研究》，文物出版社，2006 年，第 113~117 页。

陵出土漆器主要髹红、黑二色漆，间有墨绿、绿色搭配，突出漆色调配技术与髹漆技术的高水平。

再次就是纹样，主要有油彩、锥画、堆漆、填漆、戗金和描金银等，部分是对前代的继承发展，部分为新兴的技术。油彩是用朱砂或石绿等颜料调油，绘画于已髹漆的器物上，如漆奁、漆几、漆案等。锥画为西汉早期新兴的技法，是在已髹漆的器物上用针、锥等工具加以刻画，因此多称之为针刻。填漆、戗金和描金银等工艺也出现并得到推广。填漆是在锥画线条内填漆，戗金是在锥画线条内填金粉，描金银是在器物上用金银粉描绘花纹。

有研究者根据各地墓葬发掘报告的年代推断其所出漆器的基本特点，认为大抵以汉武帝太初元年（前 104）发布诏令“改正朔，易服色”为界，将西汉漆器分为前后两个时期，而武帝时期是漆器工艺转型重要时期。西汉早期多为木胎，出土夹纻胎漆器的墓葬规格较高。早期后段以后，夹纻胎漆器出土的数量渐渐增多。如长沙陡壁山汉墓，出土漆器 150 余件，胎质大多数为夹纻胎，少量为竹胎和木胎。西汉后期出土夹纻胎漆器的墓葬规格并不都属于王侯一级大墓葬，一些大臣和规格不是很高的中小型墓葬也出土了夹纻胎漆器。①

四、玉石工艺

《周礼·考工记》中记载玉器制作方式为：“天有时，地有气，材有美，工有巧。合此四者，然后可以为良。”汉代许慎说：“玉，石之美者。”汉代玉器工艺取得了很高的成就。

长沙王（后）陵出土的玉器有璧、环、瑗、圭、璜、贝、印等，使用材质多为青玉、白玉、玛瑙等。

以陡壁山汉墓出土玉器为例，玉印章 3 件，均出于内棺。其中白玉印一方，印面呈正方形，二层台式覆斗形纽，台纽有穿，系以金丝环，印面阴刻鸟篆白文“曹嫘”。印面边长 1.85 厘米，通高 1.3 厘米，台纽高 0.5 厘米。白玛瑙印两方，形制同玉印，但无金丝环。其一，边长 2.1 厘米，通高 1.5 厘米，台纽高 0.7 厘米，小篆白文“妾嫘”；其二，边长 2.3 厘米，通高 1.6 厘米，台纽高 0.7 厘米，鸟篆白文“曹嫘”。

① 聂菲：《湖南楚汉漆木器研究》，岳麓书社，2013 年，第 239~240 页。

蒲纹玉璧，呈青绿色，2 件。其一，内外边缘均刻有一周弦纹组成宽边，将玉璧分成三区，其中内区素面，中区为蒲纹，外区为绳索纹。直径 14.5 厘米，孔径 1.9 厘米。其二，内缘近孔部 0.8 厘米处有一周细凹弦纹，近外缘 0.8 厘米及 1.6 厘米处各饰有一周细凹弦纹，外缘一周饰有多组半圆形纹饰及菱格纹，中部主区饰蒲纹。直径 14.4 厘米，孔径 2.2 厘米。

玉环 2 件，其一为双面浮雕带芽谷纹玉环，玉呈青色，直径 13.1 厘米，孔径 7.1 厘米。其二为透雕玉环，直径 8.5 厘米，孔径 3.1 厘米，厚 0.3 厘米，玉色青白相杂，双面透雕曲缠盘绕的变体龙凤纹，四周环以流动的云气纹。

玉佩 2 件，发掘报告原称为玉玦，与玉带扣一起，出自内棺中部（似在死者腰部）左右放置，扁平心形。其一，玉白色，两侧透雕变形凤纹，长 4.6 厘米，宽 3.3 厘米，厚 0.4 厘米。其二，一侧为一小孔，另一侧雕一凤形图案，长 4.5 厘米，宽 2 厘米，厚 0.35 厘米。

玛瑙水晶珠 24 件，直径分别是 1.5、1.3、1、0.7 厘米，颜色有白色、红色、黑色及紫色等，皆晶莹剔透，光泽莹润。形状有圆球形、扁圆形及腰鼓形等，每颗珠子均有一细小穿孔。其中 1 件腰鼓形玛瑙珠，两端截平，有穿孔，长 1.1 厘米。珠为黑色，两端各饰白圈纹一道，白圈纹上各向珠中部延伸白色锥状纹带，颇似西藏“天珠”。此种纹饰目前在湖南仅见此例。这颗珠子明显是通过化学方法制作而成，学界称其为蚀花玛瑙珠。

陡壁山汉墓棺房底板缝隙中出土一件嵌绿松石玉剑首（发掘报告定名为饰件），直径 5.5~5.9 厘米，边厚 0.4 厘米，单面工，器心镶嵌一圆绿松石，背有短柱。

天时、地气、材美、工巧是人们观赏美玉的综合标准。天地之灵铸成了玉，而当玉从石中被剖离时，并不是熠熠照人的，这种坚硬矿石，还必须用砂砺进行打磨，才能成形。因此，非精巧的工艺不能成就美玉。

制作工艺大致经过以下几道工序：镂空、雕刻、抛光。值得一提的是，汉代的玉雕工艺采用独特的刀法。这种刀法苍劲有力、粗犷流畅，运用质朴豪放线刻，将玉物棱角琢磨圆滑，大件器物刻玉较粗，小件器物刻玉较精细，使玉器更显立体感。

第六章 社会价值

社会价值是文物古迹在知识的记录和传播、文化精神的传承、社会凝聚力的产生等方面所具有的社会效益和价值，包含记忆、情感、教育等内容。汉代长沙王陵墓群承载的是汉代长沙国的历史和文明，这一文化遗产蕴含的知识体系、文化精神和社会影响，都是其社会价值的体现。

第一节

社会教育

传世文献对汉代长沙国（王）的记载主要见于《史记》和《汉书》，主要集中于长沙国疆域、地位[①]、始封[②]、世系、列侯、将领等方面。相对于同时期其他诸侯王国而言，记载篇幅很小，内容有限，且语焉不详，甚或还有多处记载前后不一。例如，《史记》之“恭王（吴）右”[③]，《汉书》则作“共王若”[④]。《史记》之“靖王（吴）著”[⑤]，《汉书》则作“靖王产”[⑥]。《史记》之“康王（刘）庸”[⑦]，《汉书》则作“戴王庸”[⑧]。《汉书·诸侯王表》之“顷王（刘）附朐”[⑨]，《史记·五宗世家》《汉书·长沙定王刘发传》则均作“鲋鮈”[⑩]。又，《汉书·诸侯王表》：“初元四年，孝王宗以剌王子绍封，三年薨。”[⑪]《汉书·长沙定王刘发传》：“元帝初

① 西汉长沙国是一个“外接胡越”“国小地狭”的“卑湿贫国”。

② 《汉书》中记载，汉初，高祖封立的在八大异姓王中，吴氏是最为“功少”“势疏”。虽然吴氏“从百粤之兵，以佐诸侯，诛暴秦，有大功”，但根本不能与楚王（淮阴侯）韩信、淮南王英布、梁王彭越等异姓王相提并论。而其部下名将也只有梅鋗一人。“上（高祖）以（梅）鋗有功，从入武关，故德（吴）芮，徙为长沙王。”吴氏之封，主要是因为“最忠”的缘故。吴氏“功少”“势疏”，刘发“母微，无宠”，受封的长沙国是当时西汉政权实际控制的最南境，远离汉中央的政治中心。（班固：《汉书》卷四十八《贾谊传》，第 2237 页；《汉书》卷一下《高帝纪下》，第 53 页。）

③ 司马迁：《史记》卷十七《汉兴以来诸侯王年表》，第 817 页。

④ 班固：《汉书》卷十三《异姓诸侯王表》，第 381 页。

⑤ 司马迁：《史记》卷十七《汉兴以来诸侯王年表》，第 829 页

⑥ 班固：《汉书》卷十三《异姓诸侯王表》，第 384 页。

⑦ 司马迁：《史记》卷十七《汉兴以来诸侯王年表》，第 858 页。

⑧ 班固：《汉书》卷十四《诸侯王表》，第 413 页。

⑨ 班固：《汉书》卷十四《诸侯王表》，第 413 页。

⑩ 司马迁：《史记》卷五十九《五宗世家》，第 2100 页；班固：《汉书》卷五十三《长沙定王刘发传》，第 2427 页。

⑪ 班固：《汉书》卷十四《诸侯王表》，第 413 页。

元三年复立旦弟宗，是为孝王，五年薨。”①

鉴于传世文献有关西汉长沙国（王）的记载过于贫乏，考古发现对于西汉长沙国历史文化补证便显得尤为重要。汉代长沙王陵墓群的考古发现就在传世文献的基础上进一步建构了关于汉代长沙国的知识体系。例如，考古发现的题凑葬制和筑、瑟等漆器，以及漆器铭文等遗存，就从不同方面完善了这一知识体系。

《史记·滑稽列传》：“以雕玉为棺，文梓为椁，楩枫豫章为题凑。”黄肠题凑是先秦以来帝王贵族死后的一种重要葬制，它和“梓宫”“便房”“外藏椁”同为“乘舆之制”，也是皇帝对诸侯王、功臣贵戚的一种重要恩赐制度。长沙地区现已发掘的陡壁山曹嫘墓、象鼻嘴一号汉墓、望城坡渔阳墓、风篷岭汉墓等均为岩坑竖穴木椁墓，均用题凑葬制。其中，曹嫘墓、象鼻嘴一号汉墓为黄肠（柏木）题凑，渔阳墓、风篷岭汉墓为楠木题凑。长沙王（后）墓中使用的题凑制有黄肠题凑、楠木题凑，种类多样。地方诸侯在恪守规矩的同时，也有自己的喜好。

筑是一种古乐器。在《史记》中不仅有其名，还有其形及其使用方法。②这种古乐器至唐代尚有实物传世。直至宋代以后，筑才失传。望城坡渔阳墓出土的3件筑，“整木剜制”，“筑身修长，一端呈长盒状（共鸣箱），一端如棒槌”，皆为五弦，从而印证了东汉许慎《说文》所言“筑……五弦之乐也”，也纠正了近代学者误认为“筑”的形态像“筝”的见解。

在“12·29”长沙国王陵盗墓案中，追缴回的文物以漆器为主，汉墓漆器共151件，器型为耳杯和盘，制作工艺十分精良，其中144件铭有文字。“物勒工名”记录是这批被盗漆器所见铭文中最为重要的一项内容。凡有“物勒工名”记录的漆器，其原产地均是记录中提及的诸县或侯国。于铭文所见，有门浅、潕阳、临沅、酉阳、沅阳、辰阳、义陵、沅陵、充、零阳、醴阳十一县，侯国则有沅陵侯国。这些漆器铭文不仅说明了本地漆器制造、管理的专门化，也补充了未见诸文献记载之沅阳、醴阳等地。

---

① 班固：《汉书》卷五十三《长沙定王刘发传》，第2427页。

② 司马迁：《史记·苏秦列传》：“临菑甚富而实，其民无不吹竽鼓瑟，弹琴击筑。”《正义》：“筑似琴而大，头圆，五弦，击之不鼓。”《史记·刺客列传》有荆轲刺秦，“高渐离击筑”之记载。《史记·高祖本纪》及《索隐述赞》亦有“高祖击筑”“还歌《大风》”之记载。《集解》韦昭曰：“筑，古乐，有弦，击之不鼓。”《正义》应劭云：“状似瑟而大，头安弦，以竹击之，故名曰筑。”颜师古云：“今筑形似瑟而小，细项。”

陡壁山曹娱墓和风篷岭汉墓之墓主均为西汉时期某代长沙王之王后。曹娱墓出土有“曹娱”玉印，风篷岭汉墓出土有“张姃（或姬）槈盘”漆盘，据此即可确知墓主之姓氏。传世文献对西汉长沙国的诸位王后没有记载。“曹娱”玉印、“张姃（或姬）槈盘”漆盘的出土，则可补此空白。两汉时期，婚姻讲究门当户对，官僚贵族家族尤其如此。其中亦不乏相互借势，通过联姻以显者。王国之后大多出自达官显贵之家，平民小吏之女嫁配王族几无可能，更不用说封后了。王后姓氏的确知使学界探讨王后家世及其婚姻动机成为可能。

在视死如生、死者为尊的中国古代，墓葬是现实社会政治、经济、文化的浓缩写真。汉代长沙王陵遗址就可以被视为汉代长沙国历史知识体系的载体。那么，这一知识体系又应如何在社会中传播呢？这就要从文化遗产的传播体系角度来分析。大遗址就如一处露天的巨大博物馆，这个博物馆记录着一个国家、一个行业或是一个人的历史与记忆。走进博物馆，去看去聆听来自古代文物遗存的真形声，去体验它们蕴含的文化和历史，多么真实！因此，许多国家博物馆、专题馆被视为重要的教育机构之一。据媒体报道，近年来，我国博物馆参观人次增量都在 1 亿左右，2018 年博物馆接待观众总量达 10.08 亿人次。这么庞大的参与者与需求知识的受众，无疑让我们牢记将文化遗产的社会教育做好，让文化遗产更好地发挥其传播知识功能的使命。

首先是陈列展览。汉长沙国历史博物馆虽然还未建设，但未来其陈列内容不外乎长沙国历史的基本陈列与王陵葬制的专题陈列。陈展本身就是一次很好的学习教育体验。针对长沙国历史，根据展品的不同特点，可以设计不同的专题课程。如长沙国人物、长沙国城市、长沙国疆域、长沙国宫廷与平民生活、长沙国衣食住行、长沙国技艺，以及长沙国农业、手工业、商业贸易等，这种深入浅出的小角度教育学习活动，让参与者能够多方面具象地了解长沙国的历史。

其次是多媒体宣传。除了自身通过广告、宣传册、宣传板等进行的宣传外，更广泛的宣传方式是大众传媒，如报纸、杂志、书籍、广播、电视等，将文化遗产相关信息进行加工和传播，达到宣传和教育的目的。此外，还有电子出版物。相较于文字书籍，电子出版物具有便携性好、画质精细、存储量大和价格便宜等优点，使得使用和传播的范围得以扩展。同时，还可以推出音频、视频、动画等形式多样的电子出版物，满足不同受众需求。

再次是衍生品，即文创产品。开发文创产品是将自己的 IP 传达到世界各地。在传统的“文教结合”思路之外，可以走“文创结合”的新路，让藏品化身为可以被游客带走的现代新文物，从博物馆的展厅走向千家万户，使“活起来”的博物馆及其代表文化真正成为人们美好生活中的一部分。

综上，汉代长沙国的历史在古代文献中记载较少，且早年考古实物材料不丰富，导致其历史面貌不甚清晰，长期处于说不清、道不明的状态。汉代长沙王陵墓群的发现一方面弥补了长沙王乃至汉代诸侯王葬制资料的不足，另一方面，全方位、多角度为今天的人们重构了汉代长沙国的社会面貌。悠久的历史终须传播给今天之公众，才能最终发挥其以史鉴今的功能。以汉代长沙王陵墓群为基础，结合同时期其他重要考古发现，无疑将形成一个较为清晰的汉代长沙国历史知识体系，而这个体系将随着我们对遗址的保护利用得以永续记录和传播。

第二节 精神激励

一、爱国主义精神

爱国主义是中华民族精神之核心，爱国主义精神深深植根于华夏子孙心中，是中华民族的精神基因，维系着华夏大地上各个民族的团结统一，激励着一代又一代中华儿女为祖国发展繁荣而不懈奋斗。5000 多年来，中华民族之所以能够经受住无数难以想象的风险和考验，始终保持旺盛生命力，生生不息，薪火相传，同中华民族有深厚持久的爱国主义传统是密不可分的。

西汉长沙国时期，崇尚爱国的典型代表则是吴氏王之“忠”。吴氏长沙国的建立者文王吴芮是高祖封立的八大异姓王中最为“功少”“势疏”的，根本不能与楚王韩信、淮南王英布、梁王彭越等异姓王相提并论。吴氏之封，主要是因为“最忠”的缘故：吴芮在反秦起义和楚汉之争中一直视汉王刘邦为可事之主，始终站在汉王刘邦一边，从未反复。《汉书·吴芮传》：高祖五年，“上（高祖）以（梅）钥有功，从入武关，故德（吴）芮，徙为长沙王，都临湘，一年薨，谥曰文王。……初，文王芮，高祖贤之，制诏御史：‘长沙王忠，其定著令。’”[①]高祖“制诏御史”，将吴氏之忠“定著令”，这是其他异姓王从未有过的殊荣。

吴氏之忠还突出地反映在高祖时期发生的黥布（英布）谋反和景帝时期发生的“七国之乱”两件大事上。

黥布谋反一事发生在高祖十一年（前196）。据《汉书·黥布传》记载，黥布，“六人也，姓英氏”，“及壮，坐法黥”，“布以论输骊山，骊山之徒数十万人，布皆与其徒长豪桀交通，乃率其曹耦，亡之江中为群盗”。陈胜起义时，“布乃见番君，其众数千人。番君以女妻之”。项羽分封诸王，“立布为九江王，都六”。[②]楚汉战争中，黥布曾一度追随西楚霸王项羽，是项王之“所与者”，后改投汉王刘邦。刘邦称帝后，黥布受封为淮南王，“都六，九江、庐江、衡山、豫章郡皆属焉”[③]。在八大异姓王中，黥布与楚王（淮阴侯）韩信、梁王彭越“皆同功一体之人”，功高势大。高祖十一年，韩信、彭越先后因“谋反”被诛，黥布“自疑祸及身”而反。黥布谓其将曰：“上老矣，厌兵，必不能来。使诸将，诸将独患淮阴、彭越，今已死，余不足畏。”[④]高祖刘邦亲率诸将平乱，“破布军。布走度淮，数止战，不利，与百余人走江南”。黥布“旧与番君婚”，因此，长沙成王吴臣“使人诱布，伪与俱亡走越，布信而随至番阳。番阳人杀布兹乡，遂灭之”[⑤]。

据上述史料可知，对于黥布谋反一事，长沙成王吴臣对汉中央是忠心耿耿。在异姓王韩信、彭越先后因“谋反”被诛之时，同为异姓王的吴臣没像黥布一样“自疑祸及身”而反。如果说其中还有因“势疏”之忌而不敢谋反之因素，当黥布

① 班固：《汉书》卷三十四《吴芮传》，第1894页。
② 班固：《汉书》卷三十四《黥布传》，第1881~1882页。
③ 班固：《汉书》卷三十四《黥布传》，第1886页。
④ 班固：《汉书》卷三十四《黥布传》，第1889页。
⑤ 班固：《汉书》卷三十四《黥布传》，第1890页。

谋反之时，吴臣不仅没因与其有姻亲关系而“自疑祸及身”，而且还“使人诱布，伪与俱亡走越”，使其最终被灭，则足见吴氏对汉中央之忠。黥布，“天下猛将也，善用兵”，“民素畏之”[①]。这是当时人所共知的。连高祖刘邦“望布军置陈如项籍军”时，心亦“恶之”。[②]黥布谋反之时，汉朝诸将中已无像楚王（淮阴侯）韩信、梁王彭越那样令其“独患”之人。更为要命的是，当此紧要关头，“上疾（病），欲使太子往击之”。最后因吕后“泣涕”而劝，刘邦只好带病亲征。如果此时吴氏也因“自疑”之故，倾长沙一国之力，加入谋反行列，刘邦亲征之行恐怕就更为麻烦了。

“七国之乱”发生在景帝前三年（前154）。据《汉书·景帝纪》和《汉书·吴王刘濞传》记载，景帝前三年，吴王刘濞起兵谋反，“发使遗诸侯书”，邀其同反。这些诸侯包括“胶西王、胶东王、菑川王、济南王、赵王、楚王、淮南王、衡山王、庐江王、故长沙王子”。结果，“胶西王印、楚王戊、赵王遂、济南王辟光、菑川王贤、胶东王雄渠皆举兵反”，史称“七国之乱”。

文帝后七年（前157），吴氏长沙国因“无后”而“国除”。吴王刘濞起兵谋反之时，距吴氏长沙国“国除”还不到五年。刘濞以为，吴氏因“国除”之故，“庶子二人为列侯，不得嗣王，志将不满，故诱与之反也”[③]，企望“南越直长沙者，因王子定长沙以北”[④]。但吴氏后嗣秉承先人对汉中央之忠心，对吴王刘濞所遗的诱反之书根本未予理睬。

吴氏王之“忠”一直为史家所称道。《史记·惠景间侯者年表》：“长沙王者，著令甲，称其忠焉。昔高祖定天下，功臣非同姓疆土而王者八国，至孝惠时，唯独长沙全，禅五世，以无嗣绝，竟无过，为藩守职，信矣。”[⑤]《汉书·吴芮传》赞曰：“昔高祖定天下，功臣异姓而王者八国。……唯吴芮之起，不失正道，故能传号五世，以无嗣绝，庆流支庶，有以矣夫，著于甲令而称忠也。”[⑥]

吴氏长沙王及其后嗣对汉中央保持了忠诚，在关系国家治乱的大事上，一直坚

---

① 班固：《汉书》卷三十四《黥布传》，第1889页。
② 班固：《汉书》卷三十四《黥布传》，第1890页。
③ 班固：《汉书》卷三十五《吴王刘濞传》，第1911页。
④ 班固：《汉书》卷三十五《吴王刘濞传》，第1910页。
⑤ 司马迁：《史记》卷十九《惠景间侯者年表》，第977页。
⑥ 班固：《汉书》卷三十四《吴芮传》，第1895页。

持维护统一，反对分裂，为维护西汉时期的国家统一作出了巨大贡献，成为后世忠君爱国之典范。据《三国志·吴书·孙坚传》记载，东汉灵帝中平三年（186），司空张温“表请（孙）坚与参军事，屯长安。温以诏书召（董）卓，卓良久乃诣温。温责让卓，卓应对不顺”。孙坚“数卓三罪，劝温斩之”。灵帝崩，董卓“擅朝政，横恣京城”。诸州郡“并兴义兵，欲以讨卓。坚亦举兵”。董卓“惮坚猛壮，乃遣将军李傕等来求和亲”。坚曰：“卓逆天无道，荡覆王室，今不夷汝三族，县示四海，则吾死不瞑目，岂将与乃和亲邪？”董卓“寻徙都西入关，焚烧洛邑”。孙坚“乃前入至洛，修诸陵，平塞卓所发掘”。唐人吕温赋《阳人城》诗赞曰：“忠躯义感即风雷，谁道南方乏武才？天下起兵诛董卓，长沙子弟最先来！”三国之后，遂有“武夫出长沙”之说。延至近代，则“无湘不成军”，至有“若道中华国果亡，除非湖南人尽死”之说。可见，伟大的爱国主义精神，深深根植于延绵数千年的优秀文化传统之中。

二、中华优秀传统文化

文化是一个国家、一个民族的灵魂；文化兴则国运兴，文化强则民族强。中国特色社会主义文化源自于中华民族五千多年文明历史所孕育的中华优秀传统文化，要深入挖掘中华优秀传统文化蕴含的思想观念、人文精神、道德规范，结合时代要求继承创新，推动中华优秀传统文化创造性转化、创新性发展，让中华文化展现出永久魅力和时代风采。

中华传统文化源远流长、博大精深，以儒家思想为核心的中国传统文化崇尚忠孝廉节。千年学府岳麓书院至今仍保存有朱熹于宋乾道三年（1167）来书院讲学时手书的“忠孝廉节”四字石刻。“忠”主要体现的是爱国主义精神，在前文有论述；“孝”主要指的是对父母的敬和爱。《孝经》载：“孝子之事亲也，居则致其敬，养则致其乐。”身为儿女，在与父母的相处中，应该做到轻言细语、毕恭毕敬而又不失亲切感，一家人其乐融融。当然也不是一味地遵从，孟子云：“亲之过大而不怨，是愈疏也。……愈疏，不孝也。”父母说得不对或做得不好要及时指出，否则也是不孝。

刘氏长沙国定王刘发是阐释“孝”文化的生动事例，据《史记》《汉书》记载，景帝为太子时，一天大醉，夜召程姬侍寝，恰逢程姬身体欠安，不便出侍，于是盛装侍者唐儿，由唐儿冒充程姬侍寝，酒醉的太子不知事实真相，竟宠幸唐儿并播下龙种，后来他发觉此事实属荒唐，可是又无法追悔。为了记住教训，唐儿生子后，景帝特为其名曰“发”，意即发觉事件的真相。刘发生母只是程姬侍女唐姬，她不得汉景帝宠幸，景帝二年（前155），刘发以皇子的身份受封为长沙王时，封国土地不广。从长安南去长沙，定王日夜思念其母唐姬，于是以长沙好米换取长安黄土，在临湘县东北一里的地方修建一座土台，常登高远眺长安。后人称此台为思母台，或称为定王台、望母台。《楚宝》卷三十七《山水增辑》：“定王台在长沙县东北，汉长沙定王发筑台于此，以望母唐姬墓。俗传定王载米抟长安土筑台，以志思亲之意。”

定王台位于今长沙市芙蓉区解放中路高架桥东侧，现存台基痕迹。今定王台书市后有一条老巷，仍名“定王台”。定王所修之台，在汉代以后，台废址存，后人在废址前建有定王庙，岁时香火不绝。到了宋代，庙已废圮，又在这里建立长沙学宫。明朝时定王台再次失修，一片荒凉。清嘉庆十九年（1814）湘潭人周廷茂倡众重修，四周砌石，增高台址，定王台又勃然中兴。此后又日渐荒芜。至光绪五年（1879），夏献云捐款修复，并建楼房一所，刊有“炎汉太宗长沙清庙；带江千里瞰郭万家”的石联，台左有蓼园。相传亦是定王故园，一时成为栋宇辉煌、庭园古雅，复为文人觞咏吊古之地。清末定王台改设湖南图书馆，是中国最早的公共图书馆，馆藏古书颇多。1912年，毛泽东在这里度过了半年多的自学生涯。南北军阀战争时期定王台被占为兵营，台址亦随之倾圮，1938年彻底焚毁于“文夕大火”。

定王台在历史长河的洗礼下，虽只留下残痕，但定王之孝行为后世孝子树立了榜样。《后汉书·郅恽传》：“长沙有孝子古初，遭父丧未葬，邻人失火，初匍匐柩上，以身扞火，火为之灭。”[①]晚清夏献云《重修定王台碑记》：“湖湘人尚气节，风俗敦厚。虽乡愚僻壤，谈某也忠、某也孝，辄勃然色动。盖其崇根本，渐摩成化久矣。而其千古不磨者，忠莫著于贾太傅，孝莫著于长沙定王，一宅一台，岿然独存。”历代文人多有咏颂。宋“朱（熹）、张（栻）夫子登台有诗”，元有许有壬《定王台》诗，清有王文清《定王台怀古》、熊少牧《定王台》、黄理元《定

① 范晔：《后汉书》卷二十九《郅恽传》，第1032页。

王台怀古》、吴士萱《九月九日郭谷诒内翰招饮定王台》诗等。

登定王台

（宋）朱熹

寂寞番君后，光华帝子来。千年余故国，万事只空台。

日月东西见，湖山表里开。从知爽鸠乐，莫作雍门哀。

用元晦定王台韵

（宋）张栻

珍重南山路，驱羸几度来。未登升岳顶，空说妙高台。

晓雾层层敛，奇峰面面开。山间元自乐，泽畔不须哀。

诗人许有壬有诗曰：

黄叶纷飞弄早寒，楚山湘水隔长安。

荒台蔓草凝清露，犹似思亲泪未干。

熊少牧题诗云：

城东百尺倚崔嵬，迢递长安载土归。

一片夕阳春树绿，慈乌飞绕定王台。

总之，无论是长沙王陵所蕴含的爱国主义精神，还是所反映的中华传统文化的重要核心内容孝文化，都是中华民族生存发展、成长壮大的精神食粮，是助推人类文明发展的重要力量，有力地推动了中华文明五千年的发展，在人类文化发展史和文明发展史上散发出夺目光彩。保护展示利用好汉代长沙王陵墓群，对于弘扬以爱国主义为核心的民族精神，提高民族凝聚力，增强民族自豪感，传承中国传统文化所崇尚的忠孝廉节等优秀品质无疑具有积极而深远的影响。

第三节

社会凝聚力

一、文化名城重要质素的佐证

长沙，今湖南之省会，自秦汉以来一直是湖湘首邑，是湖南历代郡、国、州、道、府及行省的治所，是湖湘地区的政治、经济、军事、文化、教育中心。

检索史籍文献，长沙之名最早见于《逸周书·王会篇》。该书所载各地贡献周王的方物中，就有“长沙鳖”的名目。《逸周书》成书于战国以前，方物以地为名，可见当时长沙已颇有名气。

春秋战国之时，长沙为楚南重镇。《史记·货殖列传》：“衡山、九江、江南、豫章、长沙，是南楚也，其俗大类西楚。”[①]然缺乏文献记载，沿革不详。

1982 年，长沙成为经国务院批准的首批 24 座历史文化名城之一。根据《中华人民共和国文物保护法》，历史文化名城是指“保存文物特别丰富并且具有重大历史价值或者革命纪念意义的城市”。长沙之所以榜上有名，最大优势就在于“楚汉名城、革命圣地”这块金字招牌。

按遗存方式，文物分为地上（面）文物和地下文物两类。长沙市区的地上（面）文物基本上因 1938 年 11 月的“文夕大火”焚毁殆尽。“文夕大火”又称“长沙大火”，是长沙历史上毁坏规模最大的一次人为性质的全城火灾，与花园口决堤、重庆防空洞惨案并称为中国抗战史上的三大惨案，也让长沙成为二战期间世界上被毁坏最严重、损失最惨重的城市之一。“文夕大火”毁灭了长沙城自春秋战国以来的文化积累，地上（面）文物毁灭到几近于零。长沙作为中国少数几个两千多年城址不变的古城，文化传承也由此中断，给历史研究造成无可估量的

① 司马迁：《史记》卷一百二十九《货殖列传》，第 3268 页。

损失。而有幸残存者也在“文革”时期“破四旧、立四新”的狂风暴雨中再度遭劫，难逃厄运，存留至今的地上（面）文物真迹少之又少。因此，长沙之所以符合历史文化名城“保存文物特别丰富并且具有重大历史价值”之要求，依靠的主要是地下文物。而地下文物之丰富与否、重要与否则主要取决于文化积淀、考古发掘和出土器物。

长沙素有“屈贾之乡”“楚汉名城”之美称。从长沙历年来的考古发现来看，在楚文化方面，发掘了大量的楚墓，集中展现了长沙地区楚文化的面貌，但是和楚文化中心区湖北相比，在出土器物的精美程度、丰富程度、所反映的级别上还存在着一定的差距；在汉文化方面，虽然马王堆汉墓出土了大量精美的文物，反映了汉代长沙国的繁荣，但是从级别上来说，汉代长沙王陵墓群的级别是高于马王堆汉墓的，马王堆二号汉墓墓主利苍是长沙国的丞相，和长沙王是君臣关系。现已发现的汉代长沙王（后）陵有26座，除了已发掘的5座之外，还有21座。汉代长沙王（后）陵的数量在已发现的汉代诸侯王陵中是最多的。汉代长沙王（后）陵遗址还突出反映了与天子同制的丧葬礼制，如黄肠题凑、金缕玉衣等的使用。

汉代长沙王陵墓群无疑使得长沙作为“楚汉名城”的荣誉更为坚实，可以进一步增进大众对长沙这一历史文化名城的认同感，进一步增加长沙人民的自豪感以及文化自信，促进长沙社会的吸引力和凝聚力的加强。

二、湖湘文化源远流长的见证

汉代长沙国文化的形成奠定了后世湖湘文化的基因，汉代长沙国文化中的某些特质影响了后世湖湘文化的形成。

（一）儒道思想的融合

汉代长沙国文化中的一大特征为儒道思想的融合运用，首先是儒家思想的传入，从长沙太傅的人选上可见。一是孔子襄，为孔子八世孙[①]，作为孔子的后裔，于儒家思想有深厚的家学渊源；二是贾谊，为长沙靖王吴著的太傅。贾谊的思想为

① 原文为“长沙太守”，《史记·孔子世家》校勘记第四十三曰：“长沙太守，钱大昕《考异》卷四：‘《汉书·孔光传》作“长沙太傅”。惠帝时长沙为王国，不得有太守，《汉书》云“太傅”，是也’按：本书卷一二一《儒林列传》集解引徐广亦作‘长沙太傅’。”见司马迁：《史记》卷四十七《孔子世家》，中华书局，2014年，第2356、2362页。

"七分法三分儒，基本立场为法家立场，然后引儒以济法"[①]；三是申章昌，申章昌尝从丁姓习谷梁学，并且"徒众尤盛"[②]，影响很大。三人都做过长沙国太傅，太傅"掌以善导"[③]，在教导王的过程中必然传播了其自身的思想理念，进一步影响到长沙王的治国思想，促进儒家思想在长沙国境内的传播及实践。其次为黄老学说的体现，轪侯利苍尝为长沙国相，在轪侯家族墓地中的马王堆三号汉墓中出土了反映黄老思想的帛书——《老子》甲、乙本以及乙本卷前的《经法》《十六经》《称》《道原》四篇佚书，一般认为这四篇佚书为《黄帝四经》。[④]出土帛书反映出在吴氏长沙国时期，在治国思想上除了儒家思想的影响外，还存在着黄老思想的影响。

这两种思想影响到了长沙国的治国思想，反映出长沙国治国思想上儒道兼施的情况，这和后世宋明理学中的儒道兼有的情况是一致的。宋代理学的开山鼻祖周敦颐著有《太极图说》，太极图源出于道家[⑤]，周敦颐以其来说明"自然界之理"[⑥]。从儒道兼施这一特点来看，汉代长沙国文化提供了宋代理学发展的土壤，是宋代理学的渊源之一，也即是后世湖湘文化的源流之一。

（二）格物致知思想

格物致知思想为宋代理学中的重要思想之一。"致知之说，欲即事物而求其理"[⑦]，这个理，即万事万物当中存在的天理，通过格物，即对事物的认识，探求事物当中存在的天理。"在程朱那里，格物的终极目的固然是体悟道德原理，但既然把穷究事物之理作为入手处，就不可避免地会旁及探求外物之性质和规律。"[⑧]朱熹曾说："虽草木亦有理存焉。一草一木，岂不可以格。如麻麦稻粱，甚时种，甚时收，地

① 关万维：《贾谊与官儒时代的开启》，《学术研究》2018年第6期。

② 班固：《汉书》卷八十八《儒林传》，第3618页。

③《后汉书·百官志》太傅条注一引"贾生曰：'……天子不惠于庶民，不礼于大臣，不中于折狱，无经于百官，不哀于丧，不敬于祭，不戒于斋，不信于事，此太傅之责也……'"见范晔：《后汉书·百官志》，第3556页。

④ 唐兰：《马王堆出土〈老子〉乙本卷前古佚书的研究——兼论其与汉初儒法斗争的关系》，《考古学报》1975年第1期。

⑤ 冯友兰：《中国哲学史新编》下卷，人民出版社，2001年，第66页。

⑥ 吕思勉：《理学纲要》，东方出版社，1996年，第40页。

⑦ 吕思勉：《理学纲要》，东方出版社，1996年，第89页。

⑧ 马来平：《格物致知：儒学内部生长出来的科学因子》，《文史哲》2019年第3期。

之肥，地之硗，厚薄不同，此宜植某物，亦皆有理。”[①]他明确将古典科学与格物致知之说联系起来，程朱理学中的格物致知之说也影响到了同时期及后代的科学家，“许多宋元明科学家明确认为他们所从事的古典科学即是格物之学，或者说是程朱格物致知说的实践”[②]。格物致知思想为古典科学的发展提供了思想源泉。

在马王堆汉墓中出土了记载大量古典科学内容的帛书、简牍。如记载有天文学内容的《五星占》《天文气象杂占》，记载有医学内容的《五十二病方》《杂疗方》《养生方》《胎产书》等，记载有相马内容的《相马经》等，这些都反映出长沙国地区古典科学的发展水平。[③]

这些记载古典科学内容的帛书、简牍的出土，反映了长沙国疆域内重视科学技术发展的风气，为实事求是的思想理念在长沙国疆域内的萌芽传播提供了肥沃的土壤。这和宋代理学中重视研究事物发展规律的古典科学的特点是一致的。

三、中华文明多元一体的实证

汉代长沙王陵墓群已被列入代表中华文明的全国 150 处重要大遗址目录，大遗址“在一定层面上展现了中华民族的文化自觉和文化自信的进程”[④]，汉代长沙王陵墓群与《史记》《汉书》等文献资料相互印证，展现了中华文明在湖南大地上发展的精彩篇章。

没有高度的文化自信，没有文化的繁荣兴盛，就没有中华民族伟大复兴。这 150 处重要大遗址为我们讲文化自信提供了充分的理由和充足的底气。而汉代长沙王陵墓群展现的汉代郡国制在湖南地区实践的历程，丰富了我们对于郡国制的理解，有助于我们更好地理解汉代的治国方针。作为 150 处重要大遗址之一的汉代长沙王陵墓群为我们提供了树立文化自信的坚强后盾。

中华文明源远流长，正是生活在中华大地上的人们相互之间的交流借鉴，才形成了现如今内涵丰富、气象万千的中华文明。从长沙国王陵出土器物中提供了这一交融过程的实证，现举两例进行说明：

① 黎靖德编，王星贤点校：《朱子语类》卷十八，中华书局，1986 年，第 420 页。
② 马来平：《格物致知：儒学内部生长出来的科学因子》，《文史哲》2019 年第 3 期。
③ 罗庆康：《长沙国研究》，湖南人民出版社，1998 年，第 171~184 页。
④ 贺云翱：《“大遗址”事业展现了考古学的重大社会价值》，《大众考古》2018 年第 8 期。

（一）木犀角象牙

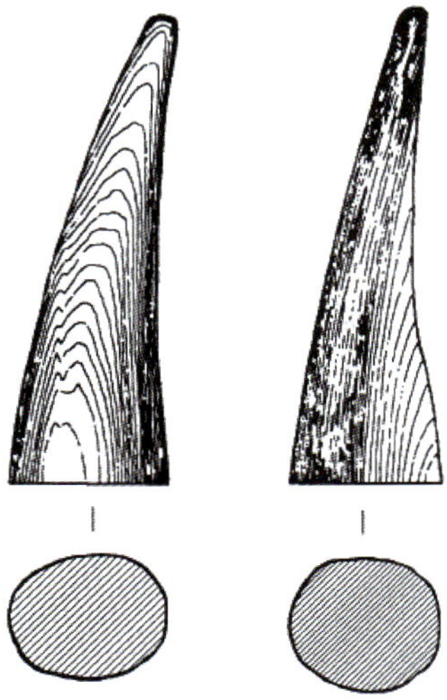

望城坡渔阳墓出土木犀角

福建武夷山新亭园 M2 出土角形器

在望城坡渔阳墓中出土了一批角状器，根据长度不同分为两种：一种长 75~94 厘米，根部直径 16~18 厘米，木质，发掘报告称之为象牙状；另一种长 21~24 厘米，根部直径 7~7.5 厘米，木质，原报告称之为犀角状。

类似的器物也出土于浙江等地的越国墓葬以及福建等地的闽越国墓中。如浙江安吉龙山 D141M1 中就出土了角形器 76 件，出土时集中于墓坑西北角。其中硬陶 45 件，个体均显得较矮较小，角较细，其形似羊角。泥质陶 31 件，个体均较高较大，角显得较粗，其形似牛角。硬陶羊角形器烧成火候高，质地坚硬，胎呈青灰或紫红色。大小有异，形状基本一致，角形体由下往上逐渐变细变尖，并向一侧弯曲，上部实心，下部内空外撇，呈喇叭形，近底部大多折直，如倒置的盘口状。其底部外壁普遍可见一些简单的且具有规律性的装饰特点。在近底处的上侧，饰有一周圆形小戳孔，个别为三角形戳印纹，也有少量在小戳孔或戳点纹之下的折直部位，在刻划的两条竖线之间加饰刻划的斜线交叉纹。有的则装饰有凹线纹。[①]福建武夷山新亭园 M2 出土角形器 3 件。实心，尖角向一侧弯弧。泥质黄褐陶，器表近底部饰有方格纹、三角形纹。底径 3.4~3.6 厘米，高 3.4~3.6 厘米。[②]

通过对比，我们发现除了大小有别之外，渔阳墓出土角形器在形制上和浙江安吉龙山 D141M1、福建武夷山新亭园 M2 所出土的角形器存在着相似性，很可能渔阳

---

① 浙江省文物考古研究所、浙江安吉县博物馆：《浙江安吉龙山越国贵族墓》，《南方文物》2008 年第 3 期。

② 福建闽越王城博物馆：《福建武夷山市新亭园闽越国土墩墓》，《南方文物》2017 年第 1 期。

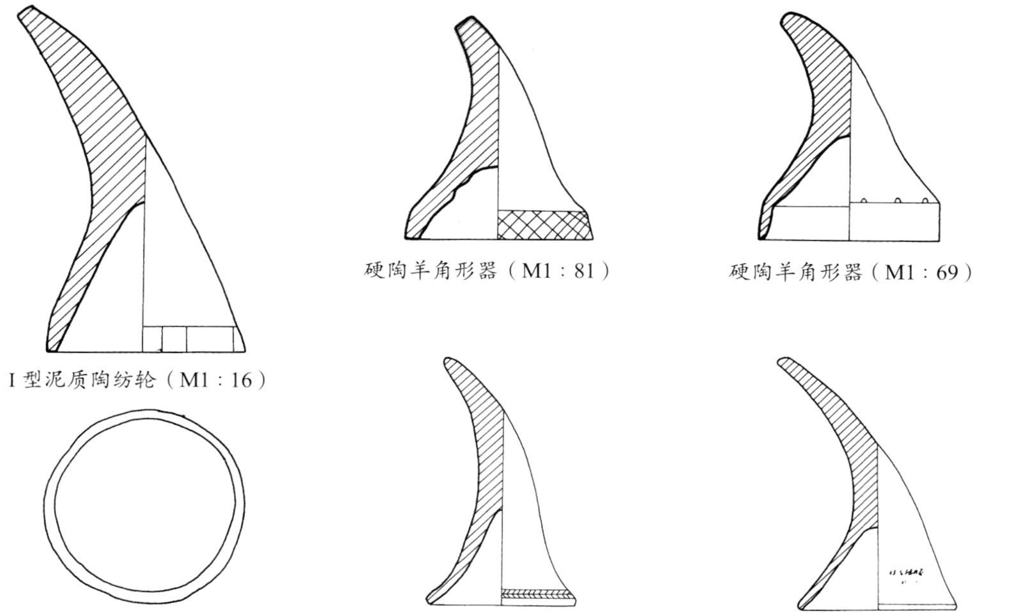

Ⅰ型泥质陶纺轮（M1：16） 硬陶羊角形器（M1：81） 硬陶羊角形器（M1：69）

硬陶羊角形器（M1：74） 泥质陶牛角形器（M1：95） 泥质陶牛角形器（M1：81）

浙江安吉龙山 D141M1 出土器物

墓随葬这种角形器的葬俗是受到了越文化的影响，体现了对越文化的吸收。

（二）五弦筑

渔阳墓出土实用筑 3 件，皆以整木剜制，为五弦筑。大头部分是共鸣箱，长条形，中空，底部镶嵌一薄板。箱体两侧呈弧形微鼓，宽于面板。首岳上有 5 道弦槽，外侧有一方孔，插立一蘑菇状弦枘。持握的筑柄细长，上棱下圆。尾端呈桃形，尾岳嵌其上。标本 C：71，共鸣箱两侧浅刻盘曲的飞龙，龙身饰朱色。通长 93.5 厘米，面宽 5.1 厘米，体宽 8.4 厘米，通高 13 厘米。标本 D∶107，共鸣箱两端髹黑漆，通长 117.4 厘米，面宽 5.2 厘米，体宽 7.2 厘米，通高 16 厘米。标本 C∶72，形制与 D∶107 相同。通长 141 厘米，面宽 5.2 厘米，体宽 8.2 厘米，通高 16.8 厘米。

有研究者认为，渔阳墓出土的五弦筑与越地的五弦筑存在关联，广西贵港市罗泊湾汉墓出土的木牍中记载有“越筑”，反映筑这种乐器极有可能源出越地。①

① 项阳、杨应鳣、宋少华：《五弦筑研究——西汉长沙王后墓出土乐器研究之一》，《中国音乐学》1994 年第 3 期。

五弦筑 C：71

五弦筑 D：107

以上两例说明了汉代长沙王陵墓葬对于越文化的吸收情况，同时，我们还注意到随葬木犀角象牙的习俗主要集中于西汉前期，基本不见于西汉中后期，体现了汉文化影响的加强，越文化影响的消退，西汉长沙国的建立及其在湖南和周边地区的统治正是实现这一转变的重要因素之一。

通过长沙王陵出土遗物的举例分析，为中华文明多元一体发展提供了生动的注脚，也让我们能够更加深刻地认识到中华民族的文明特质。

第七章 文化价值

文化价值包含了文化多样性、文化传统的延续及非物质文化遗产要素等相关内容，也包含了文物古迹的自然、景观、环境等因素，被赋予了文化内涵所具有的价值。汉代长沙王陵墓群作为汉代长沙国文化的物质载体，一方面承载着长沙国文化的演化传承，另一方面也赋予了其所处自然环境新的文化内涵。

第一节 文化传承

一、长沙国文化的形成

据《史记·高祖本纪》记载，汉高祖五年（前202），“徙衡山王吴芮为长沙王，都临湘”。长沙国由此建立，辖境为南楚之地。春秋战国时期，楚人进入原属于南方越人、濮人等南方民族的湖湘地区，将楚文化带进这片土地。楚文化本身具有浪漫不羁、奋发图强的精神，战国晚期屈原又将强烈的爱国情怀，对理想与美政的不懈追求融入湖湘文化的血脉，产生了深远影响。及至汉初，在这片土地上建立的长沙国，其文化首先受到楚民族独有精神的洗礼，从而使长沙国文化天生带有楚文化的基因。另外，三苗文化、南蛮文化、百越文化等与楚文化相互交融，在汉代进一步发展，加之道家、法家和儒家等各种思想文化在长沙国杂糅孕育，从而形成了独具特色的长沙国文化。

二、长沙国文化的特征

1. 楚地文化的继承和发展

春秋中叶，楚国在南方崛起。楚之立国，则始于熊绎受封：“当周成王之时，举文、武勤劳之后嗣，而封熊绎于楚蛮，封以子男之田，姓芈氏，居丹阳。”[①]而楚人亦以“蛮夷”自居：“我蛮夷也，不与中国之号谥。”[②]楚国“辟在荆山”，扬威于郢，后问鼎周室，进而成为春秋五霸、战国七雄之一。楚国最盛之时，尽有东至滨海、西至巴山及巫山之地，向南越过长江、洞庭湖，进入湖南地区，整个湖南

① 司马迁：《史记》卷四十《楚世家》，第1691~1692页。
② 司马迁：《史记》卷四十《楚世家》，第1692页。

地区尽被纳入楚国版图，楚国在湖南地区的统治全面确立[1]，今长沙地区时属“南楚”。楚国境内的楚人、巴人也随着楚国征湘进入湖南境内，并与湖南境内的越人、“荆蛮”、濮人相互影响、融合，成为湖南境内的主要人群。

楚民族是一个浪漫乐观之民族，起源于祝融，其精为鸟。神话之流传、巫风之激荡、与先祖之关联，使楚人与龙凤结下不解之缘。且楚人有积极进取、开放融合、革故鼎新和至死不屈的精神。楚人入湘后，带领湖南原住民，在湖南地区经济、政治、文化领域作出了突出贡献。经济主要表现在引进先进的生产工具、生产技术和较为宽松的商业政策，使得湖南地区的农业、手工业、商业方面都有显著提升；政治主要表现在湖南设县任尹，封君封邑；文化主要表现在输入楚国文字，带来了中原的文献典籍和传播当时北方较为先进的礼仪习尚及其文化思想。[2]湖南土著居民的地域文化与楚人的崇火尚凤、亲鬼好巫、天人合一、力求浪漫的文化特征相互影响、融合，构成了春秋战国时期独具湖湘特色的开放融合、包罗宏富之文化，从科学到巫术、从美学到艺术、从哲学到文学，构筑起博大精深之体系，彰显了无与伦比的想象力与创造力，以独创之形式从各方面展现自己。

公元前 221 年，秦灭六国而一统天下，划天下为三十六郡，黔中南部长沙乡地等九个县设为长沙郡。《史记·秦始皇本纪》记载，秦始皇二十六年（前 221），“分天下以为三十六郡”注引《集解》详列郡名，长沙赫然其中。[3]《汉书·地理志下》：“长沙国，秦郡，高帝五年为国。”[4]2002 年，湘西龙山出土的里耶秦简有“洞庭郡”之记载，暂未见长沙郡之置，二郡之沿革演变尚待探讨。但可以看出秦汉时期，长沙是湖湘地区的政治、军事、经济、文化中心，而在春秋战国时期，长沙是楚南重镇，是南楚文化的中心。因此长沙国文化作为西汉时期的一种区域文化，其直接源头为楚文化。它是楚文化的继承者，以国都临湘为中心，将楚文化辐射到今湖南各地，将汉文化融入其中，同时又融合土著的百越文化，进而形成以楚文化为主体的汉文化。

西汉政权是由楚人刘邦建立的，伴其左右的开国功臣多为楚人，从中央到地方的官员与军队亦随处可见楚人之身影。在此大环境中，楚文化对北方中原文化的

---

① 陈书良：《湖南文学史·古代卷》，湖南教育出版社，1998 年，第 403 页。

② 余求根：《试论湖湘文化与长沙旅游文化》，《湖南科技学院学报》2017 年第 3 期。

④ 司马迁：《史记》卷六《秦始皇本纪》，第 239~240 页。

⑤ 班固：《汉书》卷二十八下《地理志下》，第 1639 页。

同化、影响与融合是显而易见的情理之事。因此，从某种意义上说，汉文化亦即楚文化的发展和流变。此外，长沙国民俗文化亦十分丰富，包括日常生活、婚俗、葬俗等社会民俗，图腾、巫鬼、祭祀等信仰民俗和楚歌、楚语等口承民俗等。

2. 中原文化的汇入和融合

汉初，百废待兴，形势严峻。秦始皇焚书坑儒，用强权打破旧有思想，为法家学说登上政治舞台披荆斩棘，扫清障碍。但秦朝施行暴政，很快灭亡。汉代在治国思想上摒弃秦朝的法家思想，另辟蹊径。汉高祖刘邦海纳百川，听取陆贾谏言，实行“休养生息”政策，而黄老“无为而治”的思想为这一政策提供了理论依据。陆贾在《新语·无为》中向刘邦进言：“夫道莫大于无为，行莫大于谨敬。何以言之？昔虞舜治天下，弹五弦之琴，歌《南风》之诗，寂若无治国之意，漠若无忧民之心，然天下治”，“无为者乃有为也”。在这里“无为”被视为治国之道中最大者，把“无为”的作用提高到前所未有的高度。他还在《新语·至德》中吸取道家“无为而治”的养分并警醒统治者力求达到“是以君子之为治也，块然若无事，寂然若无声，官府若无吏，亭落若无民，闾里不讼于巷，老幼不愁于庭，近者无所议，远者无所听。邮无夜行之卒，乡无夜召之征。犬不夜吠，鸡不夜鸣，耆老甘味于堂，丁男耕耘于野，在朝者忠于君，在家者孝于亲”。这是一种理想化的无为而治的最高境界：君臣和谐，朝廷与乡野和乐。刘邦接纳了陆贾的言说，确定黄老道家思想为汉初的治国思想。高祖以后，吕后、惠帝、文帝、景帝及窦太后都推行黄老思想。

作为仅存的异姓诸侯国，长沙国唯中央马首是瞻，当然统治思想上也与中央保持一致。长沙马王堆三号汉墓出土甲、乙两种版本《老子》帛书，与我们通常看到的传世文献编排不一样，它们是《德经》在前，《道经》在后，且在乙本《老子》卷首还抄有《经法》《十六经》《称》《道原》等四种黄老著作。虽然目前对马王堆三号墓主有争论，有专家认为是利豨的兄弟①，还有专家认为是第二代轪侯利豨②，但无论是利豨的兄弟还是他自己，其中有一点是毋庸置疑的，他们都是长沙国丞相的儿子，在丞相的家族墓地发现《老子》帛书，不但充分表明丞相对长沙国有责任帮助和监督诸侯王推行汉法③，也说明丞相不遗余力地把中央思想贯穿到自己整个

① 何介钧、张维明：《马王堆汉墓》，文物出版社，1982 年，第 10 页。

② 傅举有：《关于长沙马王堆三号汉墓的墓主问题》，《考古》1983 年第 2 期。

③ 罗庆康：《长沙国研究》，湖南人民出版社，1998 年，第 57 页。

宗族。

另外能体现中原主流思想汇入的代表人物是贾谊。贾谊生于汉高帝七年（前200），洛阳人，自幼好学，才情横溢。据《史记·屈原贾生列传》记载："年十八，以能诵诗属书闻于郡中。"[①]贾谊十八岁时在家乡洛阳妇孺皆知，因而他这匹千里马被河南郡守吴公发现而召至门下。吴公称赞他对先秦诸子百家颇有造诣。之后吴公爱惜其才华，于公元前179年把其引荐给汉文帝。贾谊深得汉文帝青睐与赏识，二十二岁时被征召为博士，不到一年被超迁为太中大夫。自此，贾谊奋发有为，锐意改革，主张"汉兴至孝文二十余年，天下和洽，而固当改正朔，易服色，法制度，定官名，兴礼乐，乃悉草具其事仪法，色尚黄，数用五，为官名，悉更秦之法"[②]。目的是想改变文帝即位以来政治上无所作为的局面，为汉王朝的长治久安建立制度上的基础。由于他的改革触犯了朝廷一些权贵的利益，御史大夫冯敬、东阳侯张相如等元老重臣在文帝处诬陷、挤兑他。文帝听信谗言，于是疏远贾谊，将其调离京城，贬为长沙太傅。

贾谊担任长沙王吴著太傅期间，难免悲春伤秋，《吊屈原赋》和《鹏鸟赋》便是其身处逆境心情的反映，他多次引用《老子》《庄子》《文子》的词句命意作为出发点和归宿点。[③]

《吊屈原赋》是贾谊为长沙王太傅，途经湘水时所作。据《汉书·贾谊传》载"谊既以適去，意不自得，及度湘水，为赋以吊屈原。屈原，楚贤臣也，被谗放逐，作《离骚赋》，其终篇曰：'已矣！国亡人，莫我知也。'遂自投江而死。谊追伤之，因以自喻。"[④]屈原是楚国的贤臣，却不被楚王信任，被谗放逐，因为远大的政治抱负无法实现，又遭到贬谪而失志自杀。自己因同样的遭遇而来到与屈原之死有关的湘水时，感慨颇多，缅怀追悼之情油然而生。"遭世罔极兮，乃陨厥身。呜呼哀哉，逢时不祥。鸾凤伏窜兮，鸱鸮翱翔。阘茸尊显兮，谗谀得志；贤圣逆曳兮，方正倒植。"[⑤]他伤悼屈原的"逢时不祥"，并以"鸾凤"比喻不得志的贤圣能臣，"鸱鸮"比喻尊贵显赫的宦官内臣，也借此宣泄自我不得志的政治苦闷和受到

① 司马迁：《史记》卷八十四《屈原贾生列传》，第2491页。
② 司马迁：《史记》卷八十四《屈原贾生列传》，第2492页。
③ 跃进：《贾谊的学术背景及其文章风格的形成》，《文史哲》2006年第2期。
④ 班固：《汉书》卷四十八《贾谊传》，第2222页。
⑤ 司马迁：《史记》卷八十四《屈原贾生列传》，第2493页。

不公平待遇的精神苦闷。但是贾谊对屈原选择结束自己生命来得到解脱的这种做法持批评态度，“般纷纷其离此尤兮，亦夫子之辜也！瞝九州而相君兮，何必怀此都也？”[①]他认为在屈原所处的战国时代，由于政治上的大一统还没有完成，屈原完全可以背弃楚怀王而选择贤圣君主辅佐，大展宏图，实现远大的政治理想和抱负。与屈原相较而言，贾谊所处的时代是汉代大一统的背景，自己除了服从君主安排，没有别的路可供选择。同时也将自己受制于这群小人这种愤愤不平之情宣泄无余，“彼寻常之污渎兮，岂能容吞舟之鱼？横江湖之鳣鲟兮，固将制于蚁蝼”[②]。可以说，在这篇赋中，他借追悼历史上的屈原，来抒发自己对现状的无可奈何之情。

《鹏鸟赋》是贾谊任长沙王太傅作的另外一篇有影响力的辞赋，据《史记·屈原贾生列传》载：“贾生为长沙王太傅三年，有鸮飞入贾生舍，止于坐隅。楚人命鸮曰服。贾生既以適居长沙，长沙卑湿，自以为寿不得长，伤悼之，乃为赋以自广。”又《西京杂记》载：“贾谊在长沙，鹏鸟集其承尘。长沙俗以鹏鸟至人家，主人死。谊作《鹏鸟赋》，齐死生，等荣辱，以遣忧累焉。”这两段记载将贾谊作《鹏鸟赋》的背景和缘由交代得很清楚，即贾谊迁谪长沙将近三年，一直未得到文帝的召回，心情不畅、郁郁寡欢，又逢鹏鸟飞入室内，忧郁之情更重，因此写下《鹏鸟赋》，以解心中苦闷。这篇赋在开头阐述事物是千变万化的，人生的祸福、吉凶、荣辱、忧喜也相互转化。“万物变化兮，固无休息。斡流而迁兮，或推而还。形气转续兮，变化而嬗。沕穆无穷兮，胡可胜言！祸兮福所依，福兮祸所伏；忧喜聚门兮，吉凶同域。……天不可与虑兮，道不可与谋。迟数有命兮，恶识其时？”[③]那么面对这无极又不可控的世界，我们该怎么办呢？“千变万化兮，未始有极。忽然为人兮，何足控抟；化为异物兮，又何足患！”“德人无累兮，知命不忧。细故蒂葪兮，何足以疑！”[④]贾谊觉得应该听天由命、顺应自然、随遇而安，不为外物所累，和德人一样进入一个忘却生死荣辱的境界。这表现出了他借用道家的“齐生死，等荣辱”的思想作为他的精神支柱，帮助其逃离困境，超脱自己，获得新生。

事实上，除开这两篇表达个人情感的赋之外，贾谊在长沙期间仍然不忘尽心辅王，并且多次向汉文帝上疏，提出自己对时政的见解和建议。

---

① 司马迁：《史记》卷八十四《屈原贾生列传》，第 2494 页。
② 司马迁：《史记》卷八十四《屈原贾生列传》，第 2495 页。
③ 司马迁：《史记》卷八十四《屈原贾生列传》，第 2498 页。
④ 司马迁：《史记》卷八十四《屈原贾生列传》，第 2500 页。

通过以上分析，可以看出利苍家族带来的黄老思想、贾谊忠君爱国的气节、“外儒内法”的政治主张和经世致用的具体政策建议深刻影响了长沙国文化，促进了长沙国文化对黄老思想、中原文化的融会吸收。

三、长沙国文化的传承

在两百多年的发展历程中，长沙国文化在继承楚文化的基础上，融合中原文化的因素，创造了独具一格的学术文化，同时它也是后来湖湘文化的渊源。

湖湘文化是长期以来在现今湖南境内形成和发展起来的一种区域文化，与巴蜀文化、齐鲁文化和吴越文化并称四大区域文化。[①]湖湘文化形成的主要原因是湖湘地区高山大湖的地理环境、发达的农业经济、各民族多元文化的融合等各种因素合力，其中尤以文化融合为重。提到湖湘文化的源头，人们的脑海中立马浮现的是楚文化。作为春秋战国时代最重要的地域文化之一，楚文化确是湖湘文化的重要源头。[②]到了秦汉时期，湖南本土的三苗文化、南蛮文化、百越文化与楚文化相互交融，形成了长沙国文化，它是楚文化的传承，长沙国文化在发展中进一步吸收了黄老、儒家、法家等思想。唐宋时期，随着中国文化重心的南移，南下的中原文化与湖南地区唐宋以前的苗蛮文化、南楚文化和长沙国文化等本土文化相互冲突与融汇，从而组合、建构出一种别具一格、独具特色的新型区域文化形态——湖湘文化。

综上所述，湖南地区古今文化的形成、发展、传承，脉络清晰，特色鲜明，从南楚文化到长沙国文化到两宋以后的湖湘文化，无不如此。长沙国文化可以被视为湖湘文化酝酿形成时期的文化。

① 余求根：《试论湖湘文化与长沙旅游文化》，《湖南科技学院学报》2017 年第 3 期。

② 朱汉民：《湖湘本土文化的多维探源》，《湖南大学学报（社会科学版）》2012 年第 3 期。

第二节

人文景观：融入景观的文化内涵

一、人文景观

关于人文，《易·贲卦·彖传》记载："故小利有攸往，天文也。文明以止，人文也。观乎天文，以察时变；观乎人文，以化成天下。"《辞海》中对"人文"的解释："人文指的是人类社会中各种文化现象。"

《辞海》对景观的一般解释指"风光、景色"[①]，包括"景"和"观"两方面的含义。"景"主要指人类实践感知的客观对象，即在空间的扩展中，事物因相互关联而存在，"观"主要指人对客观对象的主观看法和态度，即引起各种心灵感应的眼和心的作用[②]。从其概念中可见，观的形成，既有对象性的实指，还包括"人工"的读解，因此自然的含义从来就不乏人文的内涵，具有文化的属性。从词源学上看，最初英语中表示"景观"的单词是"landskip"，后来演变成 landscape 并沿用至今。其含义主要指乡野风光、山丘远景和大型花园，多应用于艺术创作领域。[③]随着近现代文化艺术、社会经济的进步，landscape 的含义日趋丰富。在现代英语中，landscape 一词主要有两种不同的含义：一是指风景、景色，二是引申为自然加上人类之和。

景观概念泛指自然景观，但其中含有人文主观意识。因此"景观"一词的含义在主观感受和客观对象之间的游移过程中，在内因与外因之间的互动过程中，人们越来越关注其内在的文化意义。[④]人文与景观联系在一起，即人文景观，便是人类

① 夏征农：《辞海》，上海辞书出版社，2000 年，第 199 页。

② 东孝光：《都市景观的整治》，《城市规划》1999 年第 10 期。

③ 参见：Z Naveh, A. S. Lieberman. *Landscape Ecology*: *Theory and Application*, Springer-Verlag 1984。

④ 王纪武：《人居环境地域文化论：以重庆、武汉、南京地区为例》，东南大学出版社，2008 年，第 30 页。

以自然环境为依托，进行主观创造的产物与生活的痕迹，是人类文化与精神的外在表现形式。自然为人文景观提供物质基础，人文景观具有极强的地域性、民族性与历史性，是人类文明的体现。[①]

二、遗址所处环境的文化内涵

汉代长沙王陵墓群分布于湘江西岸的岳麓山和谷山两支山系之上。这两座山历来人文荟萃，文化和自然环境结合极为紧密，形成两大人文景观。

岳麓山，亦称麓山，又名灵麓峰。在长沙市岳麓区湘江西岸，属南岳衡山余脉，为南岳七十二峰之一。据南北朝刘宋时《南岳记》载："南岳周围八百里。回雁为首，岳麓为足。"故名岳麓。麓山风光如画，集深涧、名泉、悬崖、幽谷、古树名木于一体，四季引人入胜。其方圆 8 平方千米，主峰云麓峰海拔 297.3 米。群山环峙，碧障屏开，秀如琢玉。前有凤凰山、天马山、玉屏山，后有桃花岭、绿峨岭，南有金牛岭，北有圭峰，势若众星拱月，浑然一体。唐代诗人刘禹锡有"群峰朝拱如骏奔"的赞誉。山上古木参天，浓荫匝地。六朝罗汉松历 1400 余年，蓊郁青葱，树冠如帷盖；唐代银杏，宋元香樟，明清枫栗，虬枝曲干，高耸云天。麓山不仅景色佳丽，而且以人文胜迹闻名。自西汉以来，历代都有遗迹可觅，以岳麓书院、爱晚亭、麓山寺、望湘亭、唐李邕麓山寺碑、宋刻禹王碑、天马山上的翠微亭最为有名。清末至民国初期，不少革命先烈的遗骸长眠于此。岳麓山成为著名的革命摇篮。毛泽东、蔡和森、罗学瓒、张昆弟等常来此聚会，从事革命活动。[②]

岳麓山[③]

舒展裙襟枕古城，忠魂眠处过孤莺。
麓山寺里钟声至，岭脚风轻绿水平。

---

① 黄桐：《长白山自然保护区人文景观开发与保护研究》，吉林艺术学院硕士学位论文，2016 年，第 21 页。

② 王邦杰主编：《湖南古今名胜词典》，湖南科学技术出版社，2010 年，第 24 页。

③ 张志超：《毫末集》，中国言实出版社，2014 年，第 24 页。

天马山

（清）张九镒

天马行空不可靰，眼看山势踏云飞。

若凭大脉西南向，湘水分明玉带围。

翠微亭

（清）秦文超

一雨千峰瘦，遥看秋色分。中流飘落叶，孤屿没浮云。

空忆琴樽侣，徒伤麋鹿群。徘徊遗址上，林杪已斜曛。

谷山，位于望城区月亮岛街道与岳麓区望岳街道交界处，隔湘江与鹅羊山对峙，峰峦起伏，蜿蜒 20 余公里。主峰谷王峰，海拔 362 米，面积约 15 平方公里。[①]此地灵谷深邃，上有梓木洞，下有龙潭。产青纹花石，可为砚。《砚史》载："潭州谷山砚，色淡青，有纹如乱丝，理慢，叩之无声，得墨快，发墨有光。"谷山地势险要，道路崎岖，藤萝攀附，古木参天，晋唐以来为高僧驻锡之所。山麓有开勋三世祖文亮公墓，明弘治葬此，至今封树依然。[②]谷山上有灵谷，深邃莫测；山上自然景观有壁上挂灯、烈马回头、罗汉肚、风门坳、刀背脊、仙人坡、一字涧、青龙嘴、黄狮岭、金鳅井、白虎排、观阵台、将军坳等，旧时谷山还有龙王庙、灵官殿、谷王宫等道教宫观，今荡然无存，仅留下乾隆年间重修龙王庙的碑刻一座。

关于谷山的得名，有两种说法。一说得名于明代谷王朱橞。传说谷王后削发为僧，隐居于此山。一说得名于谷神。当地传说，远古先民信奉的农业神——谷神在此山显灵，谷山寺的前身即是祭祀谷神的道观。关于谷山得名，万里先生据宋米芾《砚史》的记载和晚唐僧齐己《游谷山寺》《寄谷山长老》二诗，认为谷山之名不是因谷王朱橞出家而得名，谷山寺的创建年代应该早于唐末五代时期。[③]

据嘉庆《长沙县志》记载："谷王橞，太祖第十九子。洪武二十四年封。二十八年三月就藩宣府。燕兵起，橞走还京师。及燕师渡江，橞奉命守金川门，登城望见成祖麾盖，开门迎降。成祖德之，改封长沙，增岁禄二千石。橞居国横甚，

① 陈先枢、金豫北：《长沙地名古迹揽胜》，中国文联出版社，2002 年，第 98 页。

② 彭开勋、周康立撰，马美著校点：《南楚诗纪·楚南史赘》，岳麓书社，2011 年，第 5 页。

③ 万里：《唐宋潭州谷山寺及其驻锡僧人考》，《世界宗教研究》2010 年第 6 期。

谷山图

（引自清嘉庆《长沙县志》）

忠诚伯茹瑺过长沙不谒橞，橞白之帝，瑺得罪死。遂益骄肆。致书为隐语结蜀王，欲为不法，蜀王告变。召橞至京，及二子皆废为庶人。”[①]

谷山保宁禅寺是谷山重要的人文景观，保宁禅寺又名谷山寺，一说开山祖师为五代时期的保宁禅师。保宁禅师修建开福寺后，发心朝拜各地名山大寺，云游30年之久，其间曾来到河西谷山冲，立愿在这里再建一寺，以方便云游僧众。于是又找楚王马希范为施主，修建寺院，敕封为“宝宁禅寺”。明谷王朱橞披缁入山，遂更名谷山寺。还有认为是唐代三藏禅师修建。对于这些说法，万里先生在文章中予以辨析，证明谷山寺兴建于晚唐之前，并认为唐代三藏法师是对谷山藏禅师的讹误。[②]寺内有四十八庵，石鼎焚香，云烟缭绕，附近有龙潭，旁建龙王殿，传寺内悬晚清同乡秀才喻果民所题对联：

了世间不了之缘，便成上乘；
凡天下非凡之客，始到名山。

民国知名学者李肖聃亦为谷山寺撰联：

谷口应书声，看牧童坐诵，樵子行吟，任他角挂肩挑，英雄偶尔皆千古；
山林成物色，记玉版参时，懒残煨处，当此笋香芋熟，宰相依然领十年。

1927年长沙郊区农民协会会址曾设于此，滕代远、孔福生等常在寺内召集会议。民国时期，谷山寺为“长沙八大丛林”之一，1933年寺内住僧37人，并设有初级小学。抗日战争时期，湖南佛教慈儿院一度迁驻该寺。20世纪50年代烟火依旧，“文革”中被拆毁。今建为林场，尚存古桂数株，参天耸立，为古寺仅存之物。[③]

登谷山

（清）杨世安

谷山与岳争空起，耸入青天势未已。
盘旋鸟道登山尖，一碧遥看洞庭水。

---

① 赵文在等修，易文基等纂：《长沙县志》。清嘉庆十五年刊、二十二年增补本，成文出版社有限公司影印，第1334页。

② 万里：《唐宋潭州谷山寺及其驻锡僧人考》，《世界宗教研究》2010年第6期。

③ 陈先枢、金豫北：《长沙地名古迹揽胜》，中国文联出版社，2002年，第334页。

苍茫独立翠微间，此身不信在人寰。

长啸一声下山去，芒鞋带着白云还。

游谷山

（清）黄思孝

大块茫茫多嵯峨，我足来至其如何。

泰岱不登终遗憾，终南涉想成蹉跎。

今且结伴游谷山，苦无足力劳跻攀。

倩人扶持临绝顶，四顾攒簇咫尺间。

我生登高才历此，已觉宽旷无与比。

尚嫌烟雾复朦胧，纵目不能逾百里。

山腰一殿号龙王，碑勒谷王事不详。

山顶旧传神赐谷，事出野史皆荒唐。

下山歇足谷山寺，寺僧迎入方丈地。

叩之事绩亦茫如，说法犹为身世累。

甚怪此游焉所得，急鞭归来已曛黑。

古人游历拓心胸，日踞峰头览空色。

中秋后三日泛舟抵三叉矶至谷山访豁庵和尚四首

（清）胡之太

湘江平不流，容与泛虚舟。

傍石堪维缆，循阡更陟丘。

樨香风扑鼻，萑白雪盈眸。

山水清音在，良辰赋胜游。

偶寻云母石，一到谷王峰。

地自唐僧辟，名缘帝子封。

钵衣传后裔，殿阁剩遗踪。

想像荒山暮，犹闻旧日钟。

千章叶未脱，丈室榻堪留。
畏热趋银杏，充饥剥石榴。
坐闻好鸟语，行俯细鳞游。
老衲精名理，支公不远求。

山高迟月出，坐久到更深。
挥尘忘尘俗，挑灯证道心。
禅和咸解语，宾从亦知音。
避暑来年约，相将话茂林。

湘西杂咏（选二首）

（民国）黄铭功

村门斜倚谷山开，绿意横生一径苔。
秋橘树阴人卸笠，斩云探取砚材回。

柳色初匀七里桥，半肩风日贩鱼苗。
楝花深处村尨吠，认定新帘是酒招。

汉代长沙王陵墓群依托长沙湘江西岸的岳麓山、谷山两大山系而营建，为这两座文化名山赋予了新的文化意涵，让我们得以重新审视这两座名山的文化价值。从目前的考古资料判断，吴氏长沙王陵围绕岳麓山系营建，而刘氏长沙王陵则围绕谷山系营建[①]，分别选取古临湘城对岸两处临江的主要山脉作为长眠之地，其考量背后必然有着深厚的文化背景。随着对汉代长沙王陵墓群保护、研究、利用的深入，这些文化因素必然会将自然景观和人文景观巧妙而协调地联结起来，为两处名山增添新的魅力。

① 赵晓华：《长沙风盘岭汉墓墓主及相关问题探讨》，《中国国家博物馆馆刊》2016 年第 8 期。

第八章 经济价值

文化遗产的经济价值，是个有争议的话题。不同于历史、艺术、科学等核心价值，经济价值往往被视为文化遗产的延伸价值或衍生价值。文化遗产所具有的不可再生性和稀缺性特征决定了其经济价值必须建立在保护好遗产及其赋存环境的基础上。因此，我们要把文化遗产作为一种特殊的社会资源，在探讨其经济价值时不应等同于一般经济性资源，而应在保护的前提下，从资源属性、资源特点和资源利用的角度对其进行经济价值分析。

第一节

资源属性和特点

就资源而论，可分为自然资源和社会资源两大类。自然资源，亦称天然资源。《辞海》定义为：指天然存在（不包括人类加工制造的原材料）并有利用价值的自然物，如土地、矿藏、水利、生物、气候、海洋等资源，是生产的原料来源和布局场所。联合国环境规划署定义为：在一定的时间和技术条件下，能够产生经济价值，提高人类当前和未来福利的自然环境因素的总称。自然资源可分为有形自然资源（如土地、水体、动植物、矿产等）和无形自然资源（如光资源、热资源等），亦可分为可再生资源、可更新自然资源和不可再生资源。它具有可用性、整体性、变化性、空间分布不均匀性和区域性等特点。自然资源具有两重性，既是人类生存和发展的基础，又是环境要素。

社会资源系指为应对需要，满足需求，所有能提供而足以转化为具体服务内涵的客体。可分为社会经济资源和技术资源等。社会经济资源，又称社会人文资源，是国土资源的组成部分，是国土范围内除自然资源以外的所有其他资源的总称。包括文化资源、经济资源、人力资源、智力资源、信息资源及旅游资源等。社会资源同自然资源相比较，具有以下突出特点：

其一，社会性。人类本身的生存、劳动、发展都是在一定的社会形态、社会交往、社会活动中实现的。劳动力资源、技术资源、经济资源、信息资源等社会资源无一例外。社会资源的社会性主要表现为不同的社会生产方式产生不同的种类、不同的数量、不同的质量的社会资源；社会资源是可超越国界、超越种族关系的，谁都可以掌握和利用它创造社会财富。

其二，继承性。社会资源的继承性特点使得社会资源不断积累、扩充、发展。知识经济时代就是人类社会知识积累到一定阶段和一定程度的产物，就是积累到

“知识爆炸”，使社会经济发展以知识为基础，这种积累使人类经济时代发生了一种质变，即从传统的经济时代（包括农业经济、工业经济，农业经济到工业经济有局部质变）飞跃到知识经济时代，这是信息革命、知识共享必然的结果。社会资源的继承性主要通过以下途径实现：人力资源通过人类的遗传密码继承、延续、发展；通过载带信息的载体长期保存、继承下来。人类社会通过书籍、音像、磁带和教育手段等，继承人类的精神财富；劳动创造了人本身，人又把生产劳动中学会的知识、技能物化在劳动的结果——物质财富上继承下来。社会资源的继承性，使人类社会的每一代人在开始社会生活的时候，都不是从零开始，而是从前人创造的基础上迈步的。

文化资源指包括文化遗产在内的人类创造的各种物质文明和精神文明的总和。广义上的文化资源指人们从事一切与文化活动有关的生产和生活内容的总称。它以精神状态为主要存在形式。狭义上的文化资源是指对人们能够产生直接和间接经济利益的精神文化内容。它分为有形的或物质的文化资源与无形的文化资源两类。前者指以物质形式表现的各种文化现象与事实。后者指没有物质载体的各种文化现象和事实，以及由物质载体所体现与反映的各种文化精神。文化资源具有无形性、差异性、适境性等特征。

汉代长沙王陵墓群作为承载着湖湘文化重要发展阶段的文化遗产，不仅包括了社会资源、文化资源的属性，也包括了自然资源的属性。2018 年 8 月，中共中央办公厅、国务院办公厅正式印发《关于加强文物保护利用改革的若干意见》，对新时代文物工作作出了战略部署。《意见》正式提出：“建立文物资源资产管理机制。健全国有文物资源资产管理体系，制定国有文物资源资产管理办法，建立文物资源资产动态管理机制。实行文物资源资产报告制度，地方各级政府定期向本级人大常委会报告文物资源资产管理情况。完善常态化的国家文物登录制度，建设国家文物资源大数据库。”要搞清楚文化遗产的资源量，需要在明确资源属性的基础上对文化遗产资源进行数据化分析。我们认为，汉代长沙王陵墓群作为文物资源，应包括可移动文物、不可移动文物及其赋存环境三个部分。可移动文物部分，包括已发掘的 5 座王（后）陵出土文物，“12・29”盗墓案追缴文物[①]以及其他中小型陪葬墓

① 长沙市文物考古研究所：《长沙“12・29”古墓葬被盗案移交文物报告》，《湖南省博物馆馆刊》第六辑，岳麓书社，2010 年，第 329 页。

出土文物，不完全统计应在 5000 件以上，其中不乏极其重要的珍贵文物。如“渔阳”王后墓出土的瑟、筑、筝、排箫、编磬等 20 多件古乐器，是我国音乐考古史上一次重要发现，对于研究我国古代音乐史、乐器发展史提供了重要的实物资料。不可移动文物部分，已发现 26 处高等级陵墓（王或后陵），是目前已发现的西汉诸侯王陵墓中保存数量最多的。围绕这些王（后）陵建造的陵园地面及地下建筑遗迹，如陵园墙、陪葬墓、陪葬坑、祭祀类建筑等数量更为可观。从目前的调查情况看，不排除还会有新的王（后）陵被发现和确认。文物赋存环境部分，汉代长沙王陵墓群从自然环境角度可分为岳麓山和谷山两大区域，但受到历史上人类生产生活尤其是现代城市发展的区隔，《长沙国王陵遗址保护总体规划（2013—2030）》将文物本体及其赋存环境划分为谷山、戴公庙、咸嘉湖、渔阳墓和天马山等片区，并分别划定了保护范围和建设控制地带。其中，文物保护范围总面积 269.99 公顷，建设控制地带总面积 318.04 公顷。

“文物是不可再生的珍贵文化资源，……是中华民族生生不息发展壮大的实物见证，是传承和弘扬中华优秀传统文化的历史根脉。”汉代长沙王陵墓群作为一种文化资源和自然资源的复合体，具有以下特点：

1. 历史悠久

公元前 202 年，汉高祖刘邦以长沙、豫章、桂林、南海、象郡五郡封吴芮为长沙王，立长沙国，辖今湖南全境及黔、桂、粤、赣等省各一部分。长沙国分为吴氏和刘氏，吴氏长沙王 5 代 5 传，刘氏长沙王 8 代 9 传，共计 14 王。可以说它与西汉王朝是同始终的。长沙国的建立不但巩固了中央政府对本地区的统治，并在汉初作为中原屏障，抵御了南越国的北侵，为中央政府控扼南越国，维护国家稳定提供有力支持。长沙国的设立还推动了湖南地区的开发，促进了当地的经济以及文化发展，加速了汉族与百越族的融合，使湖南历史从荆蛮之地进入了一个新阶段。同时长沙国作为汉初屏障，是南越、岭南、云南开发的前沿，具有重要的历史意义，是中国历史上秦汉版图统一过程中的关键节点。

2. 遗迹遗物丰富

信立祥先生在考察汉代长沙王陵墓群后说：“长沙国王陵数量多，分布集中，自然人文环境优越，称得上是汉代诸侯王陵寝的百科全书。”

在已发掘的长沙王陵中，出土了大量漆器、玉器、青铜器等文物，按功能分有祭祀用具、生活用具、生产工具等等，其造型或精巧细致，或大气庄严，色彩丰富，纹饰精美，纹饰图案内容丰富，图形富有变化，题材反映当时社会风情和生活习惯，其时代风格突出，对汉代的工艺、绘画艺术等方面研究具有重要的价值。尤其是渔阳墓出土的20多件古乐器，器类有瑟、筑、筝、排箫、编磬等。其中瑟二十五弦，四枘。瑟面四周与两侧镶嵌硬木镂空的动物图案和三角、曲折纹，中间用绿松石镶嵌一条飞龙，此种装饰手法在汉代瑟中罕见。3件保存较为完整的五弦筑，筑身修长。筑自宋代以后即已失传，渔阳墓所出为我国五弦筑完整实物之首见，是我国音乐考古史上一次重要发现。

目前发现的汉代长沙王陵墓群及考古发掘的大批精美文物，将极大地丰富汉代长沙国的历史信息，对研究汉代中央与诸侯国的关系、各诸侯国之间的关系乃至整个大汉帝国的政治、经济、军事和文化提供了难得的资料，而且对于探索长沙国的历史地理、廓清汉代长沙国的文化面貌至关重要。

3. 地理位置优越

汉代长沙王陵墓群分属今长沙市岳麓区和望城区。岳麓区是长沙市市政府所在地，城市干道四通八达，已形成“四纵六横”的道路网状格局，湖南最大的铁路货运站京广铁路长沙站及石长铁路紧邻辖区，湘江千吨级航道通江达海，319国道、长常高速贯通东西。岳麓区自古人文荟萃，文化源远流长，拥有国家、省、市级文物保护单位33处。国家5A级风景名胜区岳麓山风景名胜区内拥有“中国四大书院”之首的“千年学府”——岳麓书院，拥有千年古刹麓山寺、四大名亭之一爱晚亭等众多人文景观资源。岳麓区是湖南省的科教大区，享有湖南“硅谷”之盛誉。中南大学、湖南大学、湖南师范大学等16所高等院校和科研院所汇聚其间，长沙国家高新技术产业开发区、岳麓山国家大学科技园与岳麓山大学城齐聚于此。望城区星城镇紧邻岳麓区，是辖区内经济发展迅速的区域之一，更被划入湖南湘江新区范围内，正不断实现产业结构的调整，城市化进程发展迅猛，交通干道、建设项目已推进到遗址周边。

汉代长沙王陵墓群周边交通便利，大部分道路为近年来新修建的城市交通主干道和二级干道。位于城郊结合处的谷山片区东侧为银杉路、北面为银星路、南侧为北二环、西侧金星北路，同时东面横亘湘江的三汊矶大桥沟通了谷山片区与湘江东岸；谷山片区西侧的戴公庙片区，北临银星路、东侧不远为金星东路。王陵公园片区及渔阳墓片区则靠近长沙市的城市建成区，周边道路与城市主路网相连接，周边公共交通设施完备，交通可达性强。天马山片区位于岳麓山风景名胜区东部、湘江西岸，临近潇湘中路、麓山南路，周边有大型停车场、旅游公共交通等设施。

基于以上特点，以保护为前提，合理利用汉代长沙王陵墓群，会产生不可估量的经济价值。汉长沙国是长沙最辉煌的历史阶段之一，而处于这一历史时期的马王堆汉墓、贾谊故居等都是少有的在世界上都具有影响力的文化遗产，是促进经济社会发展的优势资源，是培育社会主义核心价值观、凝聚共筑中国梦磅礴力量的深厚滋养。汉代长沙王陵墓群的发现，必将更加充实长沙作为国家历史文化名城的内涵。如果保护利用得当，会进一步增进世界对长沙的文化认同，增强广大市民的文化自信，激发城市的向心力，为长沙的文化强市之路注入新的活力，对长沙的历史文化定位及可持续发展产生重大影响。

第二节 文化创意产业

一、文创理念产生的背景及内涵

当代中国的发展面临两个重要的冲突：一是中国与世界的冲突，当中国从一个贫弱的远东国家逐渐走近世界舞台中央，如何让世界认识真实而美好的中国；二是物质与精神的冲突，在温饱实现、技术进步的社会里，如何让大众获得身心安定过上充实而美好的生活。这两个问题都对当代中国的文化发展提出了紧迫的要求，换言之，文化发展不再是一个补充性、附带性的战术问题，而是一个全局性、关键性的战略问题。与此同时，对文化发展的思维也提出了全新的要求，即文化发展不能仅仅是传统性、重复性的思路，而是需要时代性、创新性的思路。[①]

在这种新的环境中，围绕文化发展的理念也在逐渐发生改变，向着更加开放性、创新性的方向转变。2016 年，有学者首次提出“文创理念”的概念，认为其核心特征是创新与跨界，以一个更广阔、更多维的视角推动文化发展，实现以文化人的时代任务[②]。2017 年初，中共中央办公厅、国务院办公厅印发了《关于实施中华优秀传统文化传承发展工程的意见》，这是第一次以中央文件形式专题阐述中华优秀传统文化传承发展工作，文件中提出“坚持创造性转化和创新性发展”和“坚持交流互鉴、开放包容”的核心原则。[③]同年，党的十九大报告中提出“激发全民族文化创新创造活力，建设社会主义文化强国”[④]。

文创理念是在当代文化发展实践中逐渐形成的新观念，也是新时代的新发展理念在文化发展中的具体体现。其根基在“文”，即文化；其关键在“创”，即创意；其目标在“新”，即基于文化传承与文化融合的文化创新创造。文创理念作为当代文化创新发展的指导理念，以积极的姿态吸纳、鼓励多主体参与文化发展，推动政府力量、市场力量、技术力量、国际力量在文化发展中形成合力，探索当代中国文化发展的新内容、新机制、新业态，在实践创造中进行文化创造，在历史进步中实现文化进步。

文化创意是文化的创意，文化性以及与文化相关的精神性是文化创意的根本特点。所谓自觉的文化主体意识，就是对传统的认同、尊重，对自己的传统文化有自信，我们才有可能平等地跟其他的文化比较、交流，才能比较清楚地看到自己文化的不足和其他文化的长处，反之亦然。[⑤]同时，文化创意也体现了人们对美好文化生活的追求，正如 19 世纪英国诗人、批评家马修·阿诺德所说：“文化以美好与光明为完美之品格，在这一点上，文化与诗歌是气质相同，遵守同一律令。”文化创意的基础和目的都是文化，“没有文化就没有创意”[⑥]。

---

① 胡钰：《文创理念：当代文化发展的新观念》，《湖南师范大学社会科学学报》2019 年第 3 期。

② 胡钰：《文创理念与文创产业》，《中国文化报》2016 年 10 月 26 日第 6 版。

③ 中共中央办公厅、国务院办公厅印发：《关于实施中华优秀传统文化传承发展工程的意见》，《人民日报》2017 年 1 月 26 日第 6 版。

④ 习近平：《决胜全面建成小康社会 夺取新时代中国特色社会主义伟大胜利》，人民出版社，2017 年，第 41 页。

⑤ 楼宇烈：《中国文化的根本精神》，中华书局，2016 年，第 167 页。

⑥ 赖声川：《赖声川的创意学》，广西师范大学出版社，2011 年，第 311 页。

创意，创意视角是一种个性化视角。没有创意的文化是重复的，没有文化的创意是单薄的。当代社会的文化生态是“超市型”的存在，即多样性的文化产品与自主性的个体选择并存，而在后喻文化[①]时代，引领“文化超市”消费方向的是年轻一代，因而标准化、重复性的文化产品缺乏魅力，而个性化、差异性的文创产品才能吸引关注。传统的文化发展是一种精英主义的、前喻文化的视角，由少数人创作、多数人接受，但是，“在许多作家看来，后现代意味着转向民主和开放的文化的真正倾向，并最终结束精英主义的和封闭的现代性”[②]。

二、文创方向

结合汉代长沙王陵墓群所承载的汉代长沙国文化特性，我们可以从生活、科技、地域性角度出发进行创新创造，营造出美好生活、时尚新颖、接地气等等不同感受，使其和谐共存，使得游客在此地流连忘返，即使离开也能留得住记忆。

首先生活视角是一种社会化视角。没有文化的生活是无趣的，没有生活的文化是无力的。当代中国社会的一个突出特点是大众在物质丰富之后的精神需求上升，换言之，文化需求已经不是大众日常生活的奢侈品而是必需品，文化消费成为消费热点，文化选择成为情感需要与身份认同。[③]

从这个视角出发，我们主要做体验式和融入式的项目或是产品。体验式是体验西汉文化特色的生活。从这个角度来说，体验文化就是体验当时当地人的生活，不同的生活方式与状态才是我们最吸引人的地方，而这些又与园区环境、特定时代生活氛围的营造等等密切相关。当然，文化具有传承性、延续性。到了当今的长沙，生活又是什么样子，在这样对比融合中，从园内园外，从古至今的长沙城市体验，给游客一场独一无二的全方位的生活宴飨。

---

① 玛格丽特·米德对人类代际之间交流的前喻（pre-figurative）、并喻（co-figurative）、后喻（post-figurative）三种文化类型进行了极富洞察力的描述：“前喻文化，是指晚辈主要向长辈学习；并喻文化，是指晚辈和长辈的学习都发生在同辈人之间；而后喻文化则是指长辈反过来向晚辈学习。”她明确提出：“而我们今天则进入了历史上的一个全新时代，年轻一代在对神奇的未来的后喻型理解中获得了新的权威。”（美）玛格丽特·米德：《文化与承诺——一项有关代沟问题的研究》，周晓虹、周怡译，河北人民出版社，1987 年，第 27、74~75 页。

② （英）阿兰·斯威伍德著，黄世权、桂琳译：《文化理论与现代性问题》，中国人民大学出版社，2013 年，第 169 页。

③ 胡钰：《文创理念：当代文化发展的新观念》，《湖南师范大学社会科学学报》2019 年第 3 期。

旅行体验者可以在这里吃到汉文化特色主题餐饮、入住汉文化特色主题客栈、感受汉文化特色民俗、游览汉文化特色园、看四时景致……离园之前，还可以将长沙国特有的文创产品带走，以供留念或是赠送亲友。去吃当地人吃的餐厅，参加当地人的公共活动，游览与众不同的地域城市风貌。长沙的城市特色，可以给予旅行者丰富的体验。西汉长沙国的城市特色，可以给予到访者传承了千年的衣食住行。

在做文化特色主题时，可以参考成都锦里仿古老街。这是一个旧瓶装新酒的实例，也是延长主题体验时间的一个很好的参照。这条老街虽然借用了三国时期名噪一时的古街“锦里”为名，但却是“无中生有”的、人工打造出来的。古街内以“莲花府邸”为代表的酒吧也是锦里的亮点之一。然而最初策划时却遭到了专家们的反对，他们认为在一条古色古香的三国风情街上酒吧的存在不伦不类。一手助推成都锦里成名的操盘手刘承志却坚持认为：“虽然是重新演绎传统文化，但却要充分考虑现代的生活方式。酒吧的存在不仅是不可或缺的一部分，还是延长整条街营业时间的助推手。假如没有酒吧，一般的商家最多经营到11点就打烊了，而酒吧的存在，让这条街起码会繁荣到凌晨2点。”[①]这一切都意味着收益，也意味着园区的生命力。

其次，科技视角是一种现代化视角。没有科技的文化是边缘的，没有文化的科技是乏味的。描述当代社会行为的普遍特征时，互联网与手机使用无疑成为最具典型性的存在。媒介化社会、数字化内容对于当代文化发展来说，已经是基本的时代背景，换言之，没有进入现代媒介进行数字化呈现的文化内容，严重缺乏了时代气息与传播能力。

在遗址公园内，我们可以做高质量的关于长沙国人物、历史等相关故事的实景演出、舞台表演、话剧，还可采取提前网络诏令形式，让大众领取角色，来一场自己的舞台秀。在博物馆展览、园区特色项目体验中全方位运用虚拟现实、人工智能、全息成像、人机交互等先进的娱乐设备和技术，让游客“真实”走进汉代临湘城中，看看先民生活的烟火气，看看王族的日常起居如何讲究，看看贵族和平民如何开始一天的生活，等等。一改以往看完博物馆便意味着游览结束了的“陈规”，使得游客由衷发出“不虚此行”的心声。

---

① 范时勇主编：《最新经典创意案例集》，重庆大学出版社，2009年，第10页。

再次，地域视角是一种本土化视角。没有地域性的文化是缥缈的，没有文化的地域是贫瘠的。资产的地方性代表了最终产品独一无二的特性，这些地方资产的经济价值是如此巨大，以至于地方通过贸易记号和地理起源证书方式致力于保护其地方品牌。当地方文化作为经济因素进入产品的设计并加以特殊化时，本身产生的象征意义反过来又开始吸收更多的地方文化资产，促使地方文化资产更具有丰富性和价值性，形成最终产品的地方文化和产品性质之间的关系递归强化。[①]

长沙国文创产品的地域性表现在楚汉文化背景下，长沙城特色，一如现在的火宫殿。从其文物遗存出发，提取文化特色元素，不管是农产品、纺织品还是首饰、碗筷等等，其宗旨为达到既有设计创意，也有本土内涵的层次。其层次具体可分为高端、中端、平价文创产品。其中，中端及平价文创产品也可以分布于各城区中的自营文创店。保持其地域性的同时，达到体现“文创产品内容之全面”与“销售覆盖面之广”而令人印象深刻的目的。

三、文化创意过程中的注意事项

首先是深入了解文化内涵。在多年的研究过程中，逐步完成文物和文化的梳理、研究、整理工作，这些成果拿出来，就是文创行业巨大的宝库和法宝。在此基础上，将之很好地融入作品中。

其次是坚持原则。文化的表现形式虽千种万种，但背后恒定不变的是起支撑作用的美学和哲学思想，抓住我们文化遗存的特性才能开发出更好的作品。

再次是文创需融入生活，无源之水不会长久。好的设计要借助好的形式来表达，好产品要能更好地融入现代生活中，在市场中获得持续生产的营养，这就要求能在文化与生活需求之间架起一座桥，做让人想带走的东西。

最后是合作共赢，将资源进行优化配置。好的文创产品需要上下游的供应体系做支撑，志同道合、语言相通的合作方是确保好产品、好结果的必备要素，主动收集、寻找合适的资源体系是文创企业获胜必须坚持的要点。

总之，文化对创意产业发展的强大动力作用，主要在于文化资源正日益成为经济发展的核心动力。文化资源体现在人们的技巧和才能中，不仅可以是物质（如建

---

① Walter，Santagata. *Cultural districts*，*Property Rights and Sustainable Economic Growth*，International Journal of Urban and Regional Research，2002，26：P9~23.

筑），也包括象征性活动和地方手工艺产品和服务。有学者指出："当今，艺术文化变成了当代资本主义经济发展的核心动力、产业升级的推手。美学不再只是创作理念、生活哲学，更是生产原理；美感不再只是文艺作品必要元素，更是现代人对消费产品的基本要求。在文化经济时代，艺术文化与经济之间结合的广度、速度与密度是前所未有的。这是任何艺术文化工作者必须体会到的时代环境变迁。"①

将汉代长沙王陵墓群的文化元素深度融入创新创意中去，将其与特殊的城市风貌、商业体验与设计产品进行最大化整合，互相支持并促进发展，形成一个立体的文创生态圈。在这里，你会深刻感受到文创的发展不仅仅是设计师手中的阳春白雪，也不是政府发展纲要中的政策条款，它包含着与我们生活相关的每个细节及触手可及的美。

第三节 文旅融合

一、文旅融合的背景

中国科学院地理科学与资源研究所和国家旅游局规划发展与财务司制定的《中国旅游资源普查规范》中关于旅游资源的定义，是指"自然界和人类社会凡能对旅游者产生吸引力，可以为旅游业开发利用，并可产生经济效益、社会效益和环境效益的各种事物和因素"。国家旅游局 2003 年颁布的《旅游规划通则》中关于旅游资源的定义与《中国旅游资源普查规范》中的旅游资源定义一致。

旅游资源类型有多种划分方法，根据各国普遍的做法，旅游资源大体上可分为

① 姚子刚：《城市复兴的文化创意策略》，东南大学出版社，2016 年，第 89 页。

自然旅游资源、人文旅游资源和社会旅游资源三大类。自然旅游资源包括地貌、水文、气候、生物等四大类。人文旅游资源包括人文景物、文化传统、民情风俗、体育娱乐等四大类。社会旅游资源指以一定的空间和时间为载体、具有旅游吸引力的当代人类，及由当代人类所创造的、不以旅游为主体功能的，与人的生产生活密切相关的事物、现象和活动。[①]关于旅游资源的主要特征，则有三说：一说具有区域分异特性、景象组合特性、相似出现特性、潜在资源特性、季节变化特性、性质变异特性等；二说具有价值上的观赏性、空间上的地域性、时间上的季节性、使用上的永续性、构景上的综合性或多样性等特性；三说具有多样性、垄断性（不可移动性）、定向性、时间性（季节性、特定性或周期性、变异性）、组合性等特性。

从字面上看，文旅融合是指文化和旅游相融合，通过文化来丰富旅游的内涵，借助旅游来传播、弘扬文化，两者是相辅相成的关系。有的学者总结文旅融合有三个内涵：1. 融合是全方位、各层面、广角度的，不是仅指几个方面的结合。像家居装修时把瓷砖粘贴在墙壁上，那不是一种融合关系。2. 融合是水乳交融地相处，彼此不分、合二为一；不是仅组合发展、依托发展、拉动发展。就如同把鸡蛋打破以后，把蛋黄和蛋清搅在一起，而不是鸡蛋打破之前的蛋黄与蛋清的关系。3. 融合是平等共存、互惠多赢的，不是谁支持谁、谁主导谁的。“文化是旅游的灵魂，旅游是文化的载体”，是从宏观和整体而言的，是指“大文化”；就产业层面而言，文旅是并肩而立、互为依托的姊妹行业。[②]

世界旅游业近年来的发展趋势体现在以下三点：“首先，随着经济发展和生活水平的提高，人们对精神文化的需求进一步上升，旅游成为人们的基本生活方式，是人们使用休闲时间的最佳选择之一。其次，以新兴国家为代表的旅游目的地不断出现，世界区域重心正向东方转移。中国正是这一趋势的代表，根据世界旅游组织统计，从国际游客接待量上看，2004 年以来，中国成为居法国、美国、西班牙之后的全球第四大旅游目的地国家，其中 2010—2012 年中国一度超过西班牙，位列全球第三大旅游目的地国家。第三，个性化、自由化成为新的趋势，使传统观光旅游、度假旅游已不能满足旅游者的需求，各种内容丰富、新颖独特的旅游方式和旅游项

① 毛卫东、黄震方、杨春宇：《社会旅游资源的概念及范畴探析》，《企业经济》2008 年第 7 期。

② 高舜礼：《文旅融合的通俗表述与实践探索》，中国网，2018 年 10 月 27 日，http：//travel.china.com.cn/txt/2018-10/27/content_68474766.htm。

目应运而生。”[①]正是旅游业发展的这些新特点促使文旅融合迎来了新的契机，而国家文化部和国家旅游局的机构改革形成的新的文化和旅游部进一步地将文旅融合提高到国家战略的高度，对文化事业和旅游业的发展带来了新的推动力。

二、文旅融合的作用

一是满足人民日益增长的美好生活需求。党的十九大报告指出，我国社会主要矛盾已经转化为人民日益增长的美好生活需要和不平衡不充分的发展之间的矛盾。经济不断发展，人们生活水平日益提高，对于物质文化的需要也在不断增长。丰富健康的文化生活是衡量人们生活质量的重要标志。旅游是人民生活水平提高的一个重要指标。其中，人们对于旅游品质的要求也越来越高，人们走出家门，更多的是想体会各地不同的特色文化。汉代长沙王陵墓群的保护和开发——以汉长沙国考古遗址公园的建设为代表将为长沙人民乃至全国全世界人民提供新的旅游目的地，新的文化体验地。

二是促进文化事业不断发展。中国幅员辽阔，历史悠久，历代遗留下来的文物古迹数不胜数，发展旅游经济，能够满足人民群众不断增长的物质文化需求，对弘扬我国优秀文化传统，增强中华民族的凝聚力，都具有十分重要的意义。文旅融合有助于让众多的“养在深闺无人识”的文化遗产活起来。但是，大多数文物古迹由于缺乏保护、研究，其内在的价值没有得到很好的阐发、宣传，通过文旅融合，让这些中国悠久历史的见证者走上台前，让更多的人们知晓、了解，可以激发、培育人们的民族自豪感、自信心、凝聚力，更是为我们树立文化自信提供了坚实的基础。

三是推动旅游产业高质量发展。人文资源是发展旅游的基础。旅游讲特色、创精品，一个重要的方面就是要十分注意对文化内涵的发掘。凡是有吸引力、竞争力的旅游目的地，都是具有独特文化魅力的地方。文化为旅游的高质量发展注入了蓬勃动力，提供了优质资源。我们要用文化提升旅游品位。要以优秀人文资源为主干，把历史文化与现代文明融入旅游经济发展，精心打造出更多体现文化内涵、人文精神的特色旅游精品。汉长沙国考古遗址公园的建设将更好地串联起长沙地区、

① 《2017 年中国旅游业现状及未来发展趋势分析》，中国产业信息网，2017 年 8 月 9 日，https：//www.chyxx.com/industry/201708/548957.html。

省内外的各文化景点，形成更有文化气息、更具特色的旅游线路。

三、实现文旅融合的路径

（一）挖掘文化内涵

文化是旅游的灵魂，只有深化挖掘汉代长沙王陵墓群的文化内涵，才能为实现文旅融合发展提供坚实基础。

1. 田野考古

目前已发掘的 5 座汉代长沙王（后）陵，丰富了我们对于汉代长沙国的历史、文化、政治、经济、艺术、工艺技术等方面的认识，但是在汉代长沙王陵的陵园规制等方面的认识还有待加强，现有的考古调勘为我们深化这方面的认识提供了一定的线索，要完全弄清汉代长沙王陵的陵园规制还需要做大量的考古调勘工作。

2. 学术研究

考古工作为我们深入探讨汉代长沙王陵墓群的文化内涵提供了材料基础，只有对现有的考古发掘材料和调勘成果不断地进行精细研究，深挖其中蕴藏的学术课题，才能更好地揭示出汉代长沙王陵墓群蕴含的文化内涵，才能更好地向大众讲好汉代长沙国的故事。

（二）深化文化旅游

深化文化旅游可以让沉寂了两千多年的汉代长沙王陵墓群活起来，为大众提供丰富的文化大餐，注重用旅游彰显文化遗产的价值，满足人们对于美好生活的向往。

1. 用好用活文博场馆

通过博物馆里的文物和遗址展示馆里的遗址本体，如园区以汉代长沙王陵墓群遗址本体展示、汉长沙国文化特征展示、大汉王朝时代背景展示为主题，结合封土标识展示、模拟复原展示、数字展示等遗址本体展示方法，军事、农业、手工业、医药学等汉长沙国文化特征展示内容，多角度、全方位地为大众提供感受汉代长沙国的神韵的平台，为文化旅游的开展提供优质环境，进而把汉长沙国考古遗址公园打造成经典的旅游目的地。

2. 丰富旅游方式

积极推广自驾游、研学游等多样的旅游方式，随着私家车的普及，人们生活水平的提高，越来越多的人开始选择自驾游，而研学游也成了社会各界普遍倡导的提高学生素质的方式，早在 2016 年，教育部等 11 个部委就联合发布了《关于推进中小学生研学旅行的意见》，认证了研学旅行的重要性。

3. 打造文化景观

通过围绕遗址本身的文化内涵，打造独具特色的文化景观，增加旅游产品供给，提升旅游产品品质。越来越多的人旅游不仅是为了看好看的风景，还是为了体验不同地区独具特色的文化氛围。独具特色文化景观的打造，让人们在旅游时体会到充足的获得感、满足感。植入带有汉朝文化特色的餐饮、住宿、零售、休闲体验等业态，设置大面积的文化体验区，为人们提供汉文化场景的实地展示，同时配套完善的服务体验产品，包括汉文化特色主题餐饮、汉文化特色主题客栈、汉文化产品售卖、汉文化特色民俗体验等，为人们提供汉文化展示体验的同时，满足必要的服务需要，打造人们心之向往的文化旅游目的地。

4. 推进旅游公共服务建设

运用数字化技术，大力发展智慧旅游，智慧旅游系统的建设，对于公园建成后的管理有极大的帮助，将全面提高公园的管理水平。智慧旅游系统与公园管理制度的结合将极大地促进公园管理的"标准化、制度化、系统化"，优化公园的业务流程，提高游客满意度。通过智慧旅游系统的各个子系统，如电子监控系统、各种感应系统、门禁（电子门票）系统等可以对公园全面、透彻、及时地感知和了解，实现即时调度和现场管理，从而提高游客接待量，提高公园工作效率。通过智慧旅游系统可全面加强对公园的文物资源、自然资源、人员安全等方面保护，以实现公园的全面发展。智慧公园的建设是现代通信技术和网络技术相结合的产物，随着高科技的投入，服务流程的进一步优化，公园的各项运营成本将持续降低，还可以为公园创造出更大的经济利益。同时将突出汉文化的展示、体验，布置多个汉文化主题展厅，为人们提供实物及声光电的数字化互动展示、沉浸式体验。

第九章 生态价值

研究汉代长沙王陵墓群的生态价值不仅是为了更好地保护王陵墓群所在区域的生态环境，而且是为了更好地践行创新、协调、绿色、开放、共享的新发展理念，为长沙的生态文明建设添砖加瓦。

生态价值是人类社会多样性价值体系中的一根极其重要的价值标杆，它是自然物所具有的满足社会和人的需要的能力。它表现为人与环境关系中环境属性对人类生存和发展的意义。

总的来说，生态价值不仅包括了自然资源、自然环境对人类社会提供的物质、服务等方面的价值，而且还包括了自然资源、自然环境自身存在的系统价值。我们将从这两个主要方面来探讨长沙国王陵所具有的生态价值。

第一节

环境价值

环境价值体现在地质条件、植物资源、动物资源、水资源以及环境的整体性这五个方面。汉代长沙国王陵遗址现存高等级墓葬26座，主要分为一区一城三片，其中一区是指谷山区（14座），一城是指三汉矶古城遗址，三片区分别是戴公庙片区（2座）、咸嘉湖片区（5座）和天马山片区（5座）。

根据调查结果显示，其中谷山区和戴公庙片区长沙王陵现处于城郊结合部，工业发展有限，自然环境较为优越，墓葬封土上植被茂密。但是由于城市主干道、高层建筑工地已在遗址旁侧开工或建设，则使得墓群周边城市景观愈发明显。咸嘉湖片区中的王陵公园作为城市绿地，本体自然条件得到良好维护，但周边景观多为高楼阔路，已失自然景观风貌，而渔阳墓周围则已成为城市建筑景观。天马山片区则因为属于岳麓山景区，还进行了景观维护，并且其自身山体体量、海拔高度具有一定规模，山脚所进行的城市建设亦经过规划，自然环境得到较好维护。①

2011年11月至2012年6月，武汉大学调查团队对谷山片区的动植物资源、水利水系情况进行了详尽的调查，并最终形成了《汉代长沙王陵大遗址综合勘察工程动植物调查报告》及《汉代长沙王陵大遗址综合勘察工程谷山片区水利水系调查报告》文本。以下根据调查报告，对谷山区的环境价值进行分析。

一、资源的丰富性

1. 地质条件

汉代长沙王陵墓群位于湘江西岸，分布在南起岳麓山、北至谷山一线的沿江低矮丘陵、台地上。地质结构主要以石英砂岩、砂砾岩、粉砂岩及页岩等为基础，土质为弱酸性红壤和河流冲积土。该地区属于长沙中部丘陵岗地区，岗地占44.92%，

① 陕西省考古研究院：《长沙国王陵遗址保护总体规划》，2013年8月，第10页。

环境评估图

（取自《长沙国王陵遗址保护总体规划》）

丘陵占14.45%，除尖山、谷山、岳麓山一带的高丘、低山耸在岗地之间外，其余海拔均小于100米。山丘多呈岛状分布，相接处切割不深，有较宽浅的凹沟。丘间河溪交错，河谷宽度超过100米，地表大小径流均属于湘江水系。

2. 植物资源

谷山区范围内植物种类较多，共有种子植物88科，395种，蕨类、苔藓植物及地衣13科，19种，共计414种。其中104种是乔木，97种为灌木，33种为藤本，176种为草本，3种为地衣，1种为苔藓植物。

（1）乔木类

常见的乔木包括樟树、栲树、钩栲、青冈栎、石栎、楝树、南酸枣、枫香、女贞、椤木石楠、榔榆、梓树、湿地松、马尾松、杉木、朴树、四川山矾、构树、白栎、乌桕、苦槠、楤木、枫杨、锥栗、板栗、泡桐、毛竹、刚竹等。①举例如下：樟树，为常绿大乔木，高可达30米，直径可达3米，树冠广卵形；枝、叶及木材均有樟脑气味；树皮黄褐色，有不规则的纵裂。枝条圆柱形，淡褐色，无毛。产地分布于南方及西南各省区。常生于山坡或沟谷中，但常有栽培的。木材及根、枝、叶可提取樟脑和樟油，樟脑和樟油供医药及香料工业用。果核可榨油供工业用。根、果、枝和叶均可入药，有祛风散寒、强心镇痉和杀虫等功能。木材又为造船、橱箱和建筑等用材。②

青冈栎，为常绿乔木，高可达20米，胸径可达1米。叶片革质，倒卵状椭圆形或长椭圆形，长6~13厘米，宽2~5.5厘米，叶背支脉明显，叶柄长1~3厘米。分布于陕西、甘肃、江苏、安徽、浙江、江西、福建、台湾、河南、湖北、湖南、广东、广西、四川、贵州、云南、西藏等省区。生于海拔60~2600米的山坡或沟谷，组成常绿阔叶林或常绿阔叶与落叶，阔叶混交林。木材坚韧，可供桩柱、车船、工具柄等用材，种子可作饲料、酿酒之用，树皮、壳斗可制栲胶。③

（2）灌木类

常见的灌木包括油茶、油桐、盐肤木、白檀、杜鹃、栀子、乌饭、胡枝子、山胡椒、檵木、木姜子、黄荆、悬钩子、大青等。举例如下：油茶，叶革质，有椭圆

① 武汉大学：《汉代长沙王陵大遗址综合勘察工程动植物调查报告》，2012年，第12~13页。

② 中国科学院中国植物志编辑委员会：《中国植物志》第31卷，科学出版社，1982年，第183~184页。

③ 中国科学院中国植物志编辑委员会：《中国植物志》第22卷，科学出版社，1998年，第315~317页。

形、长圆形或倒卵形等多种，长5~7厘米，宽2~4厘米，有时较长，边缘有细锯齿，有时具钝齿，叶柄长4~8毫米。花顶生，近于无柄、阔卵形，长3~12毫米，花瓣白色，5~7片，倒卵形，长2.5~3厘米，宽1~2厘米。从长江流域到华南各地广泛栽培，是主要木本油料作物。长期栽培，变化较多，花大小不一，蒴果三室或五室，花丝亦出现连生的现象。①

油桐，高可达10米，树皮灰色，近光滑；枝条粗壮。叶卵圆形，长8~18厘米，宽6~15厘米；叶柄与叶片近等长。花雌雄同株，先叶或与叶同时开放；花瓣白色，倒卵形，长2~3厘米，宽1~1.5厘米。核果近球状，直径4~6（~8）厘米，果皮光滑；种子3~4（~8）颗，种皮木质。花期3—4月，果期8—9月。分布于陕西、河南、江苏、安徽、浙江、江西、福建、湖南、湖北、广东、海南、广西、四川、贵州、云南等省区。通常栽培于海拔1000米以下丘陵山地。本种是我国重要的工业油料植物，桐油还是我国的外贸商品之一，果皮还可用于制活性炭或提取碳酸钾。②

（3）草本类

常见的草本植物包括狼尾草、菅、狗尾草、华中老鹳草、老鹳草、苍耳、早熟禾、酢浆草等。举例如下：狼尾草，多年生。须根较粗壮。秆直立，丛生，高30~120厘米。叶片线形，长10~80厘米，宽3~8毫米；小穗通常单生，偶有双生，线状披针形，长5~8毫米；花果期在夏秋季。分布于自东北、华北经华东、中南及西南各省区等地；多生于海拔50~3200米的田岸、荒地、道旁及小山坡上。可作饲料，也是编织或造纸的原料，也常作为土法打油的油杷子，也可做固堤防沙植物。③

老鹳草，多年生草本，高30~50厘米。根茎直生，粗壮；花、果期通常直立；萼片长卵形或卵状椭圆形，长5~6毫米，宽2~3毫米；花瓣白色或淡红色，倒卵形，蒴果长约2厘米，被短柔毛和长糙毛。花期6—8月，果期8—9月。分布于东北、华北、华东、华中、陕西、甘肃和四川。生于海拔1800米以下的低山林下、

---

① 中国科学院中国植物志编辑委员会：《中国植物志》第49（3）卷，科学出版社，1998年，第13~14页。
② 中国科学院中国植物志编辑委员会：《中国植物志》第44（2）卷，科学出版社，1996年，第143页。
③ 中国科学院中国植物志编辑委员会：《中国植物志》第10（1）卷，科学出版社，1990年，第366~368页。

草甸。全草供药用，祛风通络。[①]

（4）藤本类

常见的藤本植物包括凌霄花、葛藤、威灵仙、乌蔹莓、鸡矢藤、薯蓣等。举例如下：威灵仙，木质藤本。干后变黑色。小叶片，卵形至卵状披针形，或为线状披针形、卵圆形，长 1.5~10 厘米，宽 1~7 厘米。花直径 1~2 厘米。瘦果扁，3~7 个，卵形至宽椭圆形，长 5~7 毫米。花期 6 月至 9 月，果期 8 月至 11 月。分布于云南南部、贵州（海拔 150~1000 米）、四川（500~500 米）、陕西南部（1000 米以下）、广西（160~1000 米）、广东、湖南（80~700 米）、湖北、河南、福建、台湾、江西（140~700 米）、浙江、江苏南部（140~320 米）、安徽淮河以南。生于山坡、山谷灌丛中或沟边、路旁草丛中。根入药，能祛风湿、利尿、通经、镇痛，治风寒湿热、偏头疼、黄疸浮肿、鱼骨梗喉、腰膝腿脚冷痛。鲜株能治急性扁桃体炎、咽喉炎；根治丝虫病，外用治牙痛。全株可做农药，防治造桥虫、菜青虫、地老虎、孑孓等。[②]

除了单株的植物种类之外，各植物之间还组成植被群。植被类型多样，群落结构完整。遗址区内共有 5 个植被型、8 个植被亚型、19 个群系，涵盖了沼泽水生植被、灌丛及灌草丛，阔叶林、针叶林等，各类型群落均表现出完整的群落结构。[③]

地表植被以疏林、灌木和新造的针阔叶幼中林为主，属于亚热带常绿阔叶林区域，存有少量原生性常绿阔叶次生林。由于人口密集，开发率高，该地区的人工栽培植被如杉木、茶、油桐、柑橘等农作物大范围可见。

遗址谷山片区内，东山大部分地区被人工改造成梯田式的茶园，植被主要是油茶和油桐，山顶有一些泡桐林和忍冬灌丛。其他地区因为人类活动频繁可见广泛的砍伐痕迹，但经过近些年的保护和附近居民人工种植片林的培植，遗址范围内植被得到了大量的恢复，现在除开东山、风篷岭、桃花岭以外的谷山片区中心地段已拥有多量的植被类型和植被群落，天然植被主要由樟树、构树、马尾松、苦槠、枫杨、白栎、枫香、毛竹、刚竹、葛藤等组成，人工植被主要由杉木、圆柏、垂柳、加杨、油茶、油桐、山茶、柑橘、农作物等组成。遗址区内还分布有榔榆、四川山

① 中国科学院中国植物志编辑委员会：《中国植物志》第 43（1）卷，科学出版社，1998 年，第 32 页。

② 中国科学院中国植物志编辑委员会：《中国植物志》第 28 卷，科学出版社，1980 年，第 161~162 页。

③ 武汉大学：《汉代长沙王陵大遗址综合勘察工程动植物调查报告》，2012 年，第 14~15 页。

矾、喜树、黄檀、朴树、臭辣树、樟树、南酸枣、枫香等树种，树龄多在20年左右，整个遗址区域未见生长上百年的树种。[①]

另外，在对桃花岭汉墓封土及其所在山体表面植被的调查中共发现维管束植物66科114属128种。其中蕨类植物5科5属5种，种子植物61科109属123种，裸子植物1科1属1种，被子植物60科108属122种。主要植物群落类型可分为5个植被型，12个群系。[②]

3. 动物资源

谷山区范围内动物资源也较丰富，经调查，本区域内野生脊椎动物共112种，隶属于55科，其种数为湖南已知脊椎动物总数的13.8%。其中鱼类有8科25种，两栖动物有4科13种，爬行动物有5科8种，鸟类有29科52种，哺乳动物有9科14种。被列入《国家保护的有益的或者有重要经济、科学研究价值的陆生野生动物名录》的保护动物达47种，占总数的42.0%。各种类动物分述如下：

（1）鱼类25种，均为纯淡水鱼类，隶属5目8科，其中鲤形目的鲤科和鳅科2科共13种，约占该地区鱼类总种数的52.0%；鲶科、银鱼科各1种，各占4.0%；合鳃鱼科、鮠科、虾虎鱼科共10种，占40.0%。例如：青鱼，鲤科，体长稍微偏扁。腹部圆而无棱，肛门在臀鳍前方。头前部平扁。口在头尖端。无小须。尾鳍深叉形。体色浅棕灰色，腹部淡白，各鳍淡棕。青鱼平常在水下层或中层游泳，不喜到水面上层。食物多样，有螺蛳、蛤蜊、昆虫幼虫等。分布于广州、宁波、上海、苏州、南京、汉口、九江、洞庭湖、当涂、济南、河北及北京。[③]

草鱼，体长近筒状，尾部侧扁。腹部圆而无棱。头部平扁。眼较小，侧位。无小须。草鱼性情活泼，水的上中下层均有分布。主要吃水草，陆上的草及树叶亦喜欢吃。分布很广，南北方都多，如广州、上海、南京、苏州、沙市、南昌、济南、洞庭湖、安徽、塘沽、任丘、天津、白洋淀及北京等地。[④]

（2）两栖动物13种，隶属于无尾目的4科，其中蛙科种类最多有8种，约占61.5%，姬蛙科3种，占23.1%；角蟾科、蟾蜍科各1种，各占7.7%。其中有5种被列入《国家保护的有益的或者有重要经济、科学研究价值的陆生野生动物名录》，

---

① 武汉大学：《汉代长沙王陵大遗址综合勘察工程动植物调查报告》，2012年，第14页。

②《桃花岭汉墓封土及所在山体表面植被及其改造》，内部资料。

③ 张春霖：《中国动物图谱·鱼类》第二册，科学出版社，1960年，第32页。

④ 张春霖：《中国动物图谱·鱼类》第二册，科学出版社，1960年，第33页。

分别是中国林蛙、黑斑蛙、阔褶蛙、棘腹蛙、斑腿泛树蛙，另有中华蟾蜍和黑斑蛙是湖南省重点保护野生动物。例如：中国林蛙，雄蛙体长 44~53 毫米，雌蛙体长 44~60 毫米。头扁平，吻钝圆，吻棱显著，瞳孔横椭圆形。皮肤较光滑，有分散小疣，有的在肩上方有“八”字形疣粒或无，体腹面和四肢腹面光滑。前肢不到体长之半，后肢较长，前伸贴体时胫跗关节达眼前或吻鼻之间。体背面色斑有变异，多为棕黄色或灰褐色，疣周围常有褐黑色斑点：颞部有黑色三角斑，两眼间多有黑色横纹，四肢具黑褐色横纹，体腹面为乳白色或黄绿色，咽、胸部散有灰褐色斑点。该蛙多生活于海拔 200~2100 米的山地森林植被较好的静水塘或山沟附近。以水源（山溪、河流）为中心，其活动范围 1000 米左右；成体多以昆虫为食。通常 9 月下旬迁移到流溪或水塘附近，10 月下旬进入深水区冬眠，翌年 3 月末到 4 月中旬出蛰并开始繁殖。为中国特有种。该蛙分布广泛，分布河北、北京、天津、山东（青岛、烟台）、河南（桐柏、开封、大别山）、山西、内蒙古、宁夏、甘肃、四川、重庆、湖北、安徽（霍山）、江苏。受胁等级为无危 LC。[①]

棘腹蛙，雄蛙体长 78~100 毫米，雌蛙体长 89~111 毫米，大者达 124 毫米。头宽大于头长；吻端圆，吻棱不显，瞳孔呈菱形，皮肤粗糙，背部有纵行的长形或圆形疣和小刺疣；四肢背面疣少；指、趾端球状，无沟；前、后肢粗壮，前伸贴体时胫跗关节达眼部。体色有变异，背面多为黄棕色或深褐色，两眼间常有一黑横纹，有的背部具不规则的黑斑，咽喉部有棕色斑，下颌缘更明显。该蛙生活于海拔 300~1900 米山区的流溪或其附近的水塘中。白天隐匿于溪底的石块下、溪边大石缝或瀑布下的石洞内；晚间出外，蹲于石块上或伏于水边，夏季常发出“梆、梆、梆”的洪亮鸣声。该蛙以捕食昆虫为主。繁殖季节在 5~8 月，卵多产于流溪瀑布下水坑内，卵群成串，似葡萄状。蝌蚪生活于流溪水坑内；冬季多潜伏在水底石下或落叶层下越冬。该蛙虽分布广泛，分布于山西、陕西、甘肃、四川、重庆、云南、贵州、江西、湖北、湖南、广西等地。但由于环境破坏和过度捕捉，其种群数量减少。受胁等级为易危（VU）或濒危（EN）。[②]

---

① 费梁、叶昌媛、江建平：《中国两栖动物及其分布彩色图鉴》，四川科学技术出版社，2012 年，第 300 页。

② 费梁、叶昌媛、江建平：《中国两栖动物及其分布彩色图鉴》，四川科学技术出版社，2012 年，第 460 页。

（3）爬行类动物8种，隶属5科，其中游蛇科物种最多，有3种，约占该地爬行动物总种数的37.5%；蝰蛇科1种，约占12.5%；壁虎科1种，约占12.5%；石龙子科1种，约占12.5%；眼镜蛇科2种，约占25%。其中王锦蛇、黑眉锦蛇、乌梢蛇、银环蛇4种爬行动物均已被列入《国家保护的有益的或者有重要经济、科学研究价值的陆生野生动物名录》。例如：王锦蛇，体粗壮，全长2米左右。背面黑色，混杂黄花斑，似菜花，所以有菜花蛇之称。头背棕黄色，鳞缘和鳞沟黑色，形成“王”字形黑斑，故称王锦蛇；腹面黄色，腹鳞后缘有黑斑。栖息于山区、丘陵地带，平原亦有，常于山地灌丛、田野沟边、山溪旁、草丛中活动；性凶猛，行动迅速。昼夜均活动，以夜间更活跃。食蛙、蜥蜴、其他蛇类、鸟、鼠等，甚至同类的幼蛇。卵生。6—7月产卵。在全国分布较广泛，除东北、山东、内蒙古、宁夏、新疆、青海、西藏、海南外均有分布。①

黑眉锦蛇，全长可达2米或2米以上。背面棕灰色、土灰色、青灰色、黄绿色或灰色，眼后至口角各有1条黑“眉”状斑纹，故称黑眉锦蛇。上唇鹅黄色；体前段具黑纵带纹，直至尾端；腹面灰白色、灰黄色或浅灰色，但近前端、尾部及两侧为黄色，腹鳞尾下鳞散有黑斑。生活于低海拔的平原、丘陵、山地等处，喜活动于林地、农田、草地、灌丛、坟地、河边及民宅附近，动作敏捷，日行性，善攀爬，有时可见于屋顶房檐上；受惊时可竖起头颈，准备攻击。食鼠、鸟、鸟卵、蜥蜴、小蛇、蛙、昆虫等。卵生，5月交配，6—7月产卵。在全国分布较广泛，除黑龙江、辽宁、吉林、山东、内蒙古、宁夏、新疆、青海外，均有分布。②

（4）鸟类52种，隶属于13目29科，其中雀形目鹟科7种最多，约占24.1%；鸮形目草鸮科5种，约占17.2%；雀形目鸦科4种，约占13.8%；鹳目鹭科4种，约占13.8%；鸡形目雉科，隼形目鹰科各3种，各约占10.3%，雀形目伯劳科、雀形目燕科、燕雀目文鸟科、鴷形目啄木鸟科等各2种，各约占6.9%。本区域鸟类有29种是《国家保护的有益的或者有重要经济、科学研究价值的陆生野生动物名录》中的物种。有5种为国家二级重点保护动物，分别为赤腹鹰、松雀鹰、燕隼、红角鸮、短耳鸮。例如：赤腹鹰，为体长25~36厘米的小型猛禽。成鸟头灰色；胸部、腹部多橙红色；翼上、背部灰色。分布与习性方面，国内在长江流域及

① 中国野生动物保护协会主编：《中国爬行动物图鉴》，河南科学技术出版社，2002年，第154~156页。
② 中国野生动物保护协会主编：《中国爬行动物图鉴》，河南科学技术出版社，2002年，第166页。

其以南地区为留鸟，少数个体繁殖可至华北，在台湾和海南为冬候鸟，常栖息于山地森林及林缘地带。食谱包括蛙类、蜥蜴、小型鸟类、兽类等。有时发出响亮而尖厉的“you you you”声。[①]

燕隼，为体长29~35厘米的较小型猛禽。雌雄相似。翼窄长，翼端较尖。成鸟头部深灰色，具一道深灰色鬓斑；胸部、腹部具深褐色纵纹；翼下浅色，具灰褐色斑纹，翼上覆羽、背部灰色；尾下覆羽棕红色，尾羽灰色。分布与习性方面，国内繁殖于北方大部分地区，多在南方（包括台湾）越冬。栖息地包括山地森林、低山丘陵、开阔平原、农田等地带。食谱包括小型鸟类、昆虫等。常发出尖锐的“ki ki ki”声，似红脚隼但更加尖厉。[②]

（5）哺乳动物14种，隶属于10科，约占该地野生动物总数的10.9%；其中食肉目鼬科3种，约占21.4%，啮齿目松鼠科、啮齿目鼠科、翼手目蝙蝠科各2种，各约占14.3%；食虫目猬科、兔形目兔科、啮齿目仓鼠科、啮齿目竹鼠科各1种，各占当地哺乳动物总数的7.1%。遗址区域内哺乳动物属于《国家保护的有益的或者有重要经济、科学研究价值的陆生野生动物》有8种，即黄鼬、黄腹鼬、刺猬、华南兔、隐纹花松鼠、赤腹松鼠、中华竹鼠、鼬獾；其中松科的赤腹松鼠还是国家二级保护动物。[③]赤腹松鼠，又名红腹松鼠，体长约200毫米，后肢长于前肢，爪锐利，呈钩状。背部及四肢外侧为橄榄黄色，杂有黑毛。颈部为淡灰色。胸腹部及四肢内侧多为橙色或棕红色。耳郭发黄，无簇毛。眼及面颊部色浅灰。栖息地包括热带雨林、亚热带雨林和山地阔叶林、山崖及树丛甚至居民点。树栖，晨昏时活动最为频繁，巢筑于乔木树枝或藤本植物绕于乔木的枝丫上，或筑在马尾松的树权间；有时也利用鸟类的弃巢、树洞、石缝等筑巢。食谱为各种坚果、浆果、鸟卵、雏鸟、昆虫等。分布于我国南部各省的林区，陕西省秦岭、河南省西部山地、安徽省黄山约为其分布的北界。[④]

隐纹花松鼠，体长110~120毫米。爪呈钩状。全身自额部起，向后至尾部呈灰褐色，并杂有黑毛。两颊均有浅黄色条纹延至耳基部，背中央有明显的黑色纵纹，两侧有褐黄色及浅黄色的纵纹相间排列。最外一条不与颊部短纹相连，颈、腹

① 赵欣如主编：《中国鸟类图鉴》，商务印书馆，2018年，第110页。
② 赵欣如主编：《中国鸟类图鉴》，商务印书馆，2018年，第130页。
③ 武汉大学：《汉代长沙王陵大遗址综合勘察工程动植物调查报告》，2012年，第30~31页。
④ 夏武平等编著：《中国动物图谱·兽类》（第二版），科学出版社，1988年，第34页。

部及四肢内侧为灰黄色。耳郭边缘为浅黄色，上有黑白色的短簇毛。眼周为浅黄色。栖息地包括热带及亚热带温带森林、林缘或灌丛。活动区域既包括树上，也包括地面。一般在清晨或黄昏时最活跃，也成群在树上奔窜，活动范围不大。筑巢于树杈间或利用树洞做窝。食谱为各种坚果、浆果以及昆虫等，常与红腹松鼠一起觅食。每年繁殖两次，每次 4~5 仔。分布于云南、贵州、西藏、广东、广西、海南岛、陕西、甘肃、四川、福建、湖南、浙江、江西、安徽、湖北、山西、河南、河北等地。①

4. 水资源

谷山区域无外界水源补给，根据实测地形图及水系分布图计算本区域最大汇水面积达 36.67 万平方米，根据长沙市最大小时暴雨强度（未考虑入渗）计算产流该区域最大洪水流量为 4.97 立方米 / 秒。

通过实地踏勘调查发现谷山片区区域内地表水水系不甚发育，主要表现为间歇性山间小溪流。区域内地表水主要由西向东向和由西向南向径流，汇入沟谷、溪沟排泄，最终汇入银杉路及北二环市政排水管网。无河流，无大、中、小型水库，只有山塘，主要用于区域内蓄水和区域内菜地灌溉。王陵谷山片区山塘水源一般来自区域降水汇集，无外界水源补给。

山塘的水面高程一般低于附近王陵，对王陵的影响不大。湘江水位的涨退对王陵区域亦无大的影响。整个谷山区王陵被民宅包围，人工沟渠鲜有分布。区域内无大、中、小型水库，有山塘 52 座，水面面积约 5.3 万平方米，主要用于区域内菜地灌溉。局部设有截水沟，用于将山体汇水排往下游。②

5. 动植物资源、水资源对遗址保护的影响

根据武汉大学调查团队的研究，遗址区现有动植物对遗址保护主要有以下影响：

（1）有利影响

①植物能保持水土，特别是木本植物树冠能够缓冲雨水对土壤的冲刷，保证了遗址范围内遗物不至于裸露，利于遗址遗物的更好保存。

②森林群落对于局部小气候具有调节功能，靠着这种自我调节功能保证了遗址表面水分不至于在高温季节蒸发过快，也不会在低温季节易于结冰而出现冻融现

---

① 夏武平等编著：《中国动物图谱·兽类》（第二版），科学出版社，1988 年，第 35 页。

② 武汉大学：《汉代长沙王陵大遗址综合勘察工程谷山片区水利水系调查报告》，2012 年，第 5 页。

象，从而利于遗址区域内墓葬得到有效的保存。

③植被能够维系土壤湿度和温度保持在一个较稳定的范围内，对遗址及王陵墓葬品起到恒温、恒湿的保护作用，使得遗址区域内墓葬在比较恒定的温度里得到有效保存。

④丰富植物种类和多样性植被类型的存在，在遗址区域形成优良的景观资源，创造了良好的生态效益，同时植物对遗址建设的绿化具有重要的意义。

⑤谷山片区范围内的山间小溪流及山塘起到了调节洪流的作用。

（2）不利影响

①乔木类植物的根系一般较发达，钻地较深，对遗址本体保护造成了一定的影响，主要产生影响的树种有杉木、枫香、构树等，这几种树木都属于根系发达的高大乔木，根系钻进遗址本体较深，破坏了遗址本体的稳固程度，不利于遗址本体的保护，解决方法一般为控制数量，必要时需要强行去除，减少数量，减轻对遗址本体的破坏。

②与遗迹和遗物紧密相邻的植物根系会产生酸性或碱性分泌物，植物体（根、茎、叶、花、果等器官）死亡腐蚀后也会产生酸碱性物质，而墓葬内的随葬品的化学组成多为以硅酸盐为主的综合体，遇到强烈的有机酸或者碱性物质可能发生不同程度的化学反应，这会加速遗址遗物的腐烂损坏。

③森林群落的存在为动物提供了良好的生活环境，动物的活动对遗址具有一定的破坏性，主要是指爬行类、两栖类、小型哺乳类中的啮齿目等等，这些动物的取食和寄居，特别是穴居动物的打洞生存，将对整个王陵遗址的完好保存产生不利影响。[①]

总之，谷山片区动植物资源的多样性能够极大地维护这片区域生态系统的平衡、稳定，促进这片区域生态系统的和谐发展。

二、环境的整体性

谷山片区范围内的动植物共同构成了一个生态系统，在漫长的时间长河中，人类活动和动植物的适应性之间逐步地磨合，形成了自己独具特色的自然生态体系。

谷山片区的植物种群形成了自己的分布体系，共划分为5个植被型、8个植被

① 武汉大学：《汉代长沙王陵大遗址综合勘察工程动植物调查报告》，2012年，第32页。

亚型、19个群系，主要的植被类型有针叶林、阔叶林、灌丛及灌草丛、水生植被和经济林。各个植被类型里面的林木都有自己的分布区域，比如针叶林中的杉木林，主要分布于庙坡山、杉树拱一带，马尾松林主要分布于栗树嘴、郭家山、陶家山等地，除了各自有不同的分布区域之外，不同的植被之间还形成了一定的共存关系。比如枫香林主要分布于庙坡山、郭家山、邱家院子、栗树嘴等地的浅层遗址层，其伴生树种有青冈栎、马尾松、樟树等；灌木层有乌饭、木姜子、长叶冻绿、冬青、黄檀、白栎、乌药、黄荆、苦槠、栀子、山矾等；草木层以鳞毛蕨类为主，形成了自身独特的局部的生态体系。以下对主要植被群落的分布特征进行说明：

（一）针叶林

（1）杉木林

杉木为谷山中心片区重要的人工栽培树种，在遗址区散见，庙坡山、杉树拱有成片种植，因为杉木根系发达，对遗址的保护有着较为严重的威胁。该群落杉木高8~10米，胸径为6~8厘米，林冠几乎郁闭。伴生树种有白栎、臭辣树、板栗、朴树，马尾松等散生于其中；林下植物较少，灌木层主要有白栎、栀子、中华石楠、桑等。草本层盖度较低，种类不甚丰富，有鳞毛蕨、竹叶草、蚕茧草、淡竹叶等。

（2）马尾松林

马尾松是遗址区主要的针叶林类型，主要分布在栗树嘴、郭家山、陶家山等地，是优美的遗址区风景树种。植被群落树高9~12米，树木平均胸径12厘米，郁闭度为0.5~0.6，乔木层伴生有枫香、苦槠等；灌木层盖度为0.6，主要有乌饭、木姜子、山莓、山胡椒、大青等，草本层以苔草为主，盖度很低，在0.2~0.3，林间常见的藤本为菝葜。

（3）圆柏林

圆柏林是遗址区主要的栽培针叶林之一，主要分布在陶家山居民房屋附近，是优美的常绿风景树种，树木均高3~4米。乔木层伴生有构树、枫香等。

（二）阔叶林

（1）苦槠林

苦槠是亚热带植被典型树种，在本地区主要分布于陶家山，庙坡山阳坡的中、上坡地段，其土层较厚，树木生长良好，林内混有枫香、椰榆、马尾松等树种。林下灌木主要有枸骨、胡秃子、卫矛等，高度1.0~1.5米，盖度0.5~0.6。藤本植物稀少，以络石、菝契为主。

（2）枫香林

遗址区域的枫香集中分布在庙坡山、郭家山、邱家院子、栗树嘴等地的浅层遗址层，由于该树种为深根系的高大乔木，根系非常发达，一定程度上影响遗址地下文物的保护。该群落树种高10~12米，平均胸径为14厘米，伴生树种有青冈栎、马尾松、樟树等；灌木层有乌饭、木姜子、长叶冻绿、冬青、黄檀、白栎、乌药、黄荆、苦槠、栀子、山矾等；草木层以鳞毛蕨类为主。

（3）青冈栎林

青冈栎是遗址谷山片区主要的常绿阔叶林，集中主要分布在庙坡山的山脚开阔地带，风蓬岭、栗树嘴有散生。伴生树种有枫香、构树、樟树；灌木层有插田泡、木姜子；草木层以金星蕨、鳞毛蕨类为主。

（4）构树林

构树是一种在中国分布广泛、适应性强的速生树种，在遗址谷山中心片区非常常见，而且该树种根系深，向地下延展范围大，对遗址地下墓葬品保护有很大影响，应该人为控制其生长，必要的时候可以一定数量移出。该树种一般高4~6米，胸径为20~25厘米，乔木层伴有樟树、苦辣、臭辣树、椰榆等；灌木层高1.5~2米，主要有长叶冻绿、栀子、山胡椒、盐肤木等；草本植物仅见苎麻。层间植物主要是葛藤，还有威灵仙、乌蔹梅、鸡矢藤等藤本植物。

（三）竹林

（1）毛竹林

毛竹林主要成片分布在陶家山、栗树嘴、杉树拱等地，中间夹杂有部分刚竹。竹林生长繁茂，外貌整齐，结构简单，杆高10~13米，直径平均达14厘米，郁闭度大可达0.8，乔木层偶有夹杂苦槠、杉木、樟树等。偶有藤本植物如络石、海金沙等。

（2）刚竹林

遗址谷山片区的刚竹林主要分布于栗树嘴、杉树拱山路两侧。群落高10~13米，与其共生灌木层有山莓、盐肤木、山胡椒、木姜子、六月雪、野漆、满树星等；草本有鳞毛蕨等少数种类。

（四）灌丛及灌草丛

（1）悬钩子灌丛

悬钩子为根系不发达的落叶灌木，在遗址区内主要分布在庙坡山、杉树拱、邱家院子、栗树嘴等地。该灌丛群落高 2.2~2.5 米，伴有盐肤木、满星树等种类，草木种类有鳞毛蕨、败酱等。

（2）盐肤木灌丛

盐肤木是典型的亚热带落叶大灌木，主要分布在庙坡山、杉树拱、狮子拱等地，是王陵遗址谷山片区内重要的灌丛景观类型之一。该灌丛群落高 2.5 米，伴生有满星树、木姜子等种类，草本种类有鳞毛蕨、延羽卵果蕨等。

（3）插田泡灌丛

插田泡是典型的落叶灌木，主要分布在庙坡山、狮子拱、陶家山等地，是遗址谷山片区内重要的灌丛景观类型之一，该灌丛群落高约 3 米，伴生有盐肤木、木姜子等。

（4）忍冬灌草丛

该植被群主要分布在东山山顶及杉树拱、栗树嘴山路两侧较为开阔干旱的地段，高度 1.2~1.5 米，伴生有黄荆、苔草。

（5）五节芒灌草丛

该植被群主要分布在狮子拱、桃花岭较为开阔干旱的地段，高度 2~2.5 米，伴生有黄荆。

（五）水生植被

（1）满江红群落

满江红为遗址谷山片区小型水塘或湿地里分布的主要的水生植物之一，通常与黄花狸藻伴生构成群落。①

谷山片区的生态环境在形成过程中，逐渐形成了人与自然和谐共生的良好形态，该区人类活动以农业为主，如种田、茶树养殖等，很少有大规模的工业活动，对自然生态影响较小，该地区野生动物多为适应耕地和居民点的类群，动物种群也较多，小型鸟兽多有所见，大型动物较少。②

① 武汉大学：《汉代长沙王陵大遗址综合勘察工程动植物调查报告》，2012 年，第 21~24 页。

② 武汉大学：《汉代长沙王陵大遗址综合勘察工程动植物调查报告》，2012 年，第 26 页。

第二节

植被环保价值

一、维持碳氧平衡的价值

城市中现在车辆的数量越来越多，由此产生的汽车尾气也越来越多，排放到空气中的二氧化碳也非常多，对于空气中二氧化碳和氧气的平衡产生了不利影响，对人们的呼吸也产生了不利影响。而绿色植物吸收二氧化碳、释放氧气的能力可以起到避免或是减轻二氧化碳给人们带来的危害。根据研究表明，1 公顷绿地每天可以吸收约 900 千克二氧化碳，释放出 700 千克氧气，而一个成年人（按体重 75 千克算）平均每天呼出二氧化碳 0.9 千克，吸进氧气 0.75 千克，每公顷绿地可以提供接近 1000 人的需氧量。[①]汉长沙国王陵遗址主要的植被分布区域为戴公庙片区、谷山片区和天马山片区，三区的遗址保护范围共有 262.23 公顷，面积广大，植被丰富，可以极大地维持周边区域的碳氧平衡。汉代长沙王陵墓群所在的谷山山系和岳麓山山系共同构成了长沙河西地区的天然绿肺，是河西地区的天然氧吧。

二、调节城市气候的价值

城市绿地还能起到调节城市气候的作用，受城市下垫面（大气底部与地表的接触面）特性的影响。城市内有大量的人工构筑物，如混凝土和柏油路面、各种建筑墙面等，改变了下垫面的热力属性，这些人工构筑物吸热快而热容量小，在相同的太阳辐射条件下，它们比自然下垫面（绿地、水面等）升温快，因而其表面温度明显高于自然下垫面，从而形成了热岛效应。

① 张文娟、张峰、严昭、张自和：《兰州市绿地生态价值的初步分析》，《草业科学》2006 年第 11 期。

热岛效应不仅会使大量污染物在热岛中心聚集，浓度剧增，直接刺激人们的呼吸道黏膜，大气污染物还会刺激皮肤，导致皮炎，甚而引起皮肤癌；而且长期生活在热岛中心区的人们会表现为情绪烦躁不安、精神萎靡、忧郁压抑、记忆力下降、失眠、食欲减退、消化不良、溃疡增多、胃肠疾病复发等，给城市人们的工作和生活带来说不尽的烦恼。对居民生活和消费构成影响的主要是夏季高温天气下的热岛效应，为了降低室内气温和使室内空气流通，人们使用空调、电扇等电器，而这些都需要消耗大量的电力。

汉代长沙王陵墓群丰富的植被可以大量地吸收环境中的热量，调节周边环境的温度，减轻城市热岛效应，为周边区域提供舒适的环境，还能减少空调等大功率电器的使用，既能进一步减轻热岛效应，也节约能源。

三、涵养水源的价值

涵养水源是植被的一项重要价值，涵养水源的作用是指暂时贮存在土内的水分的一部分以土内径流的形式或以地下水的方式补充给河川，从而起到调节河流流态，特别是季节性河川水文状况的作用。这种作用在不同的条件下虽然表现不尽相同，但它对国民经济的发展及人类的生存环境却有着十分重要的意义。总的来看，植被对河川径流量的影响是，枯水期流量明显增加，而洪水期流量明显减少。

汉代长沙王陵墓群周边丰富的植被能够大量地涵养水分，对于改善湘江径流有重要作用，提高枯水期的流量，减少洪水期的流量；同时还能改善周边环境空气中的干湿度，减少了极端干燥或是潮湿的情况出现。

四、净化环境的价值

城市植被净化环境的价值主要有三个方面：一是吸收氮氧化合物，二是吸收二氧化硫，三是滞留过滤降尘和飘尘。城市中产生这三种污染物的源头主要是工业废气、汽车尾气、施工扬尘等方面。

汉代长沙王陵墓群周边的植被对工业废气、汽车尾气、施工扬尘等的吸收、滞留作用，可以改善周边环境，减少呼吸道疾病的产生。

五、固土保肥的价值

植被固土保肥的价值主要是包括两个方面：一是保持土壤肥力的价值，一是减轻泥沙淤积的价值。

森林具有较强的水土保持能力，大量国内外的研究成果已经证实，森林在防止土壤侵蚀、减少径流泥沙方面具有显著作用。森林的林冠层、枯枝落叶层对大气降水进行截留，减小了进入林地的雨量和降雨强度，林下形成强壮且成网络的根系，与土壤牢固地盘结在一起，从而达到有效的固土作用。

土壤侵蚀带走了大量表层土壤，损失了表层土壤中的营养物质，如氮、磷、钾等。森林土壤为植物提供生存所需的养分，防止营养物质流失，保持土壤肥力，促进土壤中的营养元素如氮、磷、钾和碳等的循环。①

六、减弱噪音的价值

城市生活中由于汽车、工地施工等产生了大量的噪音，对人们的生活产生了不利的影响。三区植被的分布对于减轻噪音、改善人们的生活环境有着积极的意义。

七、维持生物多样性的价值

汉代长沙王陵墓群周边绿化环境的存在，为大量的动植物提供了生存空间，这些不同种类的动植物，形成了自成一体的生态圈，对于维持生物多样性发挥了重要作用，具有不容忽视的重要价值。

综合以上结果，汉代长沙王陵墓群周边的植被总的环保价值主要由维持碳氧平衡、调解城市气候、涵养水源、净化环境、固土保肥、减轻噪音、维持生物多样性的价值等组成。通过更深入地对汉代长沙王陵墓群现有的动植物资源、地形地貌、气候条件、水资源等自然要素的调查研究，可以加深我们对汉代长沙王陵墓群生态体系的了解，有利于保护现存的生态体系，产生不可低估的生态价值，更好地践行“绿水青山就是金山银山”的生态文明建设理念。

① 郭灏：《森林生态系统固土保肥功能探析》，《南方农业》2015年第24期。

参考文献

一、传世文献

［清］赵文在等修，易文基等纂：《长沙县志》，清嘉庆十五年刊，二十二年增补本，成文出版社有限公司影印。

［汉］司马迁：《史记》，中华书局，1959 年；司马迁：《史记》，中华书局，2014 年。

［汉］班固：《汉书》，中华书局，1962 年。

［晋］陈寿撰，（宋）裴松之注：《三国志》，中华书局，1982 年。

［清］王先谦：《汉书补注》，中华书局，1983 年。

［清］吕肃高修，张雄图、王文清纂：《（乾隆）长沙府志》，岳麓书社，2008 年。

［清］陈运溶：《湘城访古录 · 湘城遗事记》，岳麓书社，2009 年。

［清］李瀚章、裕禄等编纂：《（光绪）湖南通志》，岳麓书社，2009 年。

［宋］祝穆：《方舆胜览》，中华书局，2003 年。

［清］同德斋主人编：《广湖南考古略》，湖南教育出版社，2010 年。

［清］刘采邦修，张延珂等纂：《（同治）长沙县志》，岳麓书社，2010 年。

［战国］荀子著，方勇、李波译注：《荀子》，中华书局，2011 年。

［清］吴兆熙、张先抡等修纂：《（光绪）善化县志》，岳麓书社，2011 年。

［清］彭开勋、周康立撰，马美著校点：《南楚诗纪·楚南史赘》，岳麓书社，2011 年。

［春秋］管子著，李山译注：《管子》，中华书局，2016 年。

［宋］黎靖德编，王星贤点校：《朱子语类》，中华书局，2015 年。

［南朝宋］范晔撰，［唐］李贤等注：《后汉书》，中华书局，1965 年。

二、出土文献及考古报告

长沙市文化局文物组：《长沙咸家湖西汉曹嫔墓》，《文物》1979 年第 3 期。

单先进、熊传薪：《长沙象鼻嘴一号西汉墓》，《考古学报》1981 年第 1 期。

长沙市文物工作队：《长沙西郊桐梓坡汉墓》，《考古学报》1986 年第 1 期。

零陵地区文物工作队：《湖南永州市鹞子山西汉“刘彊”墓》，《考古》1990 年第 11 期。

湖南省文物考古研究所、永州市芝山区文物管理所：《湖南永州市鹞子岭二号西汉墓》，《考古》2001 年第 4 期。

单先进：《湖南长沙咸嘉湖扇子山畜俑坑》，《农业考古》2001 年第 1 期。

长沙市文物考古研究所、望城县文物管理局：《湖南望城风篷岭汉墓发掘简报》，《文物》2007 年第 12 期。

浙江省文物考古研究所、浙江安吉县博物馆：《浙江安吉龙山越国贵族墓》，《南方文物》2008 年第 3 期。

长沙市文物考古研究所：《长沙“12·29”古墓葬被盗案移交文物报告》，《湖南省博物馆馆刊》第六辑，岳麓书社，2010 年。

长沙市文物考古研究所、长沙简牍博物馆：《湖南长沙望城坡西汉渔阳墓发掘简报》，《文物》2010 年第 4 期。

长沙市文物考古研究所：《湖南长沙窑圹山汉墓发掘简报》，《湖南考古辑刊》第 9 集，岳麓书社，2011 年。

长沙市文物考古研究所、长沙市望城区文物管理局：《湖南长沙风盘岭汉墓发掘简报》，《文物》2013 年第 6 期。

江西省文物考古研究院、萍乡市莲花县文物办：《江西莲花罗汉山西汉安成侯墓》，上海古籍出版社，2017 年。

福建闽越王城博物馆：《福建武夷山市新亭园闽越国土墩墓》，《南方文物》2017 年第 1 期。

长沙市文物考古研究所：《汉代长沙王陵墓群风篷岭 – 桃花岭墓地考古调查简报》，《湖南省博物馆馆刊》第十五辑，岳麓书社，2019 年。

湖南省文物考古研究所：《沅陵虎溪山一号汉墓》，文物出版社，2020 年。

三、研究论著

张春霖：《中国动物图谱 · 鱼类》第二册，科学出版社，1960 年。

蒋若是：《秦汉钱币研究》，中华书局，1997 年。

中国科学院中国植物志编辑委员会：《中国植物志》第 28 卷，科学出版社，1980 年。

湖南省志编纂委员会编：《湖南省志》第二卷《地理志》上册（修订本），湖南人民出版社，1982 年。

何介钧、张维明：《马王堆汉墓》，文物出版社，1982 年。

中国科学院中国植物志编辑委员会:《中国植物志》第 31 卷，科学出版社，1982 年。

中国科学院中国植物志编辑委员会:《中国植物志》第 22 卷，科学出版社，1998 年。

中国社会科学院考古研究所编:《新中国的考古发现和研究》，文物出版杜，1984 年。

（美）玛格丽特 · 米德著，周晓虹、周怡译:《文化与承诺——一项有关代沟问题的研究》河北人民出版社，1987 年。

周振鹤：《西汉政区地理》，人民出版社，1987 年。

刘庆柱、李毓芳：《西汉十一陵》，陕西人民出版社，1987 年。

夏武平等编著：《中国动物图谱 · 兽类》（第二版），科学出版社，1988 年。

中国科学院中国植物志编辑委员会：《中国植物志》第 10（1）卷，科学出版社，1990 年。

尚秉和：《历代社会风俗事物考》，岳麓书社，1991 年。

中国小学教学百科全书总编辑委员会美术卷编辑委员会编：《中国小学教学百

科全书美术卷》，沈阳出版社，1993 年。

吕思勉：《理学纲要》，东方出版社，1996 年。

中国科学院中国植物志编辑委员会：《中国植物志》第 44（2）卷，科学出版社，1996 年。

Arjo Klamer. *The Value of Culture：On the Relationship between Economics and Arts*. Amsterdam：Amsterdam University Press，1997.

罗庆康：《长沙国研究》，湖南人民出版社，1998 年。

陈书良：《湖南文学史·古代卷》，湖南教育出版社，1998 年。

中国科学院中国植物志编辑委员会：《中国植物志》第 49（3）卷，科学出版社，1998 年。

中国科学院中国植物志编辑委员会：《中国植物志》第 43（1）卷，科学出版社，1998 年。

辞海编辑委员会编纂：《辞海》，上海辞书出版社，2000 年。

冯友兰：《中国哲学史新编》下卷，人民出版社，2007 年。

王健民、王如松主编：《中国生态资产概论》，江苏科学技术出版社，2001 年。

中国野生动物保护协会主编：《中国爬行动物图鉴》，河南科学技术出版社，2002 年。

陈先枢、金豫北：《长沙地名古迹揽胜》，中国文联出版社，2002 年。

李晓东：《文物保护法概论》，学苑出版社，2002 年。

陈平：《李格尔与艺术科学》，中国美术学院出版社，2002 年。

高敏：《秦汉史论稿》，台北五南图书出版股份有限公司，2002 年。

联合国教科文组织编，关世杰等译：《世界文化报告（2000）——文化的多样性、冲突与多元共存》，北京大学出版社，2002 年。

徐岩：《价值导向的管理》，北京化工大学硕士学位论文，2003 年。

白云翔：《先秦两汉铁器的考古学研究》，科学出版社，2005 年。

洪石：《战国秦汉漆器研究》，文物出版社，2006 年。

吴美萍：《文化遗产的价值评估研究》，东南大学硕士学位论文，2006 年。

杨文衡：《中国风水十讲》，华夏出版社，2007 年。

王立华：《长沙馆藏文物精华》，湖南美术出版社，2007 年。

郑小炉：《吴越和百越地区周代青铜器研究》，科学出版社，2007 年。

王纪武：《人居环境地域文化论：以重庆、武汉、南京地区为例》，东南大学出版社，2008 年。

黄明玉：《文化遗产的价值评估及记录建档》，复旦大学博士学位论文，2009 年。

刘翔：《文化遗产的价值及其评估体系——以工业遗产为例》，吉林大学硕士学位论文，2009 年。

余静：《中国南方地区两汉墓葬研究》，吉林大学博士学位论文，2009 年。

范时勇主编：《最新经典创意案例集》，重庆大学出版社，2009 年。

王邦杰主编：《湖南古今名胜词典》，湖南科学技术出版社，2010 年。

赖声川：《赖声川的创意学》，广西师范大学出版社，2011 年。

费梁、叶昌媛、江建平：《中国两栖动物及其分布彩色图鉴》，四川科学技术出版社，2012 年。

武汉大学：《汉代长沙王陵大遗址综合勘察工程动植物调查报告》，内部资料，2012 年。

武汉大学：《汉代长沙王陵大遗址综合勘察工程谷山片区水利水系调查报告》，内部资料，2012 年。

张章主编：《说文解字》，中国华侨出版社，2012 年。

刘瑛楠：《靖江王陵大遗址价值评估研究》，哈尔滨工业大学硕士学位论文，2012 年。

林通雁：《西都——汉长安城美术史迹的发现与研究》，陕西人民美术出版社，2012 年。

陕西省考古研究院：《长沙国王陵遗址保护总体规划》，2013 年 8 月。

何旭红：《汉代长沙国考古发现与研究》，岳麓书社，2013 年。

陈先枢、宋少华等：《长沙国宝档案》，国防科技大学出版社，2013 年。

王佩良：《湖南乡土丛谈》，湖南大学出版社，2013 年。

聂菲：《湖南楚汉漆木器研究》，岳麓书社，2013 年。

长沙市文物局：《长沙重大考古发现》，岳麓书社，2013 年。

中国文物学会专家委员会主编：《名家点金·文物知识系列·青铜器卷》，山东教育出版社，2013 年。

王春斌：《汉代陶器生产技术研究》，吉林大学博士学位论文，2013 年。

（英）阿兰·斯威伍德著，黄世权、桂琳译：《文化理论与现代性问题》，中国人民大学出版社，2013 年。

张志超：《毫末集》，中国言实出版社，2014 年。

李程成：《中国墓园设计理法研究》，北京林业大学博士学位论文，2014 年。

刘振东：《冥界的秩序——中国古代墓葬制度概论》，文物出版社，2015 年。

黄桐：《长白山自然保护区人文景观开发与保护研究》，吉林艺术学院硕士学位论文，2016 年。

姚子刚：《城市复兴的文化创意策略》，东南大学出版社，2016 年。

楼宇烈：《中国文化的根本精神》，中华书局，2016 年。

中共中央办公厅、国务院办公厅印发：《关于实施中华优秀传统文化传承发展工程的意见》，新华社 2017-01-25。

习近平：《决胜全面建成小康社会 夺取新时代中国特色社会主义伟大胜利——在中国共产党第十九次全国代表大会上的报告》，人民出版社，2017 年。

赵欣如主编：《中国鸟类图鉴》，商务印书馆，2018 年。

《桃花岭汉墓封土及所在山体表面植被及其改造》，内部资料。

四、研究论文

史为：《关于“金缕玉衣”的资料简介》，《考古》1972 年第 2 期。

唐兰：《马王堆出土〈老子〉乙本卷前古佚书的研究——兼论其与汉初儒法斗争的关系》，《考古学报》1975 年第 1 期。

俞伟超：《汉代诸侯王与列侯墓葬的形制分析——兼论“周制”、“汉制”与“晋制”的三阶段性》，《中国考古学年会第一次学会论文集》，文物出版社，1980 年。

杜葆仁：《西汉诸陵位置考》，《考古与文物》1980 年第 2 期。

傅举有：《关于长沙马王堆三号汉墓的墓主问题》，《考古》1983 年第 2 期。

Z Naveh，A.S. Lieberman. *Landscape Ecology. Theory and Application*，Springer-Verlag 1984.

傅举有：《长沙国述略》，《求索》1984 年第 3 期。

刘庆柱、李毓芳：《关于西汉帝陵形制诸问题探讨》，《考古与文物》1985 年第 5 期。

宋少华：《略谈长沙象鼻嘴一号汉墓陡壁山曹𡞟墓的年代》,《考古》1985年第11期。

高崇文：《西汉长沙王墓和南越王墓葬制初探》,《考古》1988年4期。

卢兆荫：《再论两汉的玉衣》,《文物》1989年第10期。

谢庚龙:《定性定量估计文物古迹的内在价值》,《城市规划》1990年第6期。

项阳、杨应鳣、宋少华：《五弦筑研究——西汉长沙王后墓出土乐器研究之一》,《中国音乐学》1994年第3期。

吕舟：《文物建筑的价值及其保护》,《科学决策》1997年第4期。

黄光宇：《山地历史文化遗产的保护观念——论重庆黄山陪都遗址的保护与开发》，《城市规划》1998年第3期。

何旭红：《长沙汉“临湘故城”及其“宫署”位置考析》,《南方文物》1998年第1期。

黄展岳：《汉代诸侯王墓论述》,《考古学报》1998年第1期。

焦南峰、马永嬴：《西汉宗庙刍议》,《考古与文物》1999年第6期。

东孝光：《都市景观的整治》,《城市规划》1999年第10期。

蔡达峰：《文物学基础》，《文化遗产研究集刊》第一辑，上海古籍出版社，2000年。

黎石生：《试论西汉长沙国对湖南地区的开发》,《船山学刊》2000年第2期。

张文娟、张峰、严昭、张自和:《兰州市绿地生态价值的初步分析》,《草业科学》2006年第11期。

郑绍宗、郑滦明：《汉诸侯王陵的营建和葬制》,《文物春秋》2001年第2期。

Santagata W. *Cultural districts*，*property rights and sustainable economic growth*，International Journal of Urban and Regional Research，2002.26.

Arjo Klamer.*Accounting for Social and Cultural Values*. De Economist 150，2002（4）.

Mason. *Assessing values in conservation planning*：*methodological issues andchoices*. in Torre （ed.）.Assessing the Values of Cultural Heritage. L.A.：The Getty Conservation Institute，2002.

跃进：《贾谊的学术背景及其文章风格的形成》,《文史哲》2006年第2期。

陈乃惠：《谈“色”说“彩”从马王堆看汉代漆器之美》,《武汉理工大学学报（社会科学版）》2016年第6期。

谢辰生：《关于认识文物价值的一点看法》，《中国文物科学研究》2006年第3期。

陈蔚、胡斌、何昕：《当代我国历史文化遗产价值体系的构成》，《重庆建筑大学学报》2006年第2期。

赵化成：《从商周“集中公墓制”到秦汉“独立陵园制”的演化轨迹》，《文物》2006年第7期。

邸楠：《西汉帝陵布局浅析》，《榆林学院学报》2007年第1期。

焦南峰：《试论西汉帝陵的建设理念》，《考古》2007年第11期。

何旭红：《湖南望城风篷岭汉墓年代及墓主考》，《文物》2007年第12期。

毛卫东、黄震方、杨春宇：《社会旅游资源的概念及范畴探析》，《企业经济》2008年第7期。

蔡靖泉：《文化遗产价值论析》，《三峡大学学报（人文社会科学版）》2010年第1期。

万里：《唐宋潭州谷山寺及其驻锡僧人考》，《世界宗教研究》2010年第6期。

焦南峰、马永嬴：《西汉帝陵选址研究》，《考古》2011年第11期。

刘卫红：《大遗址保护规划中价值定性评价体系的构建》，《西北大学学报（自然科学版）》2011年第5期。

刘尊志：《西汉诸侯王墓敛葬玉衣及相关问题》，《中原文物》2011年第4期。

朱汉民：《湖湘本土文化的多维探源》，《湖南大学学报（社会科学版）》2012年第3期。

焦南峰：《西汉帝陵形制要素的分析与推定》，《考古与文物》2013年第5期。

马代忠：《长沙走马楼西汉简〈都乡七年垦田租簿〉初步考察》，《出土文献研究》第十二辑，中西书局，2013年。

刘娟：《浅谈漆器中的色彩之美》，《美与时代（上）》2013年第6期。

袁建平：《西汉长沙王、王后墓出土玉器及有关问题的探讨》，《湖南省博物馆馆刊》第十辑，岳麓书社，2014年。

吴敬：《论南方宋墓的共性特征及其成因》，《考古与文物》2014年第1期。

欧政芳：《南越王陵话兴亡》，《文史春秋》2014年第3期。

吕舟：《面对挑战的中国文化遗产保护》，《世界建筑》2014年第12期。

郭灏：《森林生态系统固土保肥功能探析》，《南方农业》2015年第24期。

梁安和：《浅谈西汉帝陵的修建过程》，《秦汉研究》第九辑，陕西人民出版社，2015 年。

宋少华：《形魄归来　神佑君些——楚漆镇墓兽》，《悠远的印记：长沙文物精品漫谈（四）》，岳麓书社，2015 年。

佘玲珠、吴双成、蒋成光、莫泽、金普军：《西汉夹纻胎耳杯漆层分析》，《中国生漆》2015 年第 4 期。

蒋成光、佘玲珠、莫泽、金普军：《长沙风篷岭 M1 出土漆器检测研究》，《文物保护与考古科学》2016 年第 1 期。

刘艳、段清波：《文化遗产价值体系研究》，《西北大学学报（哲学社会科学版）》2016 年第 1 期。

赵晓华：《长沙风盘岭汉墓墓主及相关问题探讨》，《中国国家博物馆馆刊》2016 年第 8 期。

胡钰：《文创理念与文创产业》，《中国文化报》2016 年 10 月 26 日第 6 版。

《2017 年中国旅游业现状及未来发展趋势分析》，中国产业信息网，2017 年 8 月 9 日，https：//www.chyxx.com/industry/201708/548957.html。

余求根：《试论湖湘文化与长沙旅游文化》，《湖南科技学院学报》2017 年第 3 期。

高舜礼：《文旅融合的通俗表述与实践探索》，中国网，2018 年 10 月 27 日，http：//travel.china.com.cn/txt/2018-10/27/content_68474766.htm。

段清波：《论文化遗产的核心价值》，《中原文化研究》2018 年第 1 期。

王伟：《汉代漆制食器设计美学研究》，《北京印刷学院学报》2018 年第 1 期。

贺云翱：《“大遗址”事业展现了考古学的重大社会价值》，《大众考古》2018 年第 8 期。

马来平：《格物致知：儒学内部生长出来的科学因子》，《文史哲》2019 年第 3 期。

方向明：《玉上良渚“魂”》，《中华遗产》2019 年第 6 期。

胡钰：《文创理念：当代文化发展的新观念》，《湖南师范大学社会科学学报》2019 年第 3 期。

王巍、吴葱：《浅析中国文化遗产的价值体系——基于价值的特点、关系和本土语境》，《中国文化遗产》2019 年第 1 期。

后记

《汉代长沙王陵墓群价值研究》一书的付梓，是一件值得高兴的事情。2015 年 6 月，长沙国王陵考古遗址公园管理处正式成立，我的工作再次调整，完成了从一个考古工作者、博物馆工作者到一个大遗址保护工作者的转变。在外人看来，这只是一次工作的调整，但对我而言，绝对是一次新的挑战，面对不同的领域，自身的知识结构需要进行调整和补充，内心的惶恐是可想而知的。九年过去了，公园面貌发生了重大变化，王陵遗址调查研究取得新的进展，团队建设渐趋成熟，遗址保护利用和公园建设未来可期。

《汉代长沙王陵墓群价值研究》一书是一部集体研究成果。从 2016 年启动课题之初，我们就关注到黎石生先生早在 2012 年就对此问题进行了初步研究。对遗产价值的认知是一个随时代发展不断更新的过程，在遗产价值的研究过程中可以充分体会和领略遗址所揭示的历史信息，随着这一过程的深入，必将更加有利于指导我们的遗址保护利用工作。在之后的 5 年时间里，我们团队的赵晓华、徐路、雷智、姚娟娟、刘海泉、王铎、陈凯、李翰林、娄旭等同志均不同程度参与了此项工作，对于他们付出的艰辛努力和提供的智慧支持深表感激。

《汉代长沙王陵墓群价值研究》一书是遗址保护和公园建设工作之余的衍生品。借此机会，特别要感谢生命中遇到的那些不可求的人。他们是：文化情怀的担当者曹凛先生，深耕长沙国研究的何旭红先生，被文化感染的文化人聂世辉先生，慧眼识人的聂勇先生、李鄂权先生，并肩战斗的搭档赵晓华先生、徐路女士，我的糟糠之妻禹丹凤女士，还有时刻不忘教我做人的我的米寿之年的老母亲。

感谢郭伟民先生为本书作序！

限于认知的局限，错谬之处在所难免，敬请方家批评指正！